让
我
们

一
起
追
寻

Bernard E. Harcourt

The Counterrevolution

How Our Government Went to War Against Its Own Citizens

镇压革命

美国政府针对其公民的战争

公民的战争 针对 美国 对 政府 其

〔美〕伯纳德·E.哈考特 著

李思达 译

社会科学文献出版社
SOCIAL SCIENCES ACADEMIC PRESS (CHINA)

本书获誉

伯纳德·哈考特的《镇压革命》巧妙地审视了美国以反恐战争为名，发生的系统性转变的深层逻辑和长期效果。他出色地重构了后"9·11"时代的监视、拘留、酷刑和定点暗杀政策的前提、术语及其后果，而这势必改变我们对这个时代的理解，激发新的抗议和反制手段。《镇压革命》无疑将成为这个时代所有学生的必读读物。

——卡伦·J. 格林伯格，《流氓正义》（*Rogue Justice*）的作者和《酷刑文件》（*The Torture Papers*）的编辑

我不赞成书中的前提，并且我发现几乎在每一页我都有些不同意见，但不要搞错，《镇压革命》是一本重要且具有深刻挑战性的书。任何关心共和国未来的人，特别是那些像我一样相信我们注定不会失败的人都应该阅读，或者说挑战一下这本书。

——诺亚·费尔德曼，《詹姆斯·麦迪逊的三生》（*The Three Lives of James Madison*）的作者

伯纳德·哈考特的《镇压革命》一书打破了一种观念：所有关于美国政治现状，或是眼下的这种排斥、镇压的丑陋做法是崭新或暂时的。此书尖锐且不可或缺。从这本书内容丰富的研究和有力的论证中，我们已认识到我们国家现在面临的危机之深度和广度。哈考特的分析是残忍而清晰的：如果我们不能完全

领会我们的民主制度是如何完全妥协的，那我们可能永远也救不了它。

　　——希瑟·安·汤普森，普利策奖得主，《水中血：1971年的阿提卡监狱起义及其遗产》的作者

伯纳德·哈考特撰写了一本精辟而令人不安的书。它表明了詹姆斯·麦迪逊所言"没有一个国家能在持续的战争中保住自由"的正确性。《镇压革命》展现了一个令人信服的事实：美国政府正在用与它在海外无休止的战争时一样的战略和武器来对付国内的假想敌。这本书应该是每个美国人的必读之书。

　　——约翰·J. 米尔斯海默，芝加哥大学

我能说的就是，伯纳德·哈考特从来没有任何无趣的思想。

　　——马尔科姆·格拉德威尔

臣民应被警告，不可服从超过严格必需的限度。

——奥卡姆的威廉，《僭主政体短论》（约 1340 年）

为纪念谢尔顿·S. 沃林

目　录

反革命的诞生

2014 年 12 月 9 日，加利福尼亚州参议员戴安娜·范斯坦（Dianne Feinstein）公开了一份由参议院情报特别委员会提供的 547 页报告。这份报告详细记载了"9·11"事件后美国有关部门广泛使用酷刑的现象。据这份参议院提供的报告披露，这些酷刑使用强度上远超大众以往所知。其中提到，一名犯人经受了"至少 183 次"水刑。有一次，在不到 24 小时的时间内，他被上了 4 次水刑，至少被"灌了 65 次水"。[1]

另一名囚犯则经历了整整 20 天、"几乎每天 24 小时"的酷刑折磨。在此期间，他每天会遭受 2 到 4 次水刑，"每次水刑中都会被反复地浇水"。在某次水刑中，这名犯人"变得毫无反应，气泡从他张大的口中不断冒出，满嘴都是"，而且他变得"一直毫无反应，直到医护人员介入实施抢救后，才吐出了'数量惊人的液体'并恢复了意识"。与此同时，此人还经历了"每天 24 小时，各种组合的"酷刑折磨，包括"撞墙、立正抓领、掌掴、按脸、压力姿势、狭窄拘禁、噪音折磨和剥夺睡眠"①。

---

① 此处提到的酷刑折磨手段中，撞墙为一种心理折磨手段，刑讯者将囚犯推撞到一堵经过处理的假墙，让囚犯的肩胛骨发出撞击声，使他误以为撞击效果十分明显，从而摧毁其心理防线，实际上囚犯的头和颈部垫着毛巾以免受伤；立正抓领为刑讯者双手抓住囚犯的两边衣领，快速地来回摇晃；按脸为刑讯者双掌按着囚犯的面颊，不让其头动，手指会刻意威胁囚犯的眼球；压力姿势也被称为屈服姿势，是指让囚犯长时间处于一种令肌肉疲劳的姿势中，使其产生痛苦的酷刑。（本书的脚注均为译者注，后文不再说明。）

当他被单独留下时，就会以压力姿势被固定在水刑台上，或者是被关在棺材大小的禁闭箱里。在此期间，他实际上"在一个大禁闭箱（棺材大小）里度过了 266 个小时（11 天又 2 小时），并且在一个只有 21 英寸宽、2.5 英尺长、2.5 英尺高的小禁闭箱里被关了 29 个小时"。他的刑讯者告诉他，"唯一能从基地出去的方法，就是躺在这个棺材形的禁闭箱里"。[2]

报告不仅曝光了这些早已为人所知的酷刑手段，还披露了许多此前从未公开过的手段：假处决、冰水浴、"直肠补液"（特指"无医生出具医疗所需证明的直肠喂养"），以及"威胁伤害被拘留者的孩子，威胁要对被拘留者的母亲进行性虐待，威胁要切开（某位被拘留者）母亲的喉咙"。参议院这份有关酷刑的报告还揭露了所谓约束技术的真相。例如，利用睡眠剥夺，通常指"让被拘留者站立或处于压力姿势，有时会让他们处于双手被铐、高举过头的状态，使得他们长达 180 小时无法入睡"。报告还记录了至少一起导致死亡的案例："基地中一名被拘留者被脱至半裸并用锁链锁在水泥地板，疑因为体温过低而死亡。"［稍晚些时候，记者安东尼·刘易斯（Anthony Lewis）记录了另一桩死亡案例，根据验尸报告，被拘留者死于"窒息和胸腔受压迫导致的缺氧"。］这份参议院报告还显示，酷刑虐待的程度被人精心掩饰过，使得人们无法获取所有档案。例如，在某个案例中，审核录像带目录时发现，"一份记录了长达 21 小时（审讯），包括给被拘留者上了两次水刑的录像消失了"。[3]直到今天，有关美国使用酷刑折磨的全部情况依然不明。

就在参议院发布有关酷刑报告前几个小时，调查新闻局①

① 全称为 Bureau of Investigative Journalism，为一家位于伦敦的非营利性新闻组织。宗旨为对涉及公共利益之事进行调查。

报道称,美国在也门舍卜沃省(Shabwa)发动了一次"捕食者"无人机①攻击。和阿富汗或伊拉克不同,也门过去不曾,现在也不是美国传统上的作战地区。除了无人机袭击,美国军方还在此次行动中投入了至少40名特种部队士兵。此次袭击显然是为了营救2名人质,然而他们在行动中丧生了。行动总共导致13人死亡——据称其中8人为平民,1名死者为10岁的儿童。一名村民告诉路透社,他5个儿子在此次袭击中被杀。一名当地的老人说:"有些村民被爆炸声惊醒后,从窗户探头看外面发生了什么事情,结果就被美国人打死。(美国和也门的士兵)向所有靠近人质所在房子的人射击,还至少突袭了4户人家。"[4]

2001年10月7日,在世界贸易中心遭到袭击仅仅几周后,武装无人机就首次抵达了阿富汗。很快,美国总统乔治·W.布什(即小布什)就签署了一道行政命令,指示手下创建了一份"高价值目标"的秘密清单——也就是俗称的"杀人名单"——授权中央情报局(CIA)在不需要进一步指令或申请总统批准的情况下,即可杀死任何被列入清单中的人。2009年1月贝拉克·奥巴马入主白宫后,无人机使用次数激增。据报道,从2009年1月20日到2015年12月31日,奥巴马政府针对**非**实际敌对地区②发动了473次无人机攻击。[5]根据2017年6月调查新闻局记录的信息,已经有739到1407名平民,其

① MQ-1无人机(代号为"捕食者",又译"掠食者"),为中海拔、长时程(MALE)无人机系统。可用于侦察,携带两枚AGM-114地狱火导弹。从1995年服役以来,该型飞机参加过阿富汗、巴基斯坦、波斯尼亚、塞尔维亚、伊拉克、也门和利比亚的战斗。

② 实际敌对地区(areas of active hostility)为战争法概念。如果宣布某地为"实际敌对地区",就会为宣告者一方采取无预警攻击行动提供正当性,在国际层面上意味着人道主义原则和战争法可以实际适用于该地区。

中包括 240 到 308 名儿童在无人机攻击中丧生。[6]正如当代哲学家格雷瓜尔·沙马尤（Grégoire Chamayou）当时所写的那样，无人机已经变成"奥巴马总统职权的象征，他的官方反恐怖主义教条工具，'杀死而不是捕获'：用暗杀目标和'捕食者'无人机代替酷刑和关塔那摩"。[7]

在无人机对舍卜沃省发动袭击的同时，有媒体曝光美国外国情报监控法院（FISC）① 颁布了一道秘密指令，将基于《美国爱国者法案》的第215条项目的授权再度延长了90天。根据在"9·11"事件后通过的这个第215条，政府有权大规模采集通过美国电信公司传输的元数据②。正是在这个项目中，美国国家安全局（NSA）逐日对上百万普通美国人的通话录音进行收集。[8]用一名联邦法官的话来说，第215条"允许政府存储和分析美国每个电话用户的通信数据"。这名由小布什总统任命的联邦法官将国家安全局的技术形容为"几乎是奥威尔式的"。[9]

第215条催生了一大批国家安全局针对美国以及其他国家个人信息的大规模采集和分析计划，这些计划的代号听上去就充满恶意：棱镜（PRISM）、无界线人（BOUNDLESS INFORMANT）、布尔河（BULLRUN）③、神秘者（MYSTIC）、溯流（UPSTREAM），等等。棱镜计划启动于2007年，能让国家安全局直接访问谷歌

---

① 外国情报监控法院，全称为 Foreign Intelligence Surveillance Court，根据美国1978 年《外国情报监控法》而设立联邦法院，主要任务是审查联邦执法机构关于监控外国情报机构的请求。此类请求通常由美国国家安全局和联邦调查局提出。

② 元数据（metadata）为通信术语，其中包含数据产生的时间和方式、文件种类和其他技术信息，以及谁有权限访问等关键信息。在某些国家，有关电子邮件、电话、网页、IP 地址与手机位置的元数据由官方存储。

③ 此名源自美国内战中的第一次布尔河战役。

（Google）、脸书（Facebook）、微软（Microsoft）、雅虎（Yahoo）、PalTalk①、油管（YouTube）、Skype②、美国在线（AoL）、苹果（Apple）及其他公司的服务器。配合其他设备或项目，比如XKeyscore③，棱镜计划能让国家安全局的特工和外包雇员准确地获得任何人的电子邮件联系、用户活动、网络邮件以及所有相关元数据。格伦·格林沃尔德（Glenn Greenwald）的调查显示，特工能够通过诸如 DNI Presenter④ 等监听工具或项目来"阅读任何被保存下来的电子邮件的内容"，"读到所有脸书上的聊天内容或私人信息"，并且"能够追踪到任何访问过被情报机构认定为特殊网站的访问者的 IP 地址"。根据《华盛顿邮报》的消息，2010年国家安全局每天截获和存储的通信就已经达到 17 亿次。[10]

在外国情报监控法院对国内监视重新进行授权的同时，纽约市警察局（NYPD）正秘密地调查美裔穆斯林在国内的政治活动。至少从 2010 年到 2015 年，纽约市警察局 95% 的暗中监视行为都集中在美裔穆斯林个人或与伊斯兰教有关的政治活动上。[11]通过这种行为，纽约市警察局将对城区及周边长达 10 年的监视历史延续下去。

"9·11"事件后不久，纽约市警察局就开展了一场大规模的秘密监视行动。该行动针对纽约市及周边地区的美裔穆斯林的清真寺、企业和社区团体。纽约市警察局的所谓"清真寺爬

5

---

① PalTalk 是一款视频群聊服务软件。用户能够通过软件提供的聊天室进行视频和语音交流。
② Skype 是一款通信应用软件，可通过互联网为电脑、平板电脑和移动设备与其他联网设备或传统电话、智能手机间提供视频通话和语音通话服务。
③ 美国国家安全局使用的秘密计算机系统。
④ 美国国家安全局研发的软件工具之一。

虫"监视穆斯林的讲经和礼拜，渗透进信徒之中，并从 100 多个清真寺、穆斯林的企业和学生团体中尽可能多地搜集情报——均是在事先没有任何不法行为证据的情况下。① 纽约市警察局监视着美裔穆斯林公民，以确定他们在哪里生活、工作、吃饭和礼拜。它要求纽约市出租车委员会对纽约市的每一名巴基斯坦出租车司机情况出具一份报告。它甚至派了一名卧底特工与来自纽约市立学院的穆斯林学生一起进行白浪漂流之旅，窃听他们的谈话，进行卧底监视。[12]

到 2007 年，纽约市警察局情报部门已经针对新泽西州纽瓦克（60 页）、萨福克县（70 页）和拿骚县（96 页）及其他地区各自创建了一份他们所谓的"秘密人口统计单位报告"，其中以多重映射图的方式标注了社区，对清真寺、伊斯兰学校和穆斯林群体密度添加了索引和编码。这些"人口统计单位报告"覆盖所有伊斯兰机构，包括建筑物的照片和全面的概况及注释，还有关于穆斯林企业的情报报告，详细列举了它们的地址、电话号码、照片、民族构成以及"注意信息"的条目。[13]

在参议院的酷刑报告公布，无人机在舍卜沃省发起攻击，国家安全局对国内监视重新授权以及纽约市警察局针对美裔穆斯林进行监视的同时，第二波针对警察枪击事件的抗议活动在密苏里州弗格森（Ferguson）——2014 年 8 月 9 日，警察枪杀18 岁的迈克尔·布朗（Michael Brown）之地——爆发。纽约斯塔滕岛大陪审团拒绝起诉涉嫌导致埃里克·加纳（Eric Garner）窒息死亡的纽约市警察局警官丹尼尔·潘塔莱奥（Daniel

---

① 一般美国调查机构在未获得法院许可的情况下，必须有证据证明嫌疑人正在从事不法行为才可进行监听。

Pantaleo）的决定，火上浇油般地激起了新的抗议浪潮。正是在弗格森和全国各地的众多抗议浪潮中，我们目睹了美国警察力量的全面军事化，现在他们配备了 M4 步枪、红外瞄准镜、迷彩装备和头盔、坦克，以及在伊拉克和阿富汗战争中出现过的防地雷反伏击车辆和榴弹发射器。

全副武装的车辆中的重装警察与大多数和平、手无寸铁的平民抗议者对峙。一支新的军事化警察部队被部署在美国的大街之上，这种画面充斥在我们的新闻推送和社交媒体之中。

水刑和棺材大小的禁闭笼子。在常规战区外进行的无人机打击——以及关塔那摩和特别军事委员会的无限期拘留。国家安全局的全面监视。对美国清真寺和穆斯林学生团体的秘密渗透——没有任何不法行为的证据。美国街道上高度军事化的警察部队。

一些观察家认为这些事件是孤立的、心血来潮的或是彼此无关的过激行为，甚至是在后"9·11"的全球恐怖主义和国内动荡时期，对美国核心价值观必要但暂时的偏离。其他评论者则认为，它们构成了一种新的"例外状态"（state of exception）——一种在法治之外暂时的激进统治模式。

但是，这远非例外或反常，亦非孤立或暂时——这些措施证明了一种新的方式，一种我们用来在美国国外和本土统治我们自己的方式：这是一种受反叛乱战争理论和实践启发的政府新模式。这些场景不是临时过度的痉挛时刻。它们从未短暂偏离法治。相反，这些措施在更广泛、更重大的历史和政治转型中，就像智力拼图一样合适地拼接在一起：**不是从法治到例外状态，而是从基于大规模战地战争的统治模式到基于战术性反叛乱战略的统治模式。** 8

2014 年 8 月 11 日，密苏里州弗格森，警方向手无寸铁的抗议者推进。
[照片由斯科特·奥尔森（Scott Olson）拍摄，华盖图片，经许可转载。]

2014 年 8 月 12 日，密苏里州弗格森，警方就位准备对付抗议者。
（照片由斯科特·奥尔森拍摄，华盖图片，经许可转载。）

反叛乱理论的核心原则是，民众——最初是殖民地民众，但现在则是包括我们自己在内的所有人——由一小部分活跃的叛乱分子、一小群反对叛乱的人，以及可能会被一种或其他方式左右的被动的大多数人三部分组成。反叛乱的主要目标就是争取这些被动的大多数人的拥护。这种决定性特点即是说，反叛乱不仅仅是一种军事战略，更重要的是一种政治手段。事实证明，战争是政治性的。

在这些原则的基础上，反叛乱理论家经过几十年发展和完善了三项核心战略。第一，**获取全部信息**：所有的通信、所有的个人数据、民众中所有人的元数据都必须被收集和分析。不仅仅是活跃的少数群体，而且是民众中的每一个人。为了区分朋友和敌人，然后从驯服的多数人中剔除危险的少数，全面信息感知是必要的。第二，**根除活跃的少数群体**：一旦危险的少数群体被确认，他们就必须从一般民众里被隔离开，并尽可能加以消灭——他们必须被孤立、被遏制并最终被根除。第三，**获得广大普通民众的拥护**：必须尽一切努力赢得被动的大多数人的心。最终，最重要的就是他们的拥护和忠诚，以及被动接受。

反叛乱战争已成为我们在美国海外或本土的新统治模式。它开始支配我们的政治想象力。它驱动着我们的对外事务，现在也驱动着我们的国内政策。

但事情并不总是如此。在 20 世纪的大部分时间里，我们在美国都是用一种不同的方式统治着自己：我们的政治想象力被像马恩河、凡尔登这样大规模的战场，被闪电战和德累斯顿的

9 燃烧弹，以及被原子弹的应用支配。① 这是一种对大规模战争的想象，这种战争构想中有士兵组成的人浪以及一队队的坦克，还有军事战役、战场、前线和战区。在这些大规模的军事交战外，还有富兰克林·罗斯福总统发起的同样大规模的经济和政治战役——新政；J. 埃德加·胡佛（J. Edgar Hoover）宣布的大规模打击犯罪之战；林登·约翰逊的创建伟大社会、在全社会范围内开始消除贫困之战；理查德·尼克松和罗纳德·里根发动的大规模毒品战争。其他如比尔·克林顿总统，重新掀起了一场大规模的法律和秩序攻势，导致了我们现在所说的"大规模入狱"：到世纪之交时，美国有 1% 的成年人待在监狱中，大约 700 万或更多的人接受矫正监管，7900 万人有犯罪记录——这些就是美国历史上最广泛、带来毁灭性人员伤亡的公共计划之一，所有这些都是围绕大规模战地战争的模式组织起来的。

然而，20 世纪 50 年代，从大规模战地战争向反殖民斗争和冷战，以及向自 "9·11" 事件以来的反恐战争的转型，导致我们的政治想象和我们统治自己的方式发生了历史性的转变。与早先全面的军事范式不同，如今我们在海外和本土从事的是反叛乱的外科手术式微观战略。这种战争方式——和第一次世界大战或第二次世界大战这样的大规模战地战争正好相反——包括了全面监视、外科手术式行动、旨在消灭不同文化或民族的小型孤岛的针对性打击、心理战术，以及赢得人民信任的政治手段。主要目标再也不是正规军，而是全体民众。它涉及一

① 马恩河和凡尔登为一战中的两场战役，以惨重血腥的阵地战伤亡而闻名；闪电战原文为德语 Blitzkrieg；德累斯顿大轰炸为二战末期英美空军对德国德累斯顿的一次毁灭性空袭，因该轰炸并无充足军事价值而备受后世争议。

种关于战略和胜利的新的政治思考方式。反叛乱战争突出政治性，或者更确切地说，用之前的战争模式中所没有的方式融合了军事和政治。它产生了一种**政治性的反叛乱战争模式**——一种新的政治思维方式和统治方式，这种方式已经开始主导美国军队，然后是对外事务，如今又控制了国内政策。

经过长期酝酿，这一历史性的转变在"9·11"事件之后加速。在过去的几十年中，这种变化主要体现在三个方面。

第一，**在军事上**。从越南开始，然后在伊拉克和阿富汗，美国的军事战略从传统的大规模战地战争转向非常规的反叛乱战争模式。结果就是，战争开始以一种不同的方式进行。新技术被开发出来用以控制反殖民主义叛军，并用来镇压反帝国主义者，往往是共产党人的革命。这些技术在20世纪50年代和60年代被西方列强，特别是英国、法国和美国在殖民地进行了改进。自"9·11"事件以来，它们已在美国发动的伊拉克战争和阿富汗战争中被积极地部署。首先，国家安全局的监视项目和酷刑审讯为在伊拉克及阿富汗区分少数反叛分子与被动的普通民众提供了全面情报。其次，无人机空袭、特别行动、定点暗杀和无限期拘留——以及最残忍的酷刑形式——有助于恐吓和消除活跃的少数群体。最后，美国军方试图通过最少的人道主义干预来赢得民心，包括：建设基础设施和分发物资；策划数字媒体宣传（如由温和派伊玛目播放的油管视频），并将视频针对性地推送给那些被认定为更易受激进影响的个人；以及部署武装无人机，传达美国拥有的控制该领土的独一无二的力量。[14]

第二，**在对外事务上**。随着反叛乱模式在军事上确立，美国的对外政策开始转变，以适应和容纳非常规战争的核心战略——转向全面信息感知、针对性地清除激进组织，以及对海外普通民众进行心理安抚，甚至**不受**特定战时冲突的限制。无人机袭击在诸如巴基斯坦、也门和索马里等战区之外逐渐扩散，使得与这些地区有关领空及军事基地的使用和地点设立的国际谈判复杂化。国家安全局的全面信息感知走向全球，数字宣传活动拓展到全球。反叛乱战略，特别是反叛乱的**需求**，逐渐开始主导对外政策。可以肯定的是，其带来的国际影响在不同的时间段有所不同。例如，在小布什总统执政期间，美国外交关系受到重大影响，是通过将嫌疑人引渡到某些合作的国家的方式；在贝拉克·奥巴马总统领导下，则是通过联合特种作战以及在一些肯通融的国家里进行无人机袭击，还有与盟国分享情报的方式；在唐纳德·特朗普总统的领导下，则是通过移民禁令，在南部边境修建隔离墙，以及实际或威胁退出多边协定和组织等方式得以实现。但事实上，这些差异只是反叛乱外交模式中的不同变体。

第三，**在本土**。随着针对非裔美国人抗议者的治安军事化，对美国清真寺和穆斯林的监控，以及对墨西哥裔和西班牙裔美国人的妖魔化，反叛乱得以完成本土化。美国大大小小的城市积累了反叛乱军事装备和诀窍，并在日常接触中将这些战略部署得越来越多——不仅是为了打击恐怖主义，更是作为其日常警务的一个构成部分。至少有一个州，北达科他州，已经通过立法授权执法机构使用武装无人机；在另一个州，得克萨斯州，当地警察局使用了一枚机器人炸弹——实际上是一架武装无人机——以暗杀一名嫌疑人。反叛乱战略开始渗透到对民主抗议的常规治安中。穆斯林和拥有阿拉伯姓氏的人越来越经常被怀疑，并被视为同反警察的抗议者、少数族裔青年和无证居民①一样的高价值目标。像棱镜计划、第215条以及其他监视的项目现在为美国政府提供美国人的个人数据的访问权限。对美国人民的全面监视已经开始。

正是我们，美国人，已经成为我们政府反叛乱战略的目标。 12
这三项核心战略塑造了美国以及日益扩大的西方统治方式：国家安全局对国内通信的全面监控，无情地针对涉嫌的少数群体，以及持续性地努力赢得被动大众的拥护。从国内反恐执法到普通的街头警务，从学校到监狱，从我们的电脑和智能电视到口袋里的手机，一种新的观察、思考和统治方式已经在本土实施——它正是建立在反叛乱战争范式之上。

结果是激进的。今天，在**没有任何一桩叛乱、起义或革命**的情况下，我们正目睹着反叛乱模式在美国土地上获得胜利。无论国内是否发生叛乱，如今反叛乱的完善逻辑都在适用。我们现在面临的是没有叛乱的反叛乱，没有革命的反革命。一种没有革命的纯粹反革命形式，成了一种简单的本土统治形态——所谓的"反革命"（The Counterrevolution）。

20世纪60年代，国内就已经实施反叛乱的做法。在美国，在J. 埃德加·胡佛领导下的联邦调查局（FBI）对黑豹党（Black Panther）的处理就采取了反叛乱战术的方式，此时美国也正在越南制定这些反叛乱战略。[15]正如詹姆斯·鲍德温（James Baldwin）②几十年前正确断定的那样："黑豹党……成为土著越共，聚居区成为越共藏身的村庄，在随后的搜捕－摧

---

① 原文为 undocumented residents，即非法移民。
② 詹姆斯·鲍德温，美国作家、诗人和社会活动家。

毁行动中，村里的每个人都成为嫌疑人。"[16] 在其他地方也一样，例如，英国政府就将在巴勒斯坦和马来亚制定并完善的反叛乱战略带回国，用来打击爱尔兰共和军和维护本土治安。

但自"9·11"事件以来，原本是在海外制定和测试，偶尔在本土使用的反叛乱战略，以前所未有和无所不在的方式被部署到了全美各地。其中的诸多战术已经完善，而且被合法化和系统化。新的数字技术让监视和40年前难以想象的无人机战争成为可能。几代美国士兵都沉浸于反叛乱训练中，现在他们回到祖国。反叛乱的战略和方法已经渗透到我们的政治想象中。

更重要的是，如今真正新颖和独特的地方在于反叛乱范式已经挣脱了它原本的约束。它现在是一种本土化的、**没有**任何暴动和起义需要镇压的统治方式。的确，现在有少数极不稳定的个人，倾向于受激进的伊斯兰教言论（以及白人至上主义和激进的基督教言论）影响，并造成可怕的伤害——在美国还承受着更为日常的多人受害的枪击事件的压力。（2015年，美国平均每天发生至少一起枪击事件，造成4人或4人以上伤亡。）[17] 但在美国本土，压根就没有名副其实的叛乱。

这不仅仅是程度上的差异，更是种类上的差异，而且它制造了一个危险的自我实现的预言。**反革命**在这个国家里凭空捏造出了激进叛乱的幽灵，然后可以通过不稳定的人——比如圣伯纳迪诺枪手或切尔西炸弹手①——被我们接受，由此，**我们**得以将**他们**想象成活跃的少数群体。实际上，**反革命**制造了叛

---

① 圣伯纳迪诺枪手，指2015年12月2日发生的加州圣伯纳迪诺枪击案，共造成14人死亡、21人受伤。切尔西炸弹手为2016年9月17日于纽约切尔西区制造爆炸事件的主犯，造成30多人受伤。

乱的错觉——这种错觉随后从根本上改变了我们的公众想象力以及我们对少数族裔社区的看法和相处之道。它产生了一种有关叛乱的叙述，将整个群体和邻里——美裔穆斯林或墨西哥人、非裔美国人、西班牙裔美国人、和平抗议者——变成可疑的叛乱分子。在这个过程中，整个家庭、街区和可能受益于公共服务的社区都变成了反叛乱的军事目标。

美国已经把反叛乱技术转向本国人民。酷刑、无限期拘留和无人机空袭就是达成此点最重要的组成部分，但如果我们仅仅看到这一点，那将会是一个错误。这些反叛乱战略只是一个更宏大的历史性变革的基础，它从根本上改变了我们在海外和国内统治自己的方式。

这本书追溯了这种变革的轨迹：从 20 世纪 50 年代和 60 年代反叛乱方法的发展和完善开始，到"9·11"事件后其在伊拉克和阿富汗的部署，再到它的本土化和在美国领土上的应用，最后抵达终极阶段，在根本没有任何本土叛乱的情况下形成本土化的反叛乱模式——**反革命**。

反革命在唐纳德·特朗普当选总统之前就已经落实到位，但他的当选，如果一定要说的话，标志着这种历史性转变的完成。尽管唐纳德·特朗普在竞选时为水刑、关塔那摩无限期拘留美籍嫌疑人、针对穆斯林实行旅行禁令以及重新监视美国清真寺的行为背书，他还是以超过 6200 万张普选票拿下了选举人团，此事反映出广大美国人以一种极其愉快舒适或积极的态度接纳了反叛乱本土化。

在他执政的头几个月里，特朗普总统让内阁里充满了反叛乱战士，他任命久经考验的有实战经验者担任最高安全职位：

14

退役陆军中将 H. R. 麦克马斯特（H. R. McMaster）出任国家安全顾问；退役的海军陆战队四星上将詹姆斯·马蒂斯（James Mattis）担任国防部部长；同样是退役的海军陆战队四星上将约翰·F. 凯利（John F. Kelly），先担任国土安全部部长，后出任白宫幕僚长。这三人都有着深厚的反叛乱背景，并都在伊拉克战争中对这些反叛乱战略进行了实践和完善。同样是在他任期的头几个月里，唐纳德·特朗普签署了行政命令，针对穆斯林（即所谓的"穆斯林禁令"）、墨西哥人（通过加强执法和驱逐无证居民，并以行政命令修建"隔离墙"）、抗议警察者（通过取消联邦同地方警察部门达成的合意判决，并鼓励州一级政府出台新的反示威立法）和 LGBTQ 群体（通过一手破坏工作场所反歧视的进展，然后又禁止他们服兵役）。

　　所有这些行政行为加在一起证实了这场历史性的转变：尽管美国本土没有叛乱，但国内的反叛乱战略业已盛行。特朗普甚至称他的政府针对美国无证居民的执法行动是"军事行动"，这也折射出对本土反叛乱心态的接纳。[18] 更尖锐的是，几个月后，特朗普敦促美国人接受美国在殖民地使用过的反叛乱战略，这本是美国在 20 世纪初用来镇压殖民地菲律宾的叛乱分子的。特朗普直接提及了美国在自己领土上的现代战争，在 2017 年 8 月 17 日的推特上说："我们应该研究美国的潘兴①将军在抓获恐怖分子时对他们干了些什么。那里 35 年来没有激进的伊斯兰恐怖！"② 美国民众中明显的少数——穆斯林、非裔美国人、墨

----

　　① 指约翰·约瑟夫·潘兴（John J. Pershing，1860～1948），美国殖民扩张期名将，先后参加过美西战争、美菲战争、一战等，在美国陆军中有很大影响，著名中程导弹"潘兴"系列即以他的名字命名。
　　② 指潘兴在菲律宾曾残酷镇压当地的起义。

西哥裔美国人和政治抗议者——比以往任何时候都更被当成一种被推定会主动发动叛乱的群体，需要将他们孤立，并且从被动的大众中分离出来。

从红色恐慌到日本拘留营，再到 20 世纪 90 年代的青少年"超级捕食者"①，美国历史中充斥着错误妖魔化的内部敌人。至关重要的是，我们不要重复这些黑暗的历史，我们要避免把穆斯林、和平抗议者和其他少数族裔变成我们新的内敌。同样重要的是，我们要掌握这种新的统治模式并认识到它独特的危险，看到日益扩散的反叛乱战略的本土化和数字化监视、无人机技术，以及高度军事化的警察，并认识到它们是什么：没有革命的反革命。我们正面临一些激进的、崭新的和危险的事物，从历史来看，它们已酝酿了太长时间，是时候识别并揭露它们了。

在我之前的《暴露：数字时代的欲望与抵制》（*Exposed*：*Desire and Disobedience in the Digital Age*，后简称《暴露》）这本书中，我探讨了有关我们热衷于自拍，发布快照，查看脸书、推特和网飞（Netflix）上的流视频的现代生活方式，这种方式在不知不觉中为国家安全局、谷歌、亚马逊、微软、脸书等全面监控机器提供了信息。我认为，我们已经进入一个"阐明性社会"（expository society），在这个社会中，我们越来越多地在网上展示自己，并且在此过程中，我们自愿地放弃了我们最个人和最隐私的数据。不再有一个以强大的中央政府为特征的奥

16

---

① 原文为 superpredator，对非裔美国青少年的污名化所制造出的一个名词。让这个名词广为人知的正是希拉里·克林顿，她在 1996 年的一次发言中称："他们不再是孩子帮，他们往往是被称为超级捕食者的孩子，没有良心，没有同理心。我们在谈论他们为什么走上这种路之前，必须先把他们踩在脚下。"

威尔式或全景式社会从高处强行监视其公民，对我们的监视由我们自己的快乐、倾向、喜悦和自恋推动。即使我们试图抵制这些诱惑，但实际上我们几乎别无选择，只能使用互联网，并留下我们的数字痕迹。

尽管我尚未彻底领悟我们的新"阐明性社会"与反恐的反叛乱战争中的其他残酷做法之间的关系——诸如无人机空袭、无限期拘留，或是我们本土上新的超军事化警察部队——但随着"9·11"的迷雾消散，整个画面变得清晰起来。"阐明性社会"只是反革命的第一步。只有将我们的数字化暴露与新的反叛乱统治模式结合起来，我们才能开始掌握当代政治状况的整个架构。只有把握这种新的统治模式——反革命——的全部含义，我们才能有效地抵制和克服它。

第一部分

现代战争的兴起

从二战到反殖民斗争和冷战的这个历史性转折，导致美 19
国及其西方盟国进行战争的方式发生了根本性的转变。在 20
世纪 40 年代末和 50 年代，有两种新的战争模式涌现出来，
并开始重塑美国的军事战略：核战争和非常规战争。虽然这两
者在各自范畴内呈现两极对立，但它们在很大程度上都得到了
美国军事战略的神经中枢——兰德公司（RAND Corporation）①
的大力发展。兰德公司成立于 1948 年，作为美国空军研究部门
的产物与五角大楼和情报机构密切合作，打造了这些新的战争
模式。[1]

从一方面来说，美国和它的一些西方盟国发展出核武器能
力及相关战略。这衍生出将博弈论和系统分析结合在一起的一
整个军事规划领域，并且产生出一个与传统战争战略有着极大
差异的战争逻辑。核武器战略家发明了"大规模报复"和"确
保相互摧毁"的理论②——这是与早期的作战方式有着戏剧性
的不同，并且在规模上远远大于常规战争的战争模式。美国核
战略的焦点在于同苏联展开超级大国间的争霸，并且将其假想
为一场规模非同寻常的全球性冲突。

而在另一方面，特别是在殖民地，则出现了一个非常不同

---

① 兰德是美国著名智库，成立之初主要为美国军方提供调研和情报分析服
务，其后组织逐步扩展，并为其他政府以及营利性团体提供服务，兰德名
称虽冠有"公司"，但实际上登记为非营利组织。

② 大规模报复（massive retaliation）和确保相互摧毁（mutually assured
destruction）均为冷战时期核威慑战略术语，指在美苏对峙的情况下，通过
在世界各战略要地保有或部署一定战略核武器，以确保在遭到核攻击后，
还能发起同等规模的核攻击进行报复。核战略家认为，通过确保这种反击
摧毁对方的能力，能阻止对方误判形势，轻率地发起先发制人式的核攻
击。实际上，在冷战高峰时期美苏均制订了确保二次甚至三次摧毁能力的
计划，即在经受了第一轮核武器突袭和反制之后，还能再发动一到两轮核
攻击。

的模式——一个有着更多外科手术式打击和特别行动，针对小规模的革命叛乱及大多是共产党起义的方式。这种被称为"非常规战争"、"抗游击战争"或"反游击战争"、"非正规战争"、"有限战争"、"反革命战争"，或简单来说就是"现代战争"的新兴军事战略领域，在法国同印度支那和阿尔及利亚的战争中，在英国同马来亚和巴勒斯坦的战争中，在美国同越南的战争中得到了蓬勃发展。它也得到了兰德公司的培养，兰德正是率先看到了法国指挥官罗歇·特兰基耶（Roger Trinquier）所说的"现代战争"或"法国视角的反叛乱"潜力的机构之一。用其优秀的学生之一，即历史学家彼得·帕雷特（Peter Paret）的话来说，该模式"在与火箭和氢弹对立的另一端"提供了一种重要的平衡力量。[2]

就像核武器战略一样，反叛乱模式也是结合了战略博弈论与系统理论而成长起来的；但与其不同的是，核战略主要是对苏联的回应，而反叛乱战略的发展更多是对另一位令人敬畏的博弈大师——毛泽东——的回应。反叛乱理论的成形时间，并不是以古巴导弹危机为代表的核对抗时期，而是在更早的导致毛泽东于1949年取得胜利的中国内战时期——从本质上来说，正在此时毛泽东将游击战术转变为一场推翻政权的革命战争。反叛乱战争的核心方法和做法都是在应对毛泽东的战略及随后那些在东南亚、中东和北非展开的仿效毛泽东做法的反殖民斗争。[3]这些争取独立的斗争正是发展和完善非常规战争的土壤。

到世纪之交，当小布什总统在"9·11"事件后宣布进行"反恐战争"时，反叛乱战争已经很好地发展并成熟起来。[4]随着美国的戴维·彼得雷乌斯（David Petraeus）① 将军惊人崛起，反叛乱理论在美国军事战略中赢得了主导地位。今天，鉴于 21 世纪的地缘政治情况，现代战争已经取代早期大规模战地战争的军事范式。

就当代政治而言，反叛乱战争已经成为后二战时代以来最重要的创新之一。事后来看，是毛泽东而不是苏联成了更重要和持久的敌人。毛泽东正是那个将战争变成政治之人——或者更确切地说，是那个向我们展示现代战争是如何成为一种统治形式之人。也许只有在后"9·11"时代回顾过去，我们才能真正理解早期反叛乱理论的全部含义。

21

---

① 戴维·彼得雷乌斯，曾历任多项重要军职，2010 年 7 月 4 日至 2011 年 7 月 18 日担任驻阿富汗美军的总指挥官，被视为美国反叛乱理论重要推手之一。在奥巴马政府内短暂就任中央情报局局长一职。

第1章 反叛乱战争的政治性

　　反叛乱战争模式可以上溯到几种不同的谱系。其中一种可以追溯到英国在印度和东南亚的殖民统治，从彼处的叛乱到最终英国在北爱尔兰将反叛乱理论重新部署和现代化，并在爱尔兰共和军争取独立的斗争中达到巅峰。第一种谱系大量汲取了英国反叛乱理论专家罗伯特·汤普森（Robert Thompson）爵士的著作内容——他是 1948 年到 1959 年的马来亚反游击战的战略总设计师。其余的则可以追溯到始于20 世纪初美国对菲律宾的殖民统治经验。另一种谱系则可以追溯到俄国的托洛茨基和列宁、阿拉伯大起义中的"阿拉伯的劳伦斯"①，甚或上溯到西班牙的反拿破仑起义②——所有这些都在彼得雷乌斯将军的反叛乱战地手册中被提到，至少是简要地提到了。其他谱系则上溯到孟德斯鸠（Montesquieu）或约翰·斯图尔特·穆勒（John Stuart Mill）的政治理论，有些甚至可以上溯到更久远的波里比阿（Polybius）、希罗多德

----

① 即托马斯·爱德华·劳伦斯（Thomas Edward Lawrence），英国上校，因在 1916 年至 1918 年的阿拉伯起义中担任英国联络官而出名。他成为公众偶像的部分原因是美国旅行家兼记者洛维尔·杰克森·托马斯所写的关于这场起义的报告文学。

② 即半岛战争（1808~1814 年），西班牙称其为"独立战争"（Guerra de la Independencia），战争从 1808 年由法国军队占领西班牙开始，至 1814 年第六次反法同盟打败拿破仑而告终。

（Herodotus）和塔西佗（Tacitus）① 的著作。[1]

不过，在"9·11"事件后被美国接受的反叛乱战争的最 24
直接先驱，还是 20 世纪 50 年代晚期到 60 年代法国对印度支那
和阿尔及利亚反殖民战争的军事回应。在这种谱系上有三个重
要人物——历史学家彼得·帕雷特及法国指挥官大卫·加吕拉
（David Galula）和罗歇·特兰基耶——并且，通过他们可以追
溯至毛泽东。毛泽东关于反叛乱政治本质的理念，以后将会在
美国证明自己的影响力。毛泽东使战争政治化，这种做法让今
天的我们还为之深感困扰。反叛乱与法国人的这层联系也播撒
了残酷性与合法性之间紧张关系的种子，直到今天还折磨着反
叛乱实践——至少，在美国发现或重新发现一种通过让暴行合
法来解决这种紧张关系的方法之前都是如此。

20 世纪 50 年代晚期，彼得·帕雷特，当时他还是伦敦大
学的年轻博士生，正在迈克尔·霍华德（Michael Howard，英
国最杰出的战史学者之一）爵士指导下攻读军事史，对当时
正在发展和部署中的、应对后来被称为"革命战争"（la
guerre révolutionnaire）的法国新军事战术产生了兴趣。帕雷特
最终成了以研究卡尔·冯·克劳塞维茨（Carl von Clausewitz）
而闻名的著名历史学家。作为普林斯顿高等研究院历史研究
学院的教授，他是《从马基雅维里到核时代的现代战略制定
者》（*Makers of Modern Strategy from Machiavelli to the Nuclear
Age*）第二版的编辑，因而在军事战略圈中声名倍增，而此书也

---

① 波里比阿，古希腊历史学家，著有《历史》一书；希罗多德，古希腊作
家，他著的《历史》为西方文学史上第一部完整流传下来的散文作品；塔
西佗，罗马帝国著名的历史学家，著有《历史》和《编年史》等。

一直是军事战略史的经典教科书之一。不过，作为一名年轻学者，帕雷特是美国最早发现、翻译和普及法国反叛乱战争学说的人之一。

帕雷特差不多是在 20 世纪 60 年代早期为美国人创造了"革命战争"（revolutionary warfare）这个术语。用他的话来说，他是"1958 年待在法国的时候"接触到革命起义战争的核心教义的。1959 年，他第一次写下了一篇题为《法国军队和革命战争》（"The French Army and La Guerre Révolutionnaire"）的文章，发表在《皇家联合勤务机构学报》（Journal of the Royal United Service Institution）之上。从这些早期的著作可以看出，帕雷特对新的军事方法产生了浓厚的兴趣，并且作为普林斯顿世界政治研究方向的经常撰稿人，他频繁地将重点放在围绕反叛乱理论及实践的新兴战略和讨论之上。[2]

在他 1964 年出版的名为《从印度支那到阿尔及利亚的法国革命战争：有关政治和军事学说的分析》（French Revolutionary Warfare from Indochina to Algeria：The Analysis of a Political and Military Doctrine）的著作中，帕雷特同时检验了在印度支那和北非反殖民革命中得到发展的革命起义的原则，以及在一线的法国指挥官提炼出的反革命战争新兴学说。在帕雷特看来，革命战略的源头就在毛泽东的著作和实践中，这个看法也被许多当时的学者和专业人士认同。大多数法国反革命理论的先驱，都转向毛泽东以寻求出路，并且很早就这么做了——例如，早在1952 年，利昂内尔 - 马克斯·沙桑（Lionel - Max Chassin）将军就出版了《毛泽东征服中国，1945 ~ 1949》（La conquête de la Chine par Mao Tsé - Toung，1945 - 1949），该书奠定了现代战争的理论基础。[3]

革命起义的一个基础原则——帕雷特将其称为毛泽东所教导的"主要的一课"——就是"一支处于劣势的武装力量能够拖垮并战胜①一支现代化的军队，只要他们成功地赢得，至少是在双方角逐的地区赢得民众不言而喻的支持"。[4]核心理念就在于，和军事战斗比起来，赢得大多数民众的忠诚和拥护的政治斗争更具有决定性的意义：为人民而战。或者用毛泽东的话来说："军队不能离开群众而存在。"[5]

作为这种军民相互依赖的结果，起义者不得不妥善处理和大众的关系，以赢得他们的支持。在此基础上，毛泽东早在1928年就为全军上下明确规定了"八项注意"：

（一）说话要和气；

（二）买卖公平；

（三）借东西要还；

（四）损坏东西要赔；

（五）不打人骂人；

（六）不损害庄稼；

（七）不调戏女人；

（八）不虐待俘虏。[6]

26

在毛泽东的革命学说中，有两条核心的原则。首先，建立一个让军政力量得以统一的架构，以此让军事上和政治上的考量团结在一起的重要性；其次，心理战的重要性。具体来说，按帕雷特的解释是："适当的心理措施，能创建并维持战士和他

---

① 原文为 outpoint，为拳击比赛中点数取胜之意，此处意译。

们的平民支持者之间在意识形态上的凝聚力。"[7]

在帕雷特看来，革命战争可以归结为一个简单的等式：**游击战争 + 心理战 = 革命战争**。[8]并且帕雷特断言，不少革命策略都可以归类为某种"心理战"，一方面包括旨在打动普通民众的恐怖分子的攻击；另一方面，旨在唤起国际组织的外交干预。在所有的这些战略中，焦点都是民众，而传播媒介都是心理上的。正如帕雷特所写的那样：

> 军民关系如同鱼水，这个来自毛泽东的提法成了法国理论家们最爱引用的句子。或者更准确点，"红军……没有人民的支持，游击队就变成了单兵作战的战士。"赢得——获得同谋——至少是部分民众的同谋，因而被视为一场起义战争必不可少的幕后推手。[9]

或者借鉴被其他法国分析家详尽阐述为五步的过程，简明扼要地说就是"主要的战争将在民众这一战场之上打响"。[10]

当然，帕雷特和其他战略家都不会天真到认为是毛泽东发明了游击战争。帕雷特将自己的大部分研究都集中于追溯叛乱和反叛乱战争的先例和早期案例之上。帕雷特着重指出："平民拿起武器并作为非正规军战斗的历史就和战争本身一样长。"恺撒不得不在高卢和日耳曼尼亚对付他们；英国人则在北美殖民地应对他们或在南非应对布尔人；拿破仑在西班牙的遭遇，例子不胜枚举。实际上，正如帕雷特所强调的那样，游击队（guerrilla）这个词，就源于 1808 年到 1813 年西班牙王朝被颠覆后当地农民对拿破仑的反抗斗争。帕雷特完善了西班牙反抗的个案研究，也详细分析了在 1789 年到 1796 年的法国大革命中，国民公会对旺代叛乱①的镇压。[11]早在毛泽东之前，克劳塞维茨就在他著名的《战争论》（*On War*）中专门花了一整章讨论非正规战争，称其为"19 世纪的现象"；"阿拉伯的劳伦斯"在领导了一战中的阿拉伯半岛起义后，也写下并分析了非正规战争的关键特征。

但为了描述 20 世纪 60 年代的"革命战争"，最合适并且适时的研究对象，还是毛泽东和中国革命。在基于革命战争独有的概念基础上，帕雷特建立了一个反革命战争的模式。他主要借鉴法国军事专业人员和理论家的工作，勾勒出一个三管齐下的战略，聚焦于一个情报搜集、对大众和颠覆分子同时展开的心理战，以及对叛乱严厉处置的混合体。早在《20 世纪 60 年代的游击战》（*Guerrillas in the 1960's*）中，帕雷特就将"反击游击战行动"（counterguerrilla action）的任务简化为如下几项：

1. 军事上击败游击武装力量；
2. 将游击队和大众分开；
3. 重建政府权威并发展可维持的社会秩序。[12]

帕雷特再次基于毛泽东的理念加以强调，军事上的胜利是不够的。"除非民众已经脱离游击队及其事业，除非改革和再教育能攻破游击队行动的心理根基，除非支持其政治网络被摧毁，"他写道，"否则军事上的胜利不过是暂时性的，而战斗很

28

---

① 旺代叛乱发生于法国大革命期间。该地位于法国西部沿海，卢瓦尔河以南。1793 年 3 月，因反对 30 万人征兵令，当地同情王室的农民以旺代为中心发起反叛，规模逐渐扩大。此次叛乱被巴黎的共和国政府视为反革命和保王党起事，目的是让正在苦战中的国民公会陷入危机，因而在叛乱平定后对该地区进行了血腥镇压。

容易死灰复燃。"在再次审视了法国在越南和阿尔及利亚，以及英国在马来西亚的教训后，帕雷特强调说："反击游击战任务的政治性同军事性一样重要——甚至还更多；两者不停地相互作用。"[13]

因此，按帕雷特的看法，中心任务就是对反叛者的民众支持发动攻击，以使反叛者"失去对人民的控制，并且从其中孤立出来"。有许多不同方法可以达成此目的，诸如从广泛宣传军事胜利及老练的心理战，到对民众进行重新安置——以及除此之外其他的高压措施。不过，在其中有一个是帕雷特最认同的：鼓励人们组成亲政府的民兵来同游击队作战。这个方法最具潜力，帕雷特观察发现："一旦群体中相当数量的成员承担了政府行为中的暴力部分，他们就会走得足够远，最终永久地破坏群体和游击队之间的关联。"[14]总之在帕雷特看来，法国模式的反革命战争，不得不被理解为革命战争的反面。

帕雷特理论的主要来源是法国那些一线指挥官的著作和实践，特别是来自罗歇·特兰基耶和大卫·加吕拉，不过还有其他一些人。[15]基于自己的第一手经验，特兰基耶成为第一批将现代战争加以理论化的法国指挥官之一。他有着不同寻常的军事生涯。在二战中，他在印度支那为维希政府效力，这导致他在战后同戴高乐以及其他出仕于自由法国的官员关系紧张。不过，凭借自己的反游击战经验，他获得了留用并赢得了尊重。特兰基耶因他在印度支那战争中的**游击战式**（guerrilla-style）反游击战战术而名声大噪。他带领反共游击小队深入敌后地区，并最终在 1951 年获得了所有后方行动的指挥权。按战地记者伯纳德·福尔（Bernard Fall）的说法，他是一个出色的"百夫

长"：他"在印度支那战争中得以幸存，在毛泽东那里吃一堑
长一智，然后尝试着将这些教训用到阿尔及利亚，甚至法国本
土之上"。[16]

　　在 1961 年于法国出版，1964 年被翻译成英文的著作《现
代战争：法国视角下的反叛乱》（*Modern Warfare：A French View
of Counterinsurgency*）中，特兰基耶宣告了新战争范式的出现，
同时敲响了警钟。"自二战结束以来，一种新的战争形式已然诞
生，"特兰基耶写道，"有时它被称为**颠覆战争**或**革命战争**，它
和过去的战争有着根本性的不同，因为不能指望会有两支军队
在战斗场地上相互厮杀以获得胜利。"特兰基耶警告，如果不能
认识到这点，就只能导致失败。"我们的军事机器，"他提醒
说，"就像一台想去碾碎苍蝇的打桩机，孜孜不倦地保持一而
再再而三的努力。"特兰基耶主张，这种现代战争的新模式，
需要"一个政治、经济、心理、军事的紧密协同的行动系
统"，并且依托于"全国范围内的情报"。正如特兰基耶强调
的："既然**现代战争**宣称其存在于全体民众之中，我们就不得
不**无所不知**。"知情，是为了了解和针对民众，并消灭叛乱分
子。[17]

　　另一位重要的反叛乱理论家，并在阿尔及利亚有着深入
一手经验的大卫·加吕拉同样懂得获得全面信息和赢得普通
民众民心的重要性。[18]他是如此认真学习毛泽东——包括那
个有关苍蝇的比喻，也就是他在出版于 1964 年的著作《反
叛乱战争：理论和实践》（*Counterinsurgency Warfare：Theory
and Practice*，后简称《反叛乱战争》）的简介中所引用的那
个："在苍蝇和狮子的战斗中，苍蝇无法给予致命一击，而
狮子则不会飞。"20 世纪 40 年代晚期，加吕拉通过《海军

陆战队报》（*Marine Corps Gazette*）深入地研究毛泽东著作的英译本，根据他身边的人的说法，他"'时刻'都把毛泽东和内战挂在嘴边"。[19]

从毛泽东那里，加昌拉学到最重要的一课就是把社会分成三个群体，而胜利的关键就在于孤立和根除活跃的少数群体，以赢得大众的支持。加昌拉在《反叛乱战争》一书中强调，反叛乱理论的中心策略"简单地表达了行使政治权力的基本宗旨"：

> **在任何情况下，无论什么事业，总会有主动支持该事业的少数、中立的多数，以及主动反对该事业的少数。**
>
> *权力的技巧就在于依靠支持的少数，以便拉拢中立的多数，并迫使敌对的少数中立或消除之。*[20]

战斗是为了普通民众，加昌拉在他的《反叛乱战争》中如是强调，并且这一宗旨体现了新战争战略的关键政治层面。

美国的戴维·彼得雷乌斯将军正是接过了大卫·加昌拉和彼得·帕雷特的论调。被广泛认定为美国反叛乱理论的领军思想家和专业人士——最终还负责所有在伊拉克的联军，并且是2007年部队增援的设计者——彼得雷乌斯将加昌拉的核心教训提炼成了一个简练的段落，放在自己编辑的《美国陆军和海军陆战队战地手册3-24》开头章节，该手册在2006年出版并广泛传播。在"反叛乱战争方面"这个标题下，彼得雷乌斯的战地手册写道：

在大多数情况下，反叛乱者面对的平民中都会包括一个主动支持政府的少数群体，以及一个同样少的激进政府反对派。取得成功需要让政府被大多数无所归属的中立者接受为合法政权，而这些中立者中也包括了双方的被动的支持者。（参见图1）[21]

图1抓住了这种世界观下看到的本质，准确地描绘出加吕拉的理念："在任何情况下，无论什么事业"。从毛泽东到加吕拉，彼得雷乌斯汲取的不仅是反叛乱战争的精髓，还有其核心政治愿景。这是一个政治理论，并非简单的军事策略。这是一种世界观，一种处理所有情况的方法——无论是在战场上还是在战场外。[22]

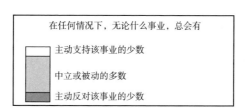

图1　支持一场叛乱（出自彼得雷乌斯的战地手册）

在这个政治性的基础上，彼得雷乌斯的手册建立了三根关键核心支柱，也可以称其为反叛乱的三个精髓原则。

第一个原则，最重要的斗争就是争取民众。彼得雷乌斯在他的战地手册附属的一些简短指导方针中强调："决定性的领域是人的领域。以人为本。"大卫·加吕拉也说过同样的话。"目标是民众"，他写道，"民众同时也是战争的真正领域。"[23]这就是法国在阿尔及利亚，美国在越南艰难地学到的第一课。加吕拉在他1963年写下的备忘录中重点强调，"来自民众的支持就是整个问题的核心，对我们和叛军来说都是如此"。不过，这个教训终于被汲取，普通民众变成了反叛乱理论的中心。在简短的"摘要"中，彼得雷乌斯将军的战地手册强调道："就精髓而言，反叛乱（COIN）就是争夺民众支持的斗争。"[24]因此，主要的战斗就是争夺平民百姓。

第二个原则就是，获得大众的拥护只可能是在将革命的少数从被动的多数中分离出来，并且将活跃的少数派孤立、控制直至最终消灭的情况下才能确保。在附属的指导方针中，彼得雷乌斯将军强调："找出并消灭那些威胁民众的人。不要让他们恐吓无辜者。目标对准整个集群，而不仅仅针对个人。"[25]

第三个原则精髓在于，成功取决于能否获得民众中每一个人的信息。全面的信息对准确区分朋友和敌人然后挖出革命的少数来说不可或缺。正是情报——全面的信息感知——使反叛乱变得可能。这正是产生区别的所在之处，用彼得雷乌斯将军战地手册的话形容就是，"盲目的拳手对看不见的对手乱挥一气，浪费自己的体力，还可能导致误伤"，另一方面则是，"外科医生在切除癌变组织的同时，还让重要器官完好无损"。[26]

很大程度上是受到了加吕拉的影响——当然，在一定程度上也汲取了英国反叛乱理论家罗伯特·汤普森的思想——彼得雷乌斯将军的战地手册读起来就像早期法国反叛乱理论的颂歌。

"反叛乱不能仅仅考虑人的战争——它是一种战争的升级版。"这句格言出自彼得雷乌斯将军手册的第一章开头。对彼得雷乌斯来说，所谓升级就是 20 世纪 60 年代的法国反叛乱战略以最具理论意义的形式表现出来。基于他自己大量的一手经验，彼得雷乌斯将军被这些早期的著作吸引，并且强调战争的政治属性。

在手册简短的"致谢"中，放在最前面紧接着彼得雷乌斯签名的只有两本书：大卫·加吕拉的《反叛乱战争》以及罗伯特·汤普森爵士的《击败共产党叛乱：马来亚和越南的教训》（ *Defeating Communist Insurgency： The Lessons of Malaya and Vietnam* ）——这两本书都出版于 20 世纪 60 年代中期。

手册的第一章摘录了一些加吕拉著作中的内容，事实上只是将法国指挥官的言论换了个说法，强调了反叛乱之中政治因素的首要地位。"中共中央委员张廷桢说过，革命战争 80% 是政治，只有 20% 是军事。"手册中如是写道。接下来它又警告说："在反叛乱行动的起始，当安全力量主导行动以保护平民并杀死或捕获叛乱分子时，军事行动可能会显得占主导地位，但无论如何，**政治目标必须主导军事手段**。"[27]

第二章以加吕拉书中的格言作为开篇："虽然军事行动很重要，但和政治行动比起来，它是处于第二位的，政治行动的主旨就是给政治权力提供足够的自由，以便其与民众安全地共处。"几页之后，战地手册内容又回到了加吕拉，讲述"大卫·加吕拉是多么明智地提出"士兵必须时不时关注民生任务。"加吕拉的最后一句话十分重要。"彼得雷乌斯如是强调。但将军队从其核心军事任务中调离，应当仅是临时性的，"是为了应对紧急状况而采取的措施"。[28]

很明显，加吕拉的影响无所不在。正如该手册撰写班子的成员之一，陆军中校约翰·纳格尔（John Nagl）指出的那样，

33

"战地手册的撰写受到了很多著作的影响，但恐怕没有任何著作能比大卫·加吕拉的《反叛乱战争》更为重要"。历史学家格雷戈尔·马蒂亚斯（Grégor Mathias）提到，彼得雷乌斯将军"鼓励在伊拉克和阿富汗服役的军官都去读一读（加吕拉的书）"。[29]就连彼得雷乌斯将军本人在晚些时候也将加吕拉描述成"反叛乱战争方面的克劳塞维茨"，并将他的《反叛乱战争》捧为"关于非常规战争问题现有的最伟大著作"。隔着大西洋，位于彼岸的彼得雷乌斯将加吕拉封为"20世纪最伟大的法国战略家"。[30]

正是通过加吕拉，毛泽东的影响力隐约出现在彼得雷乌斯的手册中。[31]毛泽东的核心洞见——关注反叛乱的政治本质——处于最突出的位置。手册仔细剖析了毛泽东的战略及其在中国内战、越南战争以及其他地方的应用——"毛主义者、切·格瓦拉式的游击队员，以及其他城镇叛乱的方法"。在回顾了不同类型的叛乱方式后，手册用一个长长的注释阐述了**毛泽东的持久战理论**①，描述了毛泽东的政治和军事战争的三阶段战略（即战略防御、战略相持和战略反攻）。手册用两页半篇幅详细论述了毛主义的不同战略阶段。然后，它详尽说明北越人的斗争（dau tranh）战术"提供了运用毛泽东战略的另一个样本"。手册第五章含有蒋介石被毛泽东领导的共产党击败的历史，强调了蒋介石错误的、只防守沿海金融和工业地区的战略。最后一章则全面地分析了毛泽东的后勤理论，以确定反叛乱战争中灵活后勤业务的重要性。"毛泽东相信敌人的后方就是

---

① 作者特地注明战地手册中此处为粗体。原文为"Mao Zedong's Theory of Protracted War"，即《论持久战》，下文中术语尽可能地选用《毛泽东选集》中的相应原文。

游击队的前线；游击队的优势就在于他们没有可供识别的后勤
后方。"[32]

结果，这使得彼得雷乌斯将军的战地手册及其中的建议，
有时听上去就像出自毛泽东的手笔。人们能听到毛泽东在 1945
年离开延安前，去和蒋介石谈判前夕的讲话："利用矛盾，争取
多数，反对少数，各个击破等项原则，必须坚持，不可忘
记……"①[33]或是毛泽东在 1946 年发表的讲话："为着粉碎蒋
介石的进攻，必须和人民群众亲密合作，必须争取一切可能争
取的人……应争取一切可能反对内战的人，孤立好战分子。"②
又或是他在 1947 年所讲："我们必须坚决、坚持不懈地执行争
取群众的政策，给群众一些好处，让他们归顺我们，让他们在
我们身边。只有做到了这些……胜利才会属于我们。"③[34]毛泽
东的军事思想时常出现在彼得雷乌斯的战地手册中。

戴维·彼得雷乌斯学习，但更重要的是普及了毛泽东的核
心理念：**反叛乱战争是政治性的**。它是有关赢得人民的战略。
它是有关统治的战略。而且很有说服力的是，一部如此受惠于
毛泽东和 20 世纪中叶的法国殖民问题思想家的著作，在"9·

---

① 出自《中共中央关于同国民党进行和平谈判的通知》（1945 年 8 月 26 日），
《毛泽东选集》第 4 卷，人民出版社，1991 年（第 2 版），1154 页。毛
泽东曾在多个场合中反复强调该项政策。

② 出自《以自卫战争粉碎蒋介石的进攻》（1946 年 7 月 20 日），《毛泽东选
集》第 4 卷，人民出版社，1991 年（第 2 版），第 1187~1188 页。

③ 原文如此。引文应为"到国民党区域作战取胜利的关键……是在坚决执
行争取群众的政策，使广大群众获得利益，站在我军方面。只要这两点做
到了，我们就胜利了"。出自《解放战争第二年的战略方针》（1947 年 9
月 1 日），《毛泽东选集》第 4 卷，人民出版社，1991 年（第 2 版），第
1231 页。

11"事件后变得富有影响力。彼得雷乌斯的手册中包含了一个新统治范式的路线图。当"9·11"事件的迷雾散去，人们越来越清晰地看到，毛泽东对今天的我们统治自我和他人的方式产生了怎样的持久影响。

第 2 章　两面的范式[*]

　　现代战争的政治模式存在两个明显不同的变体：一个是明 37明白白的血腥残忍，另一个则谋求更多合法性。两者之间的紧张关系总是一次又一次地浮现——并且在过去的数十年间困扰着作为一种统治模式的反叛乱实践。

　　该问题的激进派理论家是罗歇·特兰基耶，他早期写作了《现代战争：法国视角下的反叛乱》（后简称《现代战争》）一书。当然，特兰基耶和他的同人共享了很多有关的核心信条。他也坚信，至关重要的目标就是赢得平民百姓的拥护。"军事战术和武器装备都很好，"特兰基耶写道，"但如果人失去了他为之作战的民众的信任，那这些就真的全然派不上用场了。"不过尽管所有人都同意赢得民众信任的重要性，他们却就**如何**达成这一目标发生了争论。特兰基耶和其他一些在阿尔及利亚的法国指挥官，如保罗·奥萨赫斯（Paul Aussaresses），认为解决这一困境的方法是不折不扣地遵从马基雅维里的教诲："如果一个人对两者必须有所取舍，那么，被人畏惧比受人爱戴是安全得多的。"①[1]

　　特兰基耶用一种严厉的现实主义者观点来打量敌人，作为 38

---

　　* 原文为 a Janus-faced paradigm，雅努斯（Janus）为古罗马神话中家庭守护神，一头双面，一面朝屋外一面朝屋内，此处意译。

　　① ［意］尼科洛·马基雅维里：《君主论》，潘汉典译，商务印书馆，1985年，第 80 页。

结果，他的战争手段就是不择手段。他相信，恐怖主义是对付叛乱分子最有效的策略。"我们知道，**现代战争**中胜利的**必要条件**①就是民众的无条件支持，"他写道，"如果其不存在，那必须用各种方法来确保其得以实现，而最有效的办法就是恐怖主义。"他论证说，唯一可以阻止这一切的，就是反叛团体被"彻底消灭"。他强调说，这一点是"必须被当成指导我们研究**现代战争**的最主要理念"。[2] 而这让使用一切可能的手段变成了必需——包括酷刑和失踪。

在特兰基耶看来，恐怖主义不仅仅是用来对付游击队反对派的手段。在详尽地讨论了阿尔及利亚的民族解放阵线（Front de libération nationale，FLN，简称"民阵"）② 的恐怖主义行径和酷刑行为后，特兰基耶总结说："在**现代战争**中，就像过去的传统战争一样，使用敌人所采用的一切武器，其重要性毋庸置疑。不这么做才是荒唐的……如果就像老旧的骑士一样，我们的军队拒绝使用**现代战争**中的所有武器，就可能无法完成使命。我们将不再受到保护。我们国家的独立，我们所珍视的文明，我们的自由，都将可能毁灭。"[3]

在《现代战争》中，特兰基耶悄然但坚定地纵容酷刑。审讯和相关任务被认为是治安工作，是军事行动的对立面，但它们实际上是为了同一使命：完全消灭反叛群体。在谈论对被抓捕并有恐怖组织成员嫌疑的被拘留者进行的典型审讯时，特兰基耶写道："这种审讯不能让律师在场。如果囚犯交代了所需要的情报，调查就立即结束。否则，专家必须强迫他吐露秘密。届时，作为一名士兵，他必须直面苦难，甚至是死亡这个他此

---

① 原文为拉丁文 sine qua non。
② 成立于 1954 年，现为阿尔及利亚执政党。

前一直试图避免的结果。"特兰基耶描述说，专家用强力榨取嫌疑人的秘密时，使用的是不会损害"个人的完整性"的科学方法，不过很清楚的是，这些"科学的"方法到底包含了什么。[4]正如战地记者伯纳德·福尔所暗示的那样，阿尔及利亚的政治环境为特兰基耶提供了一个机会，让他发展出用"笛卡尔式的理论"①来为现代战争中的酷刑辩护。[5]

39

有着类似想法的指挥官支持使用酷刑、无限期拘留，以及立即处决。他们对此毫不讳言。

在 2001 年出版的自传性质的纪实著作《特别服役：阿尔及利亚 1955～1957》（*Services Spéciaux. Algérie 1955 – 1957*）中，保罗·奥萨赫斯将军承认残忍方法是他军事战略的基石。[6]他坦承，他的反叛乱方法建立在一个三管齐下的战略之上，包括：第一，情报工作；第二，酷刑；第三，就地处决。其中情报功能是最根本的，因为在阿尔及利亚，叛乱分子的策略就是渗透并融入民众之中以完美地与其打成一片，然后渐渐地将民众裹挟到斗争之中。对付反叛者的这种策略需要情报——将危险的革命者和被动的大众区分开来的唯一方法——然后才是暴力镇压。奥萨赫斯写道："第一步就是派出清除小队，我也曾是其中一员。叛军首领必须被识别、被无效化，并被小心地干掉。通过搜寻'民阵'头目的情报，我就能自动地抓住叛军，让他们开口。"[7]

叛军是被酷刑撬开嘴的。奥萨赫斯坚定地相信酷刑是获得情报的最好方法。同时，它也可用来恐吓激进的少数群体，并且在这个过程中让他们变少。奥萨赫斯承认，酷刑的做法在阿

---

①　指特兰基耶以纯理性的角度看待酷刑问题。

尔及利亚被"广泛应用"。但不是对每位犯人都如此，毕竟还有不少自己交代的。"只有当犯人拒绝说出或否认明显的事实时，才会被上酷刑。"[8]

奥萨赫斯宣称，在阿尔及利亚时，是那些经常使用酷刑的警察让他接触到这一手段的。但很快，这就变成了他的例行公事。"没有任何犹豫，"他写道，"警察就给我演示了'极端'审讯技术：首先，打上一顿，大多数情况下这样就足够了；然后是其他方法，比如电击，也就是著名的'塔克电话'①；最后就是水刑。"奥萨赫斯解释说："电击酷刑只需用那种在阿尔及利亚非常常见的给野战无线电发报机供电的装置就能实现。把电极接在犯人的耳朵或者睾丸上，然后让不同强度的电流通过。这显然是一个众所周知的程序，并且我猜不是菲利普维尔（Philippeville）②的警察发明这一套的。"[9]（实际上，同样的方法早就被用于印度支那。）

奥萨赫斯说得不能再清楚了：

> 我用过的那些方法总是一样：殴打、电击，以及在特定情况下使用水刑，这对囚犯来说是最危险的技术。不超一小时，那些嫌疑人就会开口以求保住自己的性命。所以，他们要么就赶快交代，要么就永远闭嘴。

法国史学家邦雅曼·斯托拉（Benjamin Stora）③证实了酷

---

① 原文为法文 gégène，一种简易电刑装置的代称，用一种老式曲柄电话的发电机依次连接到两个干电池的装置来施加电击，因其简单易得，曾被法国殖民当局在刑讯中广泛使用。

② 阿尔及利亚东北港口，现名斯基克达。

③ 邦雅曼·斯托拉，法国历史学家，北非问题、阿尔及利亚史专家。

刑的普遍化。他报告说，在阿尔及尔之战中，在指挥官雅克·马叙（Jacques Massu）将军手下，伞兵部队组织大逮捕并使用"电极（……）、将（人）浸入浴缸、殴打"等手段来"实施酷刑"。后来马叙将军本人也承认使用了酷刑。1971年，在为反驳影片《阿尔及尔之战》（*The Battle of Algiers*）而写的文章中，马叙将酷刑说成"一种残酷的必要"。[10]在奥萨赫斯看来，酷刑是为法国政府的最高层所纵容的。"就酷刑的使用而言，"奥萨赫斯坚持说，"即便没有被实际推荐，也是被容忍的。当时的司法部部长弗朗索瓦·密特朗①（François Mitterrand）实际上在马叙将军那里有个司法代表让·贝拉尔（Jean Bérard）。后者掩盖了我们的行为，他对那天晚上发生了什么知道得一清二楚。我和他关系极好，没有什么可隐瞒。"[11]

酷刑之后，出现在奥萨赫斯的工具箱里的是就地处决。奥萨赫斯既没有减少这种手段的使用次数，也没有弱化其得到了法国政府最高层批准的事实。"通过要求军队恢复阿尔及尔城里的法律和秩序，民政当局就已含蓄地允许了立即处决，"他写道，"无论何时，当我们感到有必要获得更明确的指令时，有关做法总是会得到明确认可。"事实上，奥萨赫斯在与马叙将军私下交流之后坚信，他获得的确凿的信号表明，就地处决是被居伊·摩勒（Guy Mollet）②政府批准的："当我们处决了（12名）犯人时，我们在脑海中毫不怀疑，我们是在执行马克斯·勒热纳（Max Lejeune）——居伊·摩勒政府中的一员——的直接命令，并且是以法兰西共和国的

41

---

① 弗朗索瓦·密特朗，法国左翼政治家，后于 1981～1995 年任法国总统。
② 时任法国总理。

名义。"[12]

叛军嫌疑分子，无论他被证明有罪还是无辜都会被消灭。一个被证明为不掌握情报的人和那些坦白交代者一样危险，因为整个审讯过程已足以让任何人都转而反对法国政府了。奥萨赫斯解释说：

> 只有极少数被我们拷问的犯人在第二天早上还活着。无论有没有开口，他们通常都已被无效化了①。不可能把他们送回法院系统，他们的人数太多，司法机器会一下子被大量案子堵塞住，然后彻底停摆。再说，许多犯人将有可能设法逃脱任何形式的惩罚。[13]

这也被史学家邦雅曼·斯托拉证实。他报告说，当时在阿尔及利亚至少有3024人失踪。[14]

就他而言，奥萨赫斯将自己的暴力合法化。他写道："我从不认为我曾折磨或处决任何一个无辜者。"在某种程度上他可以这样说，因为他把罪行理解得如此广泛。他曾坚信至少20个人不同程度地卷入了一起爆炸袭击——从炸弹制造者到司机和望风者等。而且和恐怖分子相比，奥萨赫斯还宣称："我从未和平民交战，从未伤害过儿童。我是在和那些做出自己选择的人作战。"[15]

42　　对奥萨赫斯以及罗歇·特兰基耶来说，酷刑和失踪不过是一场叛乱中不可避免的副产品——对斗争**双方**来说都是不可避免的。因为恐怖主义被写入了革命战略，那么它就不得不同样

---

① 即被杀害。

被用于镇压革命中。1970 年，在一场和"民阵"领导人之一、《阿尔及尔之战》的制作人萨阿迪·雅西夫（Saadi Yacef）① 的有趣的电视辩论中，特兰基耶信心十足地宣称酷刑不过是现代战争中一个必要且不可避免的部分。酷刑会发生的，叛乱分子也清楚，实际上，他们预料到了这个结果。这段话引人注目：

> 我必须告诉你。无论你支持或反对酷刑，事实上都没有任何区别。酷刑是一种将会用在所有叛乱战争中的武器。人们必须明白这一点……人们必须明白，在一场叛乱中你将会受到酷刑。
>
> 而且你必须想到成员会遭受酷刑这一点和酷刑的威力，基于此种考量来组建一个颠覆性的组织。**这根本就不是支持或反对酷刑的问题。**你必须知道，在一场叛乱中被逮捕的所有犯人都会开口——除非他们自杀。他们的供词**总会**被搞到。所以，一个颠覆性组织在组建时就必须做好这个准备——当一个犯人交代时，他不会泄露整个组织。[16]

在特兰基耶看来，酷刑是不可避免的。这事实上定义了作为常规战争对立面的革命战争和反叛乱战争。他宣称，"民阵"正在从事残暴的行为，包括针对平民的致命恐怖袭击，以及针对穆斯林民众中倾向于法方或未表明态度的普通人的酷刑。[17]并且，尽管酷刑的程度今天仍有争议，但"民阵"确实就像其他从事解放运动的组织一样进行了恐怖主义活动，常常是针对

---

① 《阿尔及尔之战》是由意大利导演吉洛·彭特科沃（Gillo Pontecorvo）于 1966 年拍摄的一部影片，讲述了阿尔及利亚独立战争，萨阿迪·雅西夫也在影片中出演。

平民大众的，包括在餐馆和酒吧实施爆炸和针对警察的暗杀。**不用酷刑作为回应**，**不用酷刑来获得叛乱的情报**，那就只能意味着在战争中**不进行战斗**，特兰基耶如是争论说。那法国人还不如干脆决定放弃他们在殖民地的权力——而这正是他们最终做的。

"酷刑？"一名中尉副官在亨利·阿莱格（Henri Alleg）1958 年出版的揭露性的《问题》（*The Question*）一书中如是反问道，"你又不是带着唱诗班的男孩们作战。"[18]阿莱格是一名法国记者，也是《阿尔及尔共和党人》（*Alger républicain*）的负责人，他本人也曾在阿尔及尔被法国伞兵拘留并遭受了他们的酷刑。他在书中详细地描述了这种体验。在他看来，酷刑是殖民和反殖民斗争不可避免的产物。正如让-保罗·萨特在阿莱格书中序言写的那样，酷刑"是斗争的本质，并表达出它最深邃的真相"。[19]它和殖民主义、种族主义以及反叛乱密不可分。对很多法国指挥官，就像特兰基耶来说，它是现代战争无法改变的副产品。

很明显，在《阿尔及尔之战》中最让人在意的部分就是，对"民阵"嫌疑分子实施酷刑的许多法国指挥官，作为过去的法国抵抗运动成员曾是盖世太保手下的酷刑受害者。这是一个让人震惊的时刻。当然，我们知道虐待常常会催生虐待；尽管如此，人们还是希望，一个酷刑的受害者会对向他人施加酷刑的做法感到厌恶。然而，正如特兰基耶暗示的那样，酷刑在阿尔及利亚变得很普遍。这正如萨特描述的那样，就是"恐怖的真相"："如果 15 年时间①就足以让受害者转变为行刑者，那么

----

① 指 20 世纪 40 年代法国抵抗纳粹的运动到五六十年代的镇压殖民地独立运动。

这种行为就不过是一件与环境和时机相关的事情。任何人，在任何时间，都能同等地发现他自己是受害者或行刑者。"[20]

与此相反，另一些法国指挥官则宣称放弃酷刑，至少在公众面前如此。比如大卫·加吕拉，他知道酷刑被一些法国军官应用在阿尔及利亚，但他尽量低估其发生的次数。他会说，有关酷刑的抱怨"90% 是胡扯而 10% 是真的"。[21]加吕拉本人更情愿避免肉体酷刑，更多地用心理手段取而代之——比如将一名犯人关进烤炉，威胁他说要点燃烤炉[22]——或者将嫌疑人转移到他知道会使用酷刑的部队。加吕拉相信了一种虚假的法律框架，每当嫌疑人被谋杀时它都能开脱法国伞兵们应负起的责任。他支持一种有更多合法性的版本的反叛乱，并且在酷刑做法上，比其他指挥官保持了与公众间更大的距离。

加吕拉承认强硬审讯的必要性。"当叛乱分子毫不踌躇地使用恐怖主义时，反叛乱就必须履行治安的职责。"他这样写道，委婉地指代了酷刑。他相信，伞兵们需要弄脏他们的双手。"如果有人真的相信，他的清白能让他搞到情报，那我所能说的就是，他在遇到问题时会学到很多东西。"但他也相信酷刑有可能会适得其反，并对此表达了保留意见。"我仅有的兴趣，"他指出，"就是将反叛乱保持在一个合宜的界限里，并且不要给我更具有建设性的平定工作带来破坏。"[23]

此处提到的"合宜的界限"，暗示着加吕拉采用了更遵循法律或符合程序的方式来实施暴行。他依靠法律程序来调查或者说是掩盖失踪。因为在阿尔及利亚没有宣战，所以任何冲突导致的死亡事件都被立即要求当作凶杀案调查。军官或士兵不得不被带到法官面前，并被指控为过失杀人。这样就不得不出具一份过失杀人报告。但这些报告的作用仅仅是将这些死亡事件洗白。法律被引入，进行一次草率的调查，然后宣布意外死亡。某次，当加吕拉被牵扯进一桩犯人死亡事件的调查时，这名犯人被刑讯并据说尝试从监禁中脱逃，加吕拉自己装模作样地调查了一番。用他自己的话来说："宪兵来到了伊古纳（Ighouna），审问了哨兵和我，弄了一份常规的过失杀人报告，然后这个案子理所当然地几个月后就被驳回了。"[24]

事实上，加吕拉把法律程序当作赋予行动合理性的后门的做法，和其他军官为暴行辩护的做法没有区别。加吕拉依靠法律，而不是赤裸裸地接受暴行。他让法律机制为任何过分举动提供辩护。

加吕拉这是在走钢丝。他也是支持使用暴力的死硬派，包括最无情的暴力。他这样写道："杀鸡儆猴地惩罚我们抓到的反政府罪犯，是非常有必要的。……反政府分子明目张胆的犯罪行为，在哪里发生就必须在哪里被立即无情地惩处。"在其他地方，加吕拉则强调了打一巴掌给一颗糖的重要性。在《阿尔及利亚的平定》（Pacification in Algeria）的最后一部分，加吕拉就像特兰基耶一样，将在阿尔及利亚的失败归咎于缺乏对民众的坚定态度。[25]不过抛开这一切来说，加吕拉并未明确地为酷刑辩解，他也没为自己的残暴自吹自擂——这与奥萨赫斯形成了鲜明对比。

可能就是出于这个原因，后来当美国军事战略家引入法国现代战争理念时，他们越过其他法军指挥官而将加吕拉捧上了圣坛。加吕拉总是代表了反叛乱理论中较仁慈、较温和的一面——实际上，作为使用更多军事和镇压手段的"全球反恐战争"的对立面，直到今天他仍代表着强调民间或"以民众为中心"战略的手法。[26]

　　两种版本的法国反叛乱理论都迅速以其自己的方式越过了大西洋。特兰基耶中校，如果你还记得的话，凭借着他的游击战式反游击战战术而在印度支那获得声望，还很快就得到了在西贡的美国军官的关注。他被邀请到美国设在韩国和日本的反叛乱训练基地，并在 20 世纪 50 年代初被招募来训练美军突击队。美国政府还开始给他提供装备，以支持他的敌后游击战式反游击战任务。奥萨赫斯将军结束他在阿尔及利亚的军事生涯后，来到美国向美国特种部队精英教授反叛乱方法。1961 年 5 月初，奥萨赫斯成了班宁堡（佐治亚州）①和布拉格堡（北卡罗来纳州）②的教官，负责训练那些在越南执行特种任务的士兵。他在布拉格堡的一些学生后来开发出中央情报局的"不死鸟项目"（Phoenix Program）。这是一项极具争议、实施于越南的反叛乱项目，牵扯了暗杀和酷刑。后来，奥萨赫斯当上了驻华盛顿的法国大使馆武官。[27]

　　残酷版的法国反叛乱理论在"9·11"事件后继续得到了 46 引进。在入侵伊拉克后不久，以前的禁片《阿尔及尔之战》又被美国国防部拿到五角大楼公开放映，充当关于美军部队将会在伊拉克领土上面对的政治情况的研讨基础。根据新闻报道，"这个主意由负责特别行动和低烈度冲突的部门提出，按国防部的官方描述，该部门为一个文官领导的小组，在游击战争问题

---

　　①　班宁堡（Fort Benning，又译为本宁堡）为美国陆军的训练基地，主要为步兵部队提供基础训练。
　　②　布拉格堡（Fort Bragg）是美国陆军位于北卡罗来纳州的军事基地，是世界上最大的军事基地之一。

上肩负着'进取性和创造性思考的职责'"。这个想法促进了与阿尔及利亚的类似情况进行比较的相关讨论。报道说："正如给五角大楼的宣传单内容所暗示的那样，法国人在阿尔及利亚所面对的情况，和美国人在伊拉克所遭遇的一模一样。"一位五角大楼的官员说："上映这部影片，为我们提供了一种对法国人在阿尔及利亚行动的历史性洞察，还想激发一些关于法国人所面对挑战的有益研讨。"他还补充说："讨论十分活跃，未来还会上映更多的影片。"[28]

与此同时，另一个听上去更顺耳且更具合法性的版本也很快被引入了美国，特别是通过大卫·加吕拉的著作。起初，加吕拉被兰德公司发掘并邀请到一个专家云集的会议上———一个举办于 1962 年 4 月、为期五天的研讨会，旨在启动有关反叛乱行动的理论研究及比较研究。[29] 兰德研讨会的参与者研究和比较了在阿尔及利亚、中国、希腊、肯尼亚、老挝、马来亚、阿曼、越南和菲律宾所使用过的各式各样的反叛乱策略。在这次研讨会上，加吕拉一开始就抓住机会阐明了他关于反叛乱理论的洞见。加吕拉首次发言的总结概要就以单倍行距印满整整三页。他随后的发言同样给人留下了深刻印象。不偏不倚地读完研讨会会议记录，人们就会得出结论：加吕拉完全掌控了这五天的会议。

加吕拉给他的主办方，特别是兰德的分析家们留下了如此深刻的印象，以至于他们委托加吕拉将自己在阿尔及利亚的经历写成回忆录，然后以《阿尔及利亚的平定，1956～1958》为题，于 1963 年作为保密资料翻译并出版。接下来的一年中，兰德公司帮加吕拉翻译并出版了更多理论著作，加吕拉在《反叛乱战争》这本书中提出了反叛乱的八个步骤。[30] 加吕拉也由此得以在布拉格堡举办讲座，在弗吉尼亚州诺福克的武装部队参谋学院（Armed Forces Staff College）度过了半年，还在哈佛大学国际事务中心担任助理研究员达两年之久。加吕拉的著作对越南反叛乱战略的发展有着同样重要的影响。[31]

当两个法国反叛乱学派都在美国获得影响后，酷刑的使用就迅速成为中心问题而浮现出来。历史学家彼得·帕雷特是最先普及"革命战争"的人，也是率先直面这个问题的学者之一。他对酷刑的立场是一种谨慎的微妙——就观点而论，可能有些模棱两可。明面上帕雷特反对酷刑。他写道："暴行让非极权主义意义上的再教育变得不可能。"[32] 即便如此，帕雷特正如他之前的大卫·加吕拉那样承认，无情乃至时不时的非常措施需要被使用——至少在他1962年写下这些文字的时候他如此认定。"如果不使用非常的无情强制手段，就不可能将游击队从人民中孤立出来，"帕雷特观察道，"除非无情手段被理性地使用，并且对其有着清楚的认识——它们都是紧急情况下的措施，需要尽可能迅速地被停止使用——否则这些手段就可能实际上毁掉安全的意义，而一个非极权主义政府的合法性又不可避免地与这种意义有关。"[33]

也就是说，在帕雷特看来，不同寻常的无情措施在特殊情况下是合理的。实际上，帕雷特在《从印度支那到阿尔及利亚的法国革命战争》（*French Revolutionary Warfare from Indochina to Algeria*）中就顺便提到："报复和恐怖都可以在一场意识形态对立的、必然无情的对手之间的激烈斗争中被理性地视为武器。"在另一页中，帕雷特注意到"恐怖在镇住敌对人民中的活跃反对派时所起到的作用很难被质疑"。[34] 至少可以说，考虑到清除

48

活跃少数群体是反叛乱的核心，这些话暗示了许多内容。

数十年后，戴维·彼得雷乌斯将军既小心翼翼地保持着他和阿尔及利亚发生过的酷刑间的距离，又基本上高声颂扬着法国反叛乱理论。他的战地手册明确地否定了酷刑，将其描绘成一种会适得其反的做法。手册指出，酷刑是导致法国失败的原因。事实上，有关阿尔及利亚反叛乱做法的核心议题，就是在如何**避免**酷刑的背景下展开的。酷刑，正如手册所说，"赋予了反对派道德合法性，削弱了法国的道德合法性，并引起了现役军官内部分裂，从而导致了 1962 年的未遂政变。最终，尽管取得了数次辉煌的军事胜利，但未能在道德和法律上限制酷刑，这严重地削弱了法国的镇压行动，并导致了法国的失败"。[35]

与此同时，彼得雷乌斯将军的战地手册读起来就像是对法国现代战争的致敬，而对其中残暴之处尽量含糊而过。彼得雷乌斯官方传记的作者指出，他（彼得雷乌斯）"意识到了手册的政治敏锐性"，为此在开篇章节中亲自操刀，编辑了"三十到四十次"。他在当时的通信反映出，他其实敏锐地意识到了暴行较多及较少版本之间的紧张关系，尝试着在不同的变体之间画一条细细的界线。[36]

所以并不意外——一些评论员很快就认识到，这只是一个严重依赖法国模式的奇异选择项。"为什么手册的作者要如此强调法国的经验？"一名评论者写道，"考虑到法国在殖民地的战略性失败，在战争中从事不道德行为，在法国本土激起了平民和军队间的危机，并在撤军后不得不容忍北非的种族灭绝和大规模人口迁徙。看起来，法国政府不可能把这一系列的结果搞得更糟了。而美国相关学说的膜拜对象中，也不可能找出比这更糟糕的范例了，如果他们真是有所膜拜的话。"[37]

因此，为了回避与法国的关系，2014 年起发行的新版美国战地手册就删除了所有引用加吕拉以及法国人理论的部分，还剔除了那些将他作品放在显著位置的加注参考书目。[38]其结果就是，这让手册成了一份严重缺乏理论性和理性智慧的文件。早期版本所带有的某种骄傲自大——特别是标榜为"战争的升级版"的提法统统消失了。现在的手册对那些法国指挥官三缄其口，然而紧张关系依然存在。

正如在阿尔及利亚展现，在帕雷特和彼得雷乌斯的著作中反复揭示的那样，残酷性与合法性之间一再出现紧张关系，这是反叛乱理论的固有性质。现代战争就建立在针对全体民众的警务治安和清除少数群体的根基上；因此，酷刑、失踪以及恐怖做法始终困扰着反叛乱，即便不是作为其中的构成部分。当然，单单这些行为并不能构成反叛乱战争的全部。某些时候，反叛乱战争的组成部分也不是那么残暴，甚至可以说是值得称赞的——比如，为普通民众提供必不可少的物质和服务。但经验告诉我们，那些不值得赞扬的部分也很容易被粉饰为合法，当我们看到阿尔及利亚的过失杀人审判就能明白这一点。自"9·11"事件以来，我们一再看到，反叛乱中最残酷的行为也被粉饰为完全合法——正如我们在那些为反恐战争中的伤天害理行径辩护的冗长法律备忘录中看到的那样。

总之，反叛乱模式从一开始就具有两面性（Janus-faced）。直到最近，我们的政府才掌握，或者说是重新发现掩饰这种核心矛盾的方法。

第二部分

在对外政策中的胜利

在军事指挥官和战略家用数十年反殖民战争经验加以发展 53
后，反叛乱战争在"9·11"事件随后几年间得到了完善、部
署和测试。自那以来，现代战争的范式就被提炼成了一个简明
扼要的"三管齐下"战略。

1. 大量收集关于民众中每个人的全部情报——每一条可获
得的数据和元数据。每个人的一切信息都必须能被了解，并且
能被数据挖掘技术获取到。所有通信必须被监听，所有设备必
须被知晓，每一条数据都必须被汇集起来，这就是国家安全局
"藏宝图计划"（Treasure Map）的运作模式。用他们的话说，
就是"世界上任何地方，每一台被连接到互联网的终端设
备——每一部智能手机、平板电脑和电脑"，都必须被国家安全
局知晓。[1]不仅是活跃的少数群体的数据，更是人口中**所有人和
所有平民**的信息，特别是中立或被动的多数群体。这是准确识
别叛乱分子的唯一方法。不管是通过新的数字监控技术还是通
过强化肉体刑讯手段，全部的情报都必须被获取。正是在大写
字母组成的"情报推动行动"标题下，彼得雷乌斯将军的战地
手册强调了"及时、具体和可靠的情报，尽可能进行最低水平
的搜集和分析并传达给部队"的至关重要性。[2]这里的关键就
是**全面信息感知**。

2. 识别和根除革命少数群体。得到所有人的全面信息使分
辨友敌成为可能。一旦某人被贴上嫌疑人的标签，他就必须被 54
严格对待，被榨取所有可能的信息，必要时可使用强化审讯技
术；如果他被发现是属于某活跃的少数群体，那就必须通过拘
留、引渡、驱逐出境或无人机袭击——换言之就是针对目标的
暗杀——来处置。和过去常规的士兵不同，这些叛乱分子的危
险在于其意识形态，而非他们出现在战场上的肉身。他们需要

从普通民众中被隔离出来（当他们未被彻底消除时），以免毒害大家。这对应着反叛乱中"以敌人为中心"的方面。[3]在大写的标题"反叛者必须与他们的事业和支持者分离"之下，彼得雷乌斯将军的手册写道："显然，杀死或抓捕叛乱分子是必要的，特别是当叛乱是基于宗教或意识形态的极端主义时。"然而，要杀死"所有反叛分子"是很困难的，况且"将叛乱与其资源分开以剿灭之，比杀死每一个反叛分子"通常更有效。但"对于死硬极端分子"，战地手册强调，"任务就更为直截了当：完全并彻底地摧毁他们"。[4]因此，第二个目标就是摧毁任何及所有潜在的叛乱分子。

3. 安抚大众。民众必须被分散注意力、获得娱乐、得到满足、变得忙碌，而其中最重要的是，如有必要则使其中立，或是去激进化，以确保数量上占优势的普通个人继续保持原有状态——**普通**。这样的第三个战略反映了反叛乱理论中的"以民众为中心"的一面。必须牢记，以这种新方式看待问题时，民**众就是被争夺的战场**。必须确保获得民心。在数字时代，这是可实现的：第一，通过针对性地加强内容宣传（比如温和派伊玛目的讲经），让易受影响的人去激进化——也就是说，通过部署新数字技术手段的心理战和宣传；第二，提供至少是最低限度的福利和人道主义援助——比如重建学校、发放一些现金和资助某些政府机构。就像彼得雷乌斯将军的战地手册着重指出的那样："美元和选票的功效会比炸弹和子弹更重要。"[5]第三，要向普通民众展示谁更强大，谁控制着这片土地。在之前的叛乱中学会的最重要的一课就是：军事上赢得战争，却有可能在政治和外交上一败涂地。[6]因此，在**政治层面**上赋予反叛乱斗争特权是非常必要的。在"合法性是主要目标"的大写标题下，战地手册强调："军事行动可以解决缺乏合法性的问题。在某些情况下，它还能消灭大量叛乱分子。然而，要成功地获得长久的和平，就需要恢复合法性，这反过来又要求行使国家权力中的全部手段。如果（东道国）政府没有获得合法性，（反叛乱的）努力就不可能获得持久的成功。"[7]

当然，这最后一步，又将我们带回"三管齐下"战略的第一环节，即全面信息感知，因为要获得合法性，就有必要了解全体民众的一切事情，以阻止活跃的少数群体获益。正如前国家安全局局长迈克尔·海登（Michael Hayden）将军在其著作《边缘操作》（*Playing to the Edge*）中所写，信号情报机构（signals intelligence agency，SIA）① 的首要任务本质上就是预防性反恐。[8]其想法就是在叛乱成气候之前就识别出革命的少数群体。在此层面上，全面信息感知与反叛乱"三管齐下"战略的其他两个环节直接相连。

反叛乱理论包含了其政治属性，并逐渐从一个局部军事战略成长为一项广泛的对外政策。这种被提炼过的现代战争在伊拉克首次登场，然后大规模部署于全球的反恐战争中，但现在早已超越反恐战争的地步，被用于也门或索马里这种同我们并未处于交战状态的国家。最初仅是军事，但现在就连外交事务亦是如此，美国以现代战争范式在海外进行统治。在简短的总结中，彼得雷乌斯将军的战地手册提供了一个简明的表格来演示他的最佳手段。该表格正是以"强调情报"、"关注民众"和"孤立叛乱分子"作为开头。[9]现在，这些最佳手段就可以被理解为我们海外统治的新范式。

56

----

① 即国家电子安全局（National Electronic Security Authority，NESA），阿联酋的一个情报机构。

第3章 全面信息感知

57 　　对世界贸易中心的攻击显示了美国情报搜集的弱点。某一个机构获得的绝密情报，对其他机构来说横亘着一堵"项目组墙"①，使汇总情报和获知安全威胁的全景变得不可能。中央情报局知道两名劫机者就在美国本土的圣迭戈，却没与正拼命追捕他们的联邦调查局分享这则情报。[1]"9·11"事件是一场惨痛的情报失败，就其紧迫性而言，是一场让小布什政府中许多人都觉得有必要采取激进手段加以矫正的惨败。很自然，首要的就是实现大规模情报共享，但还有更多其他的。有两个主要的解决方案被提了出来，或者说是得到了恢复：全面监视和酷刑审讯。这些象征着反叛乱"三管齐下"策略的第一环节。

　　事实上，"9·11"事件同时为国家安全局以全面信息感知形式出现的全面监视和酷刑搭好了舞台。前者通过打造用于数据挖掘和分析的实体，在最虚拟或以太的层面，或者说"数字"层面

58 发挥作用。后者则作用在最为肉体或物理实在的层面，或者说"模拟"层面，直接从伊拉克、巴基斯坦、阿富汗以及其他地方的嫌疑人和被拘禁者身上获得信息。不过，两种手段都是满足同一个目标：全面信息感知，即反叛乱战争的第一项策略。

---

　　① 原文为 silo'ed，本义为以筒仓的方式存储物质，筒仓虽然能存放大量物质，但每个筒仓之间相互不可见，故而无从知晓全体物质情况，因此在计算机、管理等学科中引申形容各项目间隔绝导致整体割裂的情况，根据常用术语译为项目组墙。

首先是国家安全局的全面监视。在为"9·11"事件善后时，美国政府落实了一个掺杂着非法和合法的信号情报项目的网络，野心勃勃地想要捕获和收集全球通信。这一努力催生了许多大数据收集项目，从《美国爱国者法案》第215条项目到其他无数的国家安全局项目，也就是后来被爱德华·斯诺登（Edward Snowden）揭露的那些项目。包括诸如棱镜、溯流和无界线人等监控项目，让美国政府得以访问所有通过全球海底光缆和人造卫星，以及通过互联网公司和社交媒体的服务器传送的通信。这些后"9·11"的情报计划，使美国政府能直接访问任何外国人的电子邮件、附件、视频和网络电话——总之，事实上就是所有的外国数字通信和互联网信息流。这些不同的项目面向不同的系统，并且使用不同的技术——从最简单的，为窃取所有通过光纤电缆传输数字数据的全部拷贝的电缆编接①，到更复杂的，在出售给外国的硬件中植入恶意软件以截取信息并偷偷留下后门。它们的目标是**全部**信息。

这也许让你想到20世纪90年代末海军上将约翰·波因德克斯特（John Poindexter）曾尝试作为先驱者，并在"9·11"事件后复苏的那个全面信息感知项目②。这个项目有个充满不祥意味的图标：一只位于金字塔的顶端的眼睛，它正在凝视着整个世界，旁边写着培根的名言"知识就是力量"（scientia est potentia）③。其目标就是建立一个大型监视系统，能完全地截获

---

① 电缆编接（cable-splicing），指直接在通信电缆上外接设备窃听的方法。

② 全面信息感知（Total Information Awareness，TIA），美国官方的一项大规模数据挖掘项目的名称，该项目侧重于扫描来自公共和私人来源的旅行、财务和其他数据，旨在检测和预防针对国家安全的跨国威胁，也被称为恐怖主义信息感知。

③ 此处一语双关，拉丁文 scientia 具有知识、信息、情报等多种含义。

任何通信。该项目原本在 1999 年被搁置，部分原因是关于波因德克斯特的各种争议：他是里根政府在伊朗门事件中被判有罪的最高级别官员。而在"9·11"事件后，该项目就得到了恢复，同时获得资助，之后由于围绕波因德克斯特的争议再起波澜而最终被废弃。[2]但"全面信息感知"的系统架构、愿景和野心，都完美地抓住了反叛乱"三管齐下"战略的第一环节的核心。

这里的野心就是全部的信息，而我们现在的新数字技术已经让这一点成为可能。美国公民自由联盟（American Civil Liberties Union，ACLU）法律总监大卫·科尔（David Cole）提醒我们注意一张被爱德华·斯诺登披露的幻灯片，从中可以直观地感受到该计划的能力和野心。科尔写道，国家安全局的文件显示，"国家安全局'新的收集信息态度'就是'收集所有'，'处理所有'，'运用所有'，'共享所有'，'嗅探所有'，以及最终的'知晓所有'"。[3]是的，目标就是"知晓所有"。今天，美国政府尝试着获得访问权限，以监控几乎所有的国外通信，包括电子邮件、脸书上的帖子、Skype 中的消息、雅虎上的视频、推特上的内容、汤博乐（Tumblr）①上的照片、谷歌上的搜索，等等——总之，包括社交媒体和互联网流量在内的所有电信数据。当然，不只是美国政府尝试着获得这种能力，还包括它的五眼联盟②的伙伴——澳大利亚、加拿大、新西兰、英国的情报机构——以及法国和德国等其他盟国，还有其他大

---

① 汤博乐，一种介于传统博客和微博之间的社交网站。
② 五眼联盟，指二战后英美多项秘密协议催生的多国情报共享组织。该机构由美国、英国发起，澳大利亚、加拿大和新西兰的情报机构先后加入。其英文名为 Five Eyes，简称 FVEY，主要目的是在成员国之间分享情报。

大小小的国家——从中国、俄罗斯到以色列的情报机构。在我们这个新的数字时代，这种监控日益变得简单、便宜，并且高效。

全面信息感知的目标是通过许多合法和非法活动来实现的——后者最引人注目的就是发生于 2004 年 3 月 10 日晚，声名狼藉的"医院事件"。该事件起因是两年多来，国家安全局一直在实施一项名为"恒星风"（Stellar Wind）的无授权窃听计划，该计划监控了一些美国公民和外籍人士之间的电信和电子邮件通信，前提是只要这些人中任何一方与恐怖组织有瓜葛。最终，司法部认定这项无授权的窃听计划非法。即便如此，不久之后，白宫法律顾问阿尔贝托·冈萨雷斯（Alberto Gonzales）和小布什总统的幕僚长在深夜赶到医院，让重病在床、已处于半昏迷状态的司法部部长约翰·阿什克罗夫特（John Ashcroft），就在重症监护室的病床上为这项无授权的窃听计划重新授权。事实上，阿什克罗夫特当时已病得很重，他的权力已经被移交给副手詹姆斯·科米（James Comey）。围绕着第 215 条项目同样有重大的法律争议，导致该项目被几个联邦法官视为非法——最终在 2015 年 6 月，该项目经过轻微调整，要求交由电信公司而非国家安全局持有元数据，而纳税人还得为此自掏腰包。[4]迄今为止，国家安全局监控项目的全景及其所有影响和合宪性，都尚未获得充分认识或得到恰当的裁定。

然而显而易见的是——正如我在《暴露》一书中所记录的那样——正是国家安全局、联邦调查局、中央情报局以及盟国的无数情报机构打造全面信息，这是反叛乱模式中首要也是最重要的一个环节。最重要的是因为，"三管齐下"其他步骤都依赖于这一环节。正如兰德公司在其长达 519 页的有关反叛乱理论和实践现状的报告中所指出的那样："有效的统治，取决于对全体居民在统计意义上和个体意义上的了解。"兰德报告提醒我们，这种见解毫不新奇。报告将我们直接带回一位在阿尔及利亚服役过的法国指挥官大卫·加吕拉："加吕拉在《反叛乱战争》中认为，'控制民众始于彻底的人口普查。每个居民都必须登记，并配发一张傻瓜式简单易懂的身份证'。"[5] 今天，这个身份证就是 IP 地址、手机、数字设备、面部识别，以及我们所有的数字戳。正是这些新数字技术让所有人变得几乎是透明的。伴随着我们的自拍、推特、脸书和网上冲浪的新风气，如今每个人都被曝光了。

　　其次是酷刑审讯。最能将反叛乱战争的双重性体现得淋漓尽致的，莫过于美国在"9·11"事件后立即密集使用酷刑获取情报一事。凭借着实现反叛乱理论的第一项任务——全面监视——这种做法让那些与现代战争相关的最极端的暴行与合法程序及法治化结合在一起。这种非人性与合法性的结合，委实精彩。

　　在"9·11"事件后，小布什政府中的许多人都感觉，解决情报匮乏问题只有一种直截了当的办法，那就是对抓获的恐怖嫌疑分子进行"强化审讯"——酷刑的委婉说法。当然，对被捕的嫌疑人施以酷刑，并不能解决情报的"项目组墙"的问题，但他们认为，这至少能给他们提供有关任何迫在眉睫袭击的即时情报。可以说，美国转向酷刑，正是因为政府中有许多人相信，国家没有足够的情报能力，缺乏间谍网络甚至足够的语言能力对诸如"基地"组织（Al Qaeda）这样的组织进行渗透和从事常规性的间谍活动。[6]

　　酷刑审讯将极端残暴的行为与法制化的正规手续结合起来。

我们虽已熟悉前者，但细节仍然会让我们感到震惊——并且恐惧到发蒙：对嫌疑人施加水刑超过 183 次；强迫被拘留者在压力姿势下保持站立态 7.5 天，或者说将近 180 小时；将囚犯关在棺材大小的禁闭箱中近 2 周。中央情报局的特工以及承包商（包括心理学家）从 2002 年起就实施的这些肆无忌惮的做法，无数次发生在遍布于从阿富汗到泰国的黑狱①中，而且这些嫌疑人已经遭受联邦调查局广泛而又冗长的审讯。

甚至更常规的"强化审讯"案例也让人痛心——根据参议院报告，当审讯人员确信没有更多情报可以榨取之后，有时甚至是在这些被拘留者有机会交代之前，就会对他们用酷刑。报告讲述一名叫里达尔·纳贾尔（Ridhar al-Najjar）的囚犯，曾"被吊着——方法是把他一只或双手手腕都铐在头顶的栏杆上——两天中每天被吊了 22 小时，不能放下双臂"。另一名囚犯，古尔·拉赫曼（Gul Rahman）遭受了"48 小时的睡眠剥夺、听觉超荷、完全黑暗、隔离、冷水浴和粗暴对待"，之后他"被铐在囚室的墙上，叫（他）只穿一件长袖 T 恤……在裸露的混凝土地板上休息"。（隔天人们发现他死了。死因为低温症。）另一名囚犯，阿布德·拉明·纳西里（Abd al-Rahim al-Nashiri）被迫"以'站立压力姿势'，'双手保持贴在头上'大约两天半"。随后，一名中央情报局官员"将一把手枪放在纳西里头部附近，假装其是电钻，在纳西里身上钻来钻去"。[7]

拉姆齐·本·谢巴赫（Ramzi bin al-Shibh）在抵达拘留地点之后，甚至在受到讯问或被给予合作机会之前，就立即遭受这一套酷刑伺候——这套手续也成了对付其他被拘留者的"模

62

---

① 美国设立的秘密监狱和审讯中心，政府在公开场合否认其存在。

板"。本·谢巴赫首先遭受了"感官错位"，包括"剃光他头和面（部的毛发）；将他置于白色房间白灯下的噪音之中；让他'赤身裸体地暴露在令人难受的低温中'；将'他的手和脚铐住，使其双臂伸展过头'（他的脚被固定在地板上，并且不允许用手臂来分担重量）"。在这之后，刑讯手段包括"立正抓领、撞墙、固定脸部、捆脸……揍肚子、关笼子、靠墙站立、压力姿势、超过72小时的睡眠剥夺、水刑，视（本·谢巴赫的）抵抗程度而定。"[8] 此"模板"流程也被用在其他人身上——并当作给所有人的警告。

更极端的酷刑方式伴随着对嫌疑人终身单独监禁的警告，或当其身亡时将其火化。过去，反叛乱酷刑往往与立即失踪和处决联系在一起。在小布什政府时期，这种酷刑就和人们所谓的"虚拟失踪"联系起来。

如前所述，在阿尔及利亚战争期间广泛使用残暴的刑讯手段，意味着那些酷刑受害者——不管他们到底有罪还是无辜——在法国军事领导层看来，都变得很危险。"民阵"成员固然需要永远保持沉默，但其他经受过水刑或塔克电话折磨的人也有可能变得激进。故而在阿尔及利亚，他们设计了一个简单的解决办法：将那些受过酷刑折磨的嫌疑人用直升机带到地中海上，然后将这些双脚被浇筑了水泥的犯人扔到大海里，让他们成了"比雅尔虾"（les crevettes de Bigeard）——以臭名昭著的驻阿尔及利亚的法国将军马塞尔·比雅尔（Marcel Bigeard）命名——很显然，法国军方早在印度支那就开始试验这项技术了。[9]

到了2002年，中央情报局更情愿使用一套不同设计的解决方案：要么让嫌疑人在酷刑中意外身亡，然后将其尸体火化以逃避检查；要么用酷刑将嫌疑人折磨到极致，然后保证其将永远不会与其他人交谈。阿布·祖巴伊达（Abu Zubaydah）就遭遇了后者。祖巴伊达先是被联邦调查局抓获并进行了长时间的审讯，向后者提供了有用的情报，然后被单独隔离了47天，直到联邦调查局相信他没有更多有价值的情报后，中央情报局便接手了他，相信还能从他身上榨出点什么。[10]中央情报局转而对他使用了更为极端的酷刑方式——所有的10种最残暴的技术——但是正如2002年7月15日中央情报局刑讯小组电传记录所言，他们率先意识到如想掩盖酷刑的痕迹，那就只能要么让祖巴伊达去死，要么就确保他有生之年再也不能和其他人交谈。据参议院报告记载："电报表明，假如阿布·祖巴伊达在审讯中身亡，他就会被火化。刑讯小组在电报结束时表示：'不管我们遵循何种（处置）办法，特别是考虑到执行中所实行的心理压力技术，我们都需要获得合理的保证，以确保（阿布·祖巴伊达）将被置于隔离环境，并在单独关押中度过余生。'"[11]针对此要求，一份来自中央情报局工作站的电报为刑讯小组提供了这种保证，电文中提到，"在'理解审讯过程优先于预防性医疗程序'的情况下，（刑讯）是正确的"，然后电文中补充说：

64

　　总部内对此有相当一致的看法，那就是（阿布·祖巴伊达）将永远不会被置于可与其他人有任何重要接触的环境中，和（或）有机会被释放。虽然目前很难讨论关于此点的具体细节，但所有主要参与者都同意（阿布·祖巴伊达）应该在保持单独关押中度过余生。[12]

"在保持单独关押中度过余生"。这份声明或许可以解释为何关塔那摩监狱还在长期保持运作。2016 年 8 月 23 日，阿布·祖巴伊达才首次在一次定期审查委员会的听证会中得以公开露面——在他被单独关押 14 年后。截至本书撰写时，他仍被关押在关塔那摩——这个得到了政府最高层保证的机构。

自然，这些酷刑措施和单独关押的保证，不是什么由疯狂的审讯者、精神错乱的主管，抑或是入乡随俗或发疯的指挥官搞出来的产物。这些例行公事得到了美国政府的最高层，即美国总统和他那些最亲密的顾问的批准。这些行为得以实施是经过仔细设计的，并且被合法地——事实上，过程还颇具法学教条主义色彩——施加在有嫌疑的敌人身上。这并非偶发事件。可以肯定的是，这些暴戾的情报机构使用未授权的"技术"已有很长的历史；有关中央情报局在这方面发挥"聪明才智和创造力"的记录同样很长远，诸多例子中包括 1963 年的库巴克反情报刑讯手册（KUBARK Counterintelligence Interrogation manual）。[13] 只不过在"9·11"事件后，有关酷刑逼供实施的具体蓝图才被白宫和五角大楼绘制出来，并成为美国的官方政策——一项经过深思熟虑和细致讨论，考虑周详的政策，并作为合法措施被通过。

小布什总统本人特别批准了将第一个被中央情报局刑讯过的被拘留者，阿布·祖巴伊达，转移到一个位于国外的黑狱中，因为（出于诸多其他原因，在报告中这里被涂抹黑了）"美国法院在该地缺乏管辖权"。而参议院的报告指出："当天上午，总统批准了将阿布·祖巴伊达转移到 XX 国（国家名称被涂抹）的计划。"此后，总统刻意保持对被拘留者所在位置一无所知，"以免疏忽中说漏了嘴"，但他默许了这一切。[14]

在这种情况下，有关被拘留者的转移和处置，以及对其使用刑讯方法的明确决策权，就落到国防部部长、国务卿和司法部部长，以及必要时副总统的手中。2002 年 7 月 24 日，美国司法部部长，同时是美国顶级律师的约翰·阿什克罗夫特"口头上批准了 10 种刑讯技术的使用，其中包括：立正抓领、撞墙、固定脸部、捆脸（具有侮辱性的耳光）、关笼子、靠墙站立、压力姿势、睡眠剥夺、裹尿布，以及使用昆虫"。按参议院报告的说法，两天后**"司法部部长口头批准使用水刑"**。同样根据参议院的报告，8 月初"国家安全委员会的法律顾问通知中央情报总监（Director of Central Intelligence，DCI）① 的幕僚长，'（国家安全顾问）赖斯博士（Dr. Rice）被告知，此事不会简要地向总统报告'，但中央情报总监可以在政策层面上批准使用中央情报局的强化审讯技术"。[15]

一年后的 2003 年 7 月，在听取了中央情报总监和中央情报局法律总顾问关于强化审讯技术——其中包括对水刑技术的描述，里面避重就轻，大幅削减了对被拘留者哈立德·谢赫·穆罕默德（Khalid Sheikh Mohammed）和阿布·祖巴伊达的使用次数——的简报后，副总统理查德·切尼（Richard Cheney）和国家安全顾问赖斯代表白宫发言并重新授权使用酷刑。[16]

实际上，每一项强化审讯措施的使用——可能只有使用钻头和扫把柄除外——都在中央情报局总部进行过审查，并作为一套中央情报局最高级别的审讯计划获得批准。在使用"强化审讯技术"之前，中央情报局总部与拘留所之间曾来回发送过

---

① 中央情报总监，1946 年 1 月 23 日由美国总统杜鲁门设立，负责协调美国情报体系的情报活动，同时为美国中央情报局的实际领导人，通常亦被称为"中央情报局局长"。2005 年 4 月 21 日，美国改组情报机构，设立国家情报总监，职权范围全面涵盖中央情报总监，中央情报总监一职实际被废除，职权缩小为中央情报局局长。

66 　多条电文和授权书。[17]这些折磨方法的使用，是由政府最高层亲自策划、授权、监督、分析，并且重新确认和强化的。

　　2003 年，中央情报局法律总顾问与国家安全委员会负责人、白宫工作人员和司法部人员进行了沟通，并对中央情报局的刑讯方法表示了关切，因为这"有可能与美国政府公开声明的'人道地'对待被拘留者的提法不一致"。但结果可不像人们所预期的那样。正如参议院酷刑报告所指出的，在沟通会的公报发表之后，"白宫新闻秘书收到建议，在提及来自'基地'组织和塔利班的被拘留者时，要避免使用'人道待遇'一词"。[18]显然，这些做法绝非出自偶然，而是经过了充分的讨论和权衡后被合法化的。政府避免谈论"人道待遇"的决定，完美地体现了一个反叛乱政权将残暴行为和官气十足的政府制裁结合起来的特点。

　　酷刑的两面性，就在于其令人震惊的暴行中蕴含着正式的合法性一面。许多美国最优秀的律师和法学者、顶级法学院的教授、高级政府律师以及后来的联邦法官，都会仔细研读成文法规和判例法，以找到允许酷刑的法律空子。这种赋予暴行正当性并使其合法的需求——当然，这后来也确保了许多官员和特工人员免遭诉讼——实在了不起。

　　在被统称为"酷刑备忘录"的文件里，相关内容可分两类：第一，从 2001 年 9 月 25 日到 2002 年 8 月 1 日的法律备忘录，涉及被拘留在关塔那摩的人员能否根据《日内瓦公约》①的规定被确定为战俘身份；第二，起于 2002 年 8 月的法律备忘

---

　　①　尤其指有关战俘的《日内瓦第二公约》和《日内瓦第三公约》。

录，内容为有关中央情报局所设想的"强化审讯技术"能否被认定为国际法所禁止的酷刑。

第一类，也就是围绕《日内瓦公约》的备忘录，最终导致小布什总统在 2002 年 2 月 7 日宣布，《日内瓦公约》在针对"基地"组织的战斗中不适用。此前，国务卿科林·鲍威尔（Colin Powell）曾请求小布什总统对此结论再加以考虑，认为《日内瓦公约》应当在此适用。[19] 在接下来的意见交流中，很明显政府内部的主要关注点之一在于，如果被揭露出来，总统或其他美国官员是否会因违反《日内瓦公约》而承担刑事责任。

时任白宫法律顾问的阿尔贝托·冈萨雷斯扫除了这一障碍。在他讨论如何看待《日内瓦公约》适用问题的利弊摘要中，冈萨雷斯着重探讨了被起诉的风险。在坚持《日内瓦公约》不适用的观点下，他争辩说：

（选择不适用）将大幅减少依据《战争罪行法》（18 U.S.C. 2441）而面临国内刑事起诉的威胁。（……）很难预测检察官和独立律师的动机，他们将来有可能根据第 2441 条而决定提出无理指控。您的决策将会成为一个法律上为第 2441 条所不能适用的合理依据，这将为您以后可能遇到的任何起诉提供可靠辩护。[20]

国务卿科林·鲍威尔也强调说，他的《日内瓦公约》适用的提议，不会涉及"任何让美国官员在国内被起诉的重大风险"。小布什总统最终否决了被拘留者的战俘身份，但仍命令无论如何，他们都将会受到人道待遇。"流氓检察官"的问题在酷刑备忘录中大量隐约出现。[21] 总统和他的内阁以及最亲密的顾问们，试图确保他们将永不会被起诉，或当他们因违反酷刑禁令而被起诉时能有辩护理由。法律上大量往复探讨，已为这些官员试图遵守法律提供某种证明。而当参议院酷刑报告揭露了某些极端形式酷刑的存在（如"直肠补液"）时，曾任职于法律顾问办公室①并撰写了好几份酷刑备忘录的柳约翰（John Yoo）② 表示，他不知道对犯人使用过这种酷刑，并且表示这可能会违反酷刑禁令。他们这些辩护花招，正是通过法律文件来寻求和获得保护。

　　另一类备忘录涉及酷刑的使用。这些备忘录日期始于 2002 年 2 月 26 日，紧接在第一波反恐战争③结束后，并在 2002 年 8 月达到高潮。时机很关键，因为参议院的酷刑报告显示，祖巴伊达正是在 2002 年 8 月被施以水刑，而其他报告则表明，早在当年夏天他就已遭受酷刑。编写这些酷刑备忘录，是为了证明**这些已经发生的做法**是合法的。他们使酷刑合法的方法，就是将酷刑标准的认定阈值定得高不可攀，以至于犯人只有处于在蓄意导致死亡或器官衰竭的极端肉体虐待行为的情况下，才会获得保护。正如当时就职于法律顾问办公室，如今是联邦法官的杰伊·拜比（Jay Bybee）④ 在 2002 年 8 月 1 日的备忘录写道：

---

① 美国司法部下属机构。
② 柳约翰，美籍韩裔法律学者，现任美国加州大学伯克利分校法学院教授，曾在小布什总统任内出任美国司法部高级官员，因其批准美国陆军与中央情报局在伊拉克战争中对战俘施行暴力审讯而饱受争议。
③ 指阿富汗战争第一阶段。
④ 杰伊·拜比，曾任美国第九巡回上诉法院的高级美国巡回法官。他在担任小布什政府美国司法部法律顾问办公室助理总检察长期间，签署了备受争议的"酷刑备忘录"。

我们的结论是，根据（《美国法典》第 18 卷）第 2340～2340A 条所定义并禁止的酷刑只涉及极端行为。通常为给受害者带来难以忍受的剧烈痛苦。如为肉体痛苦，其必须是类似于伴随着严重的肉体伤害，**例如达到死亡或器官衰竭的强度**。而被认定为严重的精神痛苦，不仅需要受刑者在经受酷刑时忍受痛苦，还需要遭受持久心理伤害，如创伤后应激障碍（PTSD）等精神障碍。（……）由于（定义的）施加酷刑的行为非常极端，因此，虽然有大量宽泛的行为可能构成残忍、不人道或有辱人格的对待或惩罚，但都未能上升到被认为是酷刑的程度。[22]

这种酷刑的定义如此严苛，实质上是将美国正在使用的那些野蛮行径剔除在酷刑之外。按其设定的联邦法律标准，基本上就是说，除非导致死亡或器官衰竭，否则就都不算是酷刑。

到了 2002 年 10 月，刑讯小组们要求他们使用包括水刑在内的方法——"使用湿毛巾和滴水来诱发（嫌疑人）产生窒息错觉"——以及其他被通常认定为酷刑的手段获得许可。国防部部长唐纳德·拉姆斯菲尔德（Donald Rumsfeld）在 2002 年 12 月 2 日批准了使用多项酷刑技术，在一封手写的便条中还补充说，他本人每天都要站 8 小时。① 2003 年 4 月 16 日，拉姆斯菲尔德最终批准了一份更长的"技术"清单，"技术"有 24 种，并且具体内容写成看上去无害的样子。在清单中水刑也消失了。[23] 它们看起来更像在米兰达（Miranda）诉亚利桑那州案中讨论的法庭审讯技术，或带有彼时那些声名狼藉的警察审讯手

---

① 暗指他所批准的不算酷刑。

册的风格。然而，参议院的酷刑报告表明了那些实际发生的酷刑异常地残忍。

向合法性和法律程序的转变——转向包括司法部部长和法律顾问办公室在内的美国法律领域最高层的最遵循法律的处理方式——可以说明，备忘录作者不是在炮火弥漫的敌方战场中心血来潮地抛出了酷刑备忘录的军官，他们也没有受到定时炸弹带来的压力。[24] 相反，他们进行了一场缓慢、官僚主义十足、深思熟虑的法律协商，完全理解此时政府对禁止酷刑行为的法规性问题已经在国际上达成共识，即从国际条约和习惯法的角度来看，水刑这种行为都违背了主权国家应负的责任。

当然，这并非史无前例。事实上，几个世纪以来，酷刑就完全合法并深受控制——既可作为逼问情报的手段，也可作为惩罚性的肉刑或极刑。对酷刑——作为最高级别的正式惩罚——的监督和细枝末节监管的历史可以追溯到很久之前。《法学汇编》① 以法律形式严格规范了对奴隶使用酷刑的方式，这成了后来中世纪早期的法典汇编以及宗教裁判所实践的模板。比如，作为后者一个漂亮的例证，1494 年，在托莱多（Toledo）② 举行了一场对玛丽娜·冈萨雷斯（Marina González）的正式审讯，审判记录提到，（法庭）在动用水刑时有条不紊，同时谨小慎微地复述了所有细节——正是西班牙宗教裁判所经典的、

---

① 指从成书于公元 6 世纪的东罗马帝国《民法大全》中精简编撰的《法学汇编》。《民法大全》（Corpus Juris Civilis），又称《查士丁尼法典》，是东罗马帝国皇帝查士丁尼一世下令编纂的一部汇编式法典。533 年，查士丁尼一世让人将法典汇总于 50 卷书中，即《法学汇编》（拉丁文为 Digesta 或 Pandectae）。

② 西班牙中部城市。

如规定仪式般的酷刑 toca①。这种审讯通常发生于一个单独、隐 　70
秘的房间里，只有玛丽娜·冈萨雷斯、审判官员和公证人在场。
下面是从 15 世纪的档案中翻译出的审讯笔录：

> 她被剥去旧裙子并放置在行刑架上，胳膊和腿都被绳
> 子紧紧绑住。她的头也被一根绳子绑紧。他们将一个面罩
> 放在她脸前，还有一个差不多装满了三品脱水的罐子，然
> 后开始往她的鼻子和喉咙里倒水。
>
> （……）主教阁下下令给她灌水，直到三品脱水全部
> 用光；她一句话也没说。（……）他们再次绑住她，并开
> 始用盛满水的罐子给她灌了更多的水。（……）
>
> 他们灌了她更多的水，然后她说，看在圣母玛利亚的
> 份上，她会说出一切。[25]

这些实践受到高度制约和限制，但已完全编纂为成文法，
并在宗教审判时置于法官的监管下实施。同在新千年②中的做
法相比较，它们显得更为平淡无奇。

酷刑备忘录卓有成效地试图复制这一法律框架，不过以其
独特方式实现。它并非像过去那样，通过将这些行为予以正式
立法来实现——鉴于那些明文规定的条约、法律以及国际惯例
法，这都是不可能实现的——而是让行政部门获得了一种准司
法职能。小布什政府通过法律简报的文牍往复、法律依据，以
及假装的司法意见，将自己打造成了一个迷你的司法机构。通
过将其构建成自己的司法系统，小布什政府将这些做法"合

---

①　西班牙语，原意为女帽或修女头巾，根据下文可见是一种水刑的代称。
②　即现代。

法化"。

通过这种合法化的过程，总统的手下侵蚀了司法职能。白宫、司法部、国务院和国防部的律师们互递成堆的简报，试图说服对方，提出异议，但最终在审议中对问题做出裁定：他们做出了判决。这些备忘录就变成了"案情摘要"① ——实际上，应该说是其中相当一部分[26]——之后成为事实上的司法意见。

71　行政部门成为一个缺乏有效监督或司法审查的迷你司法机构，而且到后来，它还实现了这一功能。那些写下酷刑备忘录的人，从未因自己的行为而受到起诉，也从未因应当面对的法律问题而被严肃地质问过。美国人就这样允许一个准司法机构在现在和未来自我运作起来。这些自封的法官撰写案情摘要，做出判决，并撰写司法意见，赋予这些残暴的反叛乱行为合法性。在这个过程中，他们让反叛乱变得完全合法，他们将酷刑刻入法律的结构之内。

人们还可走得更远。酷刑备忘录达成了一种新的解决之道，用以化解残暴性和合法性之间的紧张关系，这是一个我们在先前历史中从未见证过的解决方案。这是一种前所未有的大胆的准司法式的合法性。正是通过这种方式让酷刑合法，小布什政府为反叛乱－统治提供了一个更为广泛的法理基础框架。

在此意义上，就像当代反叛乱理论家所认为的那样，想要在现代战争好的与坏的形式——在所谓的"杀戮－占领"或"赢得民众"的方面，在"以敌人为中心"和"以民众为中心"的战略，或甚至在小布什总统所谓的"反恐战争"和更新的

---

① 原文为 legal brief，为英美法系中简述案件事实、争议点及当事人辩论意见的法律文件，通常在上诉中使用，但初审法官要求提供摘要时，也可以在初审中使用，此时又称为 trial brief。

"全球反恐战争"（GWOT）——之间加以区分，不过是幻影。[27]这些所有变体，不过都是不同**版本**的反叛乱范式，转来转去都是同样的三个核心战略。[28]该范式的某些部分更注重"以敌人为中心"，比如通过残酷手段获取情报和消灭活跃的少数派。范式中的另一些部分则更强调"以民众为中心"，如全面信息感知及赢得民心。但它们并非代表不同的战争模式，只是反叛乱模式这个主题的变体。小布什政府的所作所为向合法性的转向，为反叛乱范式变成一种统治方式创造了一种法律原型，释放了其**政治**上的本质。

最后，将酷刑转变为法律实践——一种在正式法律系统之外，但被这种新的准司法系统支配——释放了所有限制：酷刑开始渗透临界地带，并超越仅为获取情报这条界限。阿布格莱布监狱、黑狱、关塔那摩——这些地方变成了实施酷刑的场所，酷刑不仅存在于刑讯室中，更是贯穿在监狱各处的单独监禁、糟糕的条件，甚至普通的拘留措施中。[29]所有地方都充斥着酷刑的影子，酷刑成了新的法律规范。

而正是这一合法化进程，让这些更广泛的折磨手段在反叛乱"三管齐下"战略的第二环节中蔓延：铲除活跃的少数派。酷刑开始在孤立、惩罚和消灭那些叛乱嫌疑分子方面发挥作用。

第4章 无限期拘留和无人机杀戮

"宪兵，先生！我无法呼吸！……宪兵，先生，求求你。"
在被从阿富汗巴格拉姆（Bagram）空军基地运走的途中，穆罕默德·萨拉希（Mohamedou Slahi）如是恳求道。当时萨拉希头上被套着一个袋子，嘴和鼻子被一个面罩蒙住，一条皮带将他肚子紧紧地绑在直背座椅上，双手和脚都被镣铐铐在腰上，让他几乎无法呼吸。萨拉希一度以为自己会因为这次转移中的强制安全措施而憋死。"直到现在我都无法忍受这种痛苦。"2005年，萨拉希在关塔那摩监狱牢房中写下了466页手稿，在书中详细记述这段经历时这样写道。[1]该手稿原本是作为应对人身保护令的质询而编写的法律详细时间事件记录，随后以《关塔那摩日记》（*Guantánamo Diary*）为题面向一般读者出版。

这种独特的折磨并非中央情报局另一场审讯场景，尽管它肯定十分痛苦。萨拉希写道："我觉得我要死了。我忍不住大声呼救。'先生，我无法呼吸……我无法呼吸！'我一边说，一边打手势指向我的鼻子。"[2]萨拉希被运送到了关塔那摩监狱，不
知道自己在此关押时间将有多长。从2002年起到2016年10月，他被持续关押在关塔那摩，而且从未受到审讯、定罪或判刑。在这场从未宣战的反恐战争中，萨拉希被视为"敌方战斗人员"并被单独监禁。被关押在关塔那摩期间，他遭受了酷刑、单独监禁、殴打和羞辱，还被直升机带到海上经历了一次假处决。

关塔那摩的无限期拘留被当作根除活跃的少数群体的两个主要策略之一，另一个就是使用无人机袭击——这两者都完美符合了反叛乱理论的要求。随着美国政府从小布什过渡到奥巴马手中，我们发现了一种明显的政策转变：重点从前者转向了后者。但这并不意味着反叛乱理论和实践的影响有所削弱。如果非要说有什么的话，那么就是无人机袭击代表着反叛乱深深裹挟了美国的对外政策。

反叛乱理论的第二个环节——消灭活跃的少数群体——是在紧随"9·11"事件后，通过抓捕嫌疑分子并将他们投入黑狱、美国海外监狱和关塔那摩湾集中营进行无限期拘留来实现的。当然，数月的单独无限期监禁本身就是一种酷刑；但它也是一种抹杀人的有效方法，一个从头到尾都以一种特别痛苦的方式达成的抹杀方法。

穆罕默德·萨拉希的描述让人心寒。八个月的完全隔离、殴打、睡眠剥夺、彩色闪光灯、刺耳的音乐——然后是十几年的无限期拘留。在萨拉希的讲述中，有一点特别引人关注，那就是贯穿日常以及日复一日的对待中的折磨确实是相当痛苦。在前一章中，我们已经看到极端的残酷——水刑、棺材大小的牢笼、隔离。但其他一些相对平淡的拘留经历，同样令我们深感残忍。

每时每刻，例行公事的安保措施都变成了暴力。约束器械——手铐与脚镣①——嵌入肌肤，腰间的铁链和直背椅子，让那些犯人一个小时又一个小时地处于只要偶然拉扯到铁链，

75

---

① 原文为 ankle-cuffs，特指固定在脚踝处的一种刑具。

金属铐就会让他们痛彻骨髓的状态。无法动弹的状态，伴随着麻木、刺痛、四肢失去知觉，可长达数小时。这些同样都变成了折磨。萨拉希告诉我们："一个警卫出现了，将面罩从我的鼻子上取下来。我深吸了一口气，感到真的解脱了。但让我沮丧的是，警卫又把面罩套回我的脸上。'先生，我无法呼吸……宪兵……宪兵。'这个人又出现了，但他并没有把面罩从我鼻上取下来，而是把我的耳塞拔下来说：'忘掉这个吧！'然后又把我的耳塞堵上了。这很残忍（……）我惊慌失措，空气仅够我喘气，唯一的幸存之法就是让我的大脑相信，现有的这一丝丝空气就能满足它的需求了。"[3]

在萨拉希的讲述中存在着一种让人听了感觉麻木的特质——或许是因为时间的不确定性和酷刑本身令人麻木。又或许是变得麻木为唯一能让人承受这些的方法。承受这犹如一份虐待编年史般、一份无端暴力的下流列表般的无尽虐待：

> 如今，我脚踝上的铁链将双脚磨出血了。我的双脚已麻木了。我只听到其他被拘留者的呻吟和哭泣。警卫一个接一个地殴打我们。我也不能幸免：警卫不停地打我的头，拽着我的领子拖向另一个被拘留者屁股后面。[4]

无限期拘留和残酷的日常措施，成了抹杀这些人——他们大多是在战场上被抓获或是几近如在彼处被狩猎的奴隶一般用赏金换来的——的一种方法。单独监禁本身满足了反叛乱理论中"三管齐下"战略的第二环节。[5]但不知为何，其走到了比单纯拘留还要远的地步，近似于失踪或虚拟死亡。这些人（嫌疑人）会发现他们所处的环境是如此极端，几乎让他们生不如死。

读了萨拉希这些让人发蒙的描述，人们不禁会同意哲学家吉奥乔·阿甘本（Giorgio Agamben）① 的说法，用他的话说，关塔那摩的这些人仅处于"赤裸生命"（bare life）② 的状态。[6] 阿甘本的"赤裸存在"（bare existence）概念很好地抓住了能勾勒出这些人生活中非人化和退行化特点的一面：集中营中的囚犯待遇被削减到只保证如赤裸动物一般生存的地步。他们不再是人类，而是某种活着的东西。关塔那摩的无限期拘留和酷刑达成了对他们人性的完全否定。

在黑狱和拘留所中，他们受到的方方面面的待遇都强化了这种赤裸生命的概念：不仅仅是那些将他们摧残得仅如行尸走肉般的折磨肉体和心理的方法，也不仅仅是那些棺材般大小的笼子和水刑；而且是诸如他们的尸体将会被匿名火化，总统甚至不需要在简报中知道他们的情况，黑狱就坐落在规避了美国法院管辖权的地方，遭受酷刑的被拘留者将会在单独囚禁中度过余生，再也不能和其他人发生重要接触等众多事实。所有的这些做法都掏空了他们的人性，将他们驱除出人类的行列，把他们从地球表面上抹去。无限期拘留，就是一种抹杀他们的方法。

自从美国政府与一些外国政府签订了严格的安保协议，保

---

① 吉奥乔·阿甘本，意大利当代政治思想家、哲学家，以其探讨例外状态和神圣人（Homo Sacer）的著作闻名。

② "赤裸生命"为阿甘本著作《神圣人：至高权力与赤裸生命》中提出的重要的概念之一，简而言之就是他认为人出生后诸如人权等诸多所谓"神圣不可侵犯的权利"，实际都是被后天赋予的。如果在特定政治环境下被剥夺，人就处于"赤裸生命"状态，此时他们可以被杀死，而加害者不必付出任何政治、道义上的代价。

76

证犯人将持续受到监控和追踪后，大批关押在关塔那摩的囚犯就被驱逐到国外。其中一些人回国后，在其本国受到了起诉。另一些人现在则被关押在国外的监狱里。就大多数人而言，他们的生活遭受了重大打击和摧残——即便是那些现在获得自由的人，在实质上也已被除掉了。[7]

十几年后，美国持续地被卷入涉及那些被留在关塔那摩监狱中囚犯状况的争论，这些囚犯中的大多数从未出庭、被审判或下判决。尽管奥巴马总统在他的 2008 年总统竞选中承诺关闭关塔那摩监狱，但国会中的共和党议员拒绝关闭关塔那摩监狱。[8] 唐纳德·特朗普总统在上台后明确宣布将维持关塔那摩监狱的运作，甚至往里面送去了新的囚犯——来自与"伊斯兰国"（ISIS）作战中俘获的恐怖嫌疑人，包括一些美国公民。

在这些有争议的公开辩论中，那些被虚拟失踪之人的声音和经历很少受到关注，肯定远不如那些正面反映反恐战争的影视作品。尽管萨拉希的书在 2015 年 1 月冲上了亚马逊的百部畅销书榜，并入选了 2015 年《纽约时报》的关注书籍名单，但他的读者群与《猎杀本·拉登》（Zero Dark Thirty）的观众数量相比显得苍白无力。这部描写猎杀本·拉登的惊悚片在全球拥有超过 1600 万观众，票房总收入超过 1.32 亿美元。[9]

正是《猎杀本·拉登》这样的影片中的描述，而不是萨拉希的叙述，塑造了美国公众对无限期拘留的想象。《猎杀本·拉登》以及其他类似的影片，虚构了反叛乱的另一种不同事实：无论多么勉强，残酷的暴力和无限期拘留都会得到清算。《猎杀本·拉登》展示的内容，缓慢、耐心、狡猾地让观众认识到反叛乱策略的好处。最终，它以多种方式吹捧了现代战争的技术。首先，它让观众相信这些无限期拘留及酷刑的方法是行之有效的；其次，影片让观众觉得被拘留者们完全能从拘留和酷刑中恢复过来；最后，影片让被拘留者显得人性泯灭，并拔高了反叛乱特工人员。正是像《猎杀本·拉登》这样的电影，起到了一种将拘留和酷刑的功效搞成流行简介的作用。正如哲学家斯拉沃热·齐泽克（Slavoj Žižek）① 所指出的，通过让人们仅仅将无限期拘留或酷刑视为一种寻常之事、一种例行公事、一种日常遭遇，影片致力于让其常规化和适应化。[10] 自然，这种常规化和反叛乱"三管齐下"战略中的第三环节完美地联系在一起——"赢得民心"，而这正是我们稍后就会谈到的内容。

装备"地狱火"AGM－114C 导弹的"捕食者"无人机是消除活跃的少数群体的另一种主要手段。如前所述，在"9·11"事件后不久，美国政府就开始在阿富汗开展无人机行动；此后在奥巴马政府时期，无人机在巴基斯坦的使用次数激增。同时，无人机也被一波波地部署到也门和索马里。在奥巴马政府中，每周二都会召集 100 多位国家安全专家开会，制订一张"杀人清单"，为奥巴马总统推荐下一个目标人选——因而这个每周一次的会议有个绰号："恐怖星期二"。[11]

移动应用程序"无人机流"（Dronestream）列出了发生于 2016 年 5 月的无人机空袭：

> 2016 年 5 月 27 日：星期五，索马里中南部，美国向达乌德（Mr. Da'ud）发射了一枚导弹（索马里，来源：washingtonpost. com/news）。

---

① 斯拉沃热·齐泽克，斯洛文尼亚社会学家、哲学家与文化批判家，也是心理分析理论家。

2016 年 5 月 21 日：目标或许是曼苏尔（Mr. Mansour）。数架美国无人机在艾哈迈德瓦尔（Ahmad Wal）附近引燃了一辆汽车，造成两人死亡（巴基斯坦，来源：nytimes. com/2016/05/22）。

2016 年 5 月 19 日：星期四，两枚无人机（发射的）导弹在沙漠中摧毁了一辆汽车。两人死亡（也门，来源：pic. twitter. com/7vIoJV7rBI）。

2016 年 5 月 12 日：两人受伤。五人死亡（索马里，来源：nbcnews. com/news/us－news）。

截至 2017 年 4 月，调查新闻局已记录 2250 次经过证实的无人机空袭，空袭造成 6248 至 9019 人死亡，当中至少有 736 到 1391 人是无辜平民，包括 242 至 307 名儿童。[12] 尽管发生了这些平民伤亡重大事件，但无人机的攻击仍在以固定频率持续进行。事实上，在特朗普总统的指示下，攻击次数激增。据美国全国广播公司（NBC）报道，2017 年 3 月 2 日，美国一天之内就在也门的阿比扬省（Abyan）、贝达省（Al Bayda）和舍卜沃省发动了 20 次打击。[13] 在特朗普执政的头四个月里，巴基斯坦、索马里和也门受到的每月平均致命攻击的频率就比前一届政府增加了近 4 倍。[14]

军事战略家们正在争论一个问题：无人机战争是否与反叛乱的范式相符合？这种争论无论多么有趣，它都忽略了一个关键事实：反叛乱实践已经演化出不同的变体，并且理论中任何涉及无人机打击问题的矛盾表象，其实都完美反映了反叛乱核心的内在紧张关系。这种紧张关系也正是我们在酷刑问题中所看到的。不过，考察无人机战争是否适合于反叛乱理论，确实能让我们更好地理解现代战争的深层逻辑。

就像格雷瓜尔·沙马尤在他的《无人机理论》（*A Theory of the Drone*）中题为"来自空中的反叛乱"一章中指出的那样，传统的反叛乱理论家总是争辩说，现代战争应该是"脚踏实地"的。从早期反叛乱理论开始，空中力量在惯例上就被认为与赢得被动的大众这个既定目标背道而驰。[15] 本着这种传统的观点，许多评论家言之凿凿，认为无人机空袭不符合反叛乱范式，因为无人机空袭带来了附带伤害，特别是对无辜平民造成的误伤，将会让普通民众疏远我方——这种论调，如果读者还记得的话，简直就是反叛乱行动中有关酷刑使用辩论的翻版。

在《纽约时报》的一篇社论《死亡天降，愤怒沉积》中，反叛乱专家大卫·基尔卡伦（David Kilcullen）和安德鲁·麦克唐纳·埃克萨姆（Andrew McDonald Exum）就持有这种观点。他们认为，无人机空袭违背了现代战争的逻辑——就像早期的空降作战在殖民战争期间效果适得其反，还使当地民众变得疏远。他们暗示："无人机战略就像 20 世纪 50 年代法国对阿尔及利亚农村地区的空袭，以及 20 世纪 20 年代英国在巴基斯坦部族地区采用的'空中控制'（air control）措施一样。今天美国的无人机战略，将会在这些部族地区唤起历史共鸣，让他们回想起昔日英国人的努力，进而激发他们将无人机空袭视为一种殖民时代的政策延续。"[16]

另一方面，其他人则认为，无人机完全符合反叛乱范式，因为无人机打击天生所具有的精确性和针对性，使其成为一种根除活跃少数群体的稳妥方法：它带来的副作用或附带伤害已

80　尽可能少。还有人进一步提出，由于无人机本身无人驾驶且隐形，故而其能有效地让叛乱分子丧失有形目标——用沙马尤的话来说，它们"让敌人丧失了敌人"。[17]从这个角度看的话，其结果就是，无人机侵蚀了叛乱的核心招募策略。①

这场发生在支持"以民众为中心"理念派和为"以敌人为中心"观点辩护派之间的反叛乱理论争论听上去很耳熟。它实际上就是那些在反叛乱范式中是否该使用酷刑或其他有争议手段辩论的老调重弹。它无非重复了策略大辩论：是要铁血无情，还是要更为正派体面？而这也正是从罗歇·特兰基耶和大卫·加吕拉那里继承下来的两派紧张关系的问题根源。

但正如酷刑是现代战争某些版本的核心问题一样，无人机空袭对于反叛乱策略中某些变体来说也很重要。实际上，无人机空袭几乎可以完成反叛乱战争"三管齐下"战略第二环节中所有的功能需求，无人机空袭解决了被识别出的活跃少数群体。它将恐怖灌输到生活在活跃少数群体周边每个人的心头，以阻止他们及任何可能正在计划加入革命者队伍的人。无人机空袭投射的力量和无限能力，彰显了谁是拥有技术优势的一方。正如一位空军军官所言："无人机系统的真正优势是，它们允许你在毫无破绽的情况下投射力量。"[18]通过恐吓和投射力量，无人机阻止了民众加入叛乱队伍。

确实，无人机是让人畏惧的——但这也再次成为一柄双刃剑。一如基尔卡伦和埃克萨姆所写的那样："无人机战争在巴基

---

① 意为诸如塔利班、ISIS 等对手如果没有可见的敌人，就无法在当地鼓动和招募新人。

斯坦平民中制造了一种被围攻心态①。"他们补充道："如在旁遮普（Punjab）和信德（Sindh），这两个巴基斯坦人口最多的省份，无人机空袭激起了广泛而发自内心的民众反对。在新闻媒体铺天盖地的报道下，人们普遍相信无人机空袭造成的平民伤亡比实际数字要多。这些对巴基斯坦领土的持续空袭，冒犯了人民最深的感情，让他们与政府疏远，并加剧了巴基斯坦的不稳定局面。"[19]

2016 年 7 月，奥巴马政府发布了一份报告，评估了无人机在阿富汗、伊拉克和叙利亚等常规战区**之外**的行动造成的平民伤亡。报告包括 2009 年至 2015 年在利比亚、巴基斯坦、索马里和也门等地——这些国家并非美国的战区——发生的无人机空袭，因此这些空袭不得不需要被证明为是基于自卫而进行的定点暗杀。奥巴马政府报告说，2009 年 1 月 20 日至 2015 年 12 月 31 日，在实际战区之外发生的 473 起空袭中共导致 64 至 116 名平民旁观者死亡，另有 2372 至 2581 名据称为恐怖分子的人员死亡。[20]

换句话说，在此期间有 64 至 116 名官方承认的无辜平民，是因为我们——美国人——在战区之外的"自卫"中，作为旁观者而身亡。奥巴马政府明确区分了在常规战区发生武装冲突情况下和在这些区域外因"行使国家固有自卫权"而动用无人机权限。他的政府确认这些袭击仅出现于"对美国人构成了持续、迫在眉睫的威胁"的情况，并且"几乎可以确定"能避免平民伤亡。[21]

记录平民伤亡情况的西方非政府组织声称，这些数字大大

81

---

①　原文为 siege mentality，指一种感到处于别人想要伤害或击败自己的境地，因而一味想要自卫的心态。

低估了真实的平民死亡人数。独立机构估计，自 2009 年以来，战区之外的平民伤亡人数在 200 至 800 人之间。比如，"人权观察"组织（Human Rights Watch）调查的 7 起致命的无人机空袭事件——正是奥巴马政府承认的 473 起袭击中的一小部分——就记录到 57 或 59 名平民的死亡，几乎已经和奥巴马政府评估承认的空袭导致平民死亡人数的下限相同。调查新闻局对发生在 2012 年的 12 起空袭进行了严密调查，并记录了 57 名平民死亡。[22] 哥伦比亚大学法学院的人权培训班（Human Rights Clinic at Columbia Law School）和萨纳战略研究中心（Sana'a Center for Strategic Studies）估计，美国政府仅承认了 20% 的致死空袭。[23]

82 　　这些数字还不包括在阿富汗或伊拉克等战区被杀害的平民。仅在阿富汗，调查新闻局就记录了 1544 次经证实的无人机空袭，这些空袭共造成 2580 至 3376 人死亡，其中 142 至 200 人是平民旁观者，24 至 49 人是儿童，这全部发生在 2015 年 1 月至 2017 年 4 月的短短 27 个月期间。[24]

　　在受空袭影响的国家，人们通常会收到更多的伤亡报告。像巴基斯坦的媒体就报道说，每一名激进分子被暗杀，背后大约就有 50 名平民丧命，其结果就是命中率约为 2%。正如基尔卡伦和埃克萨姆所言，无论确切的数字为多少，"每一个死去的非战斗人员，就代表了一个与当局疏远的家庭，一个新的复仇欲望，以及随着无人机空袭次数增加而呈指数增加的、加入激进运动中的新鲜血液"。[25]

　　对于那些生活在阿富汗、伊拉克、巴基斯坦、索马里、也门及其邻国的人来说，"捕食者"无人机是可怕的。但同样地——这也正是反叛乱理论中的核心紧张因素之一——恐怖可能就是现代战争中的一种生产工具。它或许能劝阻人们加入活跃少数群体，它可能会说服一些叛乱分子放弃他们的努力。正如我们所见，恐怖与反叛乱范式绝不是对立的，某些人甚至认为，其为一种必要手段。

无人机绝不是一个完美无瑕的武器系统，甚至对他们的支持者而言亦是如此。美国军方内部对此就出现了一些反对之声。一些无人机操作员站出来批评无人机战争，公开了他们亲身体验的心理创伤。在一部名为《国鸟》（*National Bird*）的纪录片中，影片制作人维姆·温德斯（Wim Wenders）和埃罗尔·莫里斯（Errol Morris）探讨了无人机给那些即便处于完全安全环境中的操作人员可能造成的心理伤害问题。导演索尼娅·肯内贝克（Sonia Kennebeck）在谈到无人机操作员时强调："他们（操作人员）会谈论身在美国被部署并参战是多么艰难，但与此同时，他们仍都安全地待在房子里。"她接着解释说："我认为，人的脑海中有一个区域来专门处理这些事情。因为当你进入这个秘密环境后，你就会感到身处真正的战区之中：你在杀人。然后你回到家，若无其事地和家人坐在餐桌旁。从某种意义上说，这样工作就是一种精神分裂。你的家人对此一无所知，而你则不准和他们谈论你的这些体验。"[26]

同样，在酷刑问题方面，一些人也站出来揭露了折磨他人给自己带来的心理影响。埃里克·费尔（Eric Fair）在伊拉克战争初期就职于一家私人的安全承包商——加利福尼亚分析中心公司（CACI），担任一名民间讯问人员，负责强化审讯项目中的一些人工操作方面的工作：将被拘留者吵醒以确保剥夺睡眠，将被拘留者脱光，让他们站立并保持压力姿势，拍打他们——诸如此类的那些在强化审讯中必须由人来完成的脏活。费尔在 2004 年初做了三个月后，很快就意识到他并不适合做这个工作，然后就离开了。他在宾夕法尼亚州伯利恒（Bethlehem）的长老会中长大，觉得自己更认同那些遭受酷刑的人，而不是实施酷刑者。他认为他应该照顾那些遭受酷刑者的需要，而不是利用他们的弱点。

尽管如此，这次工作经历给费尔留下了创伤。"一个无脸男在一个房间的角落里死盯着我，" 2007 年，费尔在一篇随笔中如是写道，"他恳求帮助，但我怕得不敢动。他开始哭了起来。这是一个可怜的声音，它让我恶心。他尖叫了起来，但当我惊醒过来时，我意识到这是我自己发出的尖叫声。自从 2004 年夏天我从伊拉克回来后，这种梦以及其他一系列噩梦就一直折磨着我。"费尔仍然被这些噩梦阴魂不散地困扰着，在他的《后果》（Consequence）一书中，他解释道，这些困扰来自"从舒适的审讯小隔间里传来的将军的声音，从军事监狱里传来的哭声，从'巴勒斯坦椅子'（Palestinian chair）① 上传来的抽泣声和老人的头撞在墙上的声音"。[27] 而且，实施这些酷刑是完全合法的这个事实，没有给他带来什么帮助。费尔写道：

> 我们的审讯使用的是经过批准的技术。我们从事文书工作，根据指导方针做事，并遵守规则。但是，当每个囚犯被迫靠墙站立，或被迫赤身裸体地站在寒冷的牢房里，或相当长时间内不准入睡时，我们感觉自己越来越不像正

84

---

① 一种酷刑，让受刑者处于蹲下的状态，迫使他们所有的重量都放在大腿和小腿上并持续很长时间。

派人了，并且我们觉得自己越来越不像美国人了。[28]

这些人——无人机操作员和前酷刑行刑者——都提供了令人心惊胆寒的口述。[29]他们的采访故事让人久久难以忘怀。可悲的是，他们人数还太少。在众多参与无人机空袭、酷刑和实施恐怖的士兵、特工和承包商中，只有屈指可数的几个人说出了他们心理上受到的影响。

最后，从反叛乱的角度来看，无人机可能并非完美无缺，但没有什么武器系统是完美无缺的。无人机确保了消灭活跃的少数群体，还能用于实现现代战争中其他的威慑目的。从这个意义上说，无人机必须被理解成一种在反叛乱范式的框架中，可用于替代无限期拘留、失踪或立即处决的战术。在美国政府中的许多人看来，无人机比其他可选择项更清洁、虚拟和安全。当然，若是从它袭击目标的角度来看，则几乎没有任何区别：无人机给他们带来了心理创伤，更带来了方圆 15 米范围内的直接杀伤。只是对无人机操作员而言，如果他们也遭受了某种伤害的话，那也仅限于精神，而不存在于肉体之上。从攻击者的角度来看，无人机的确是一种更安全的手段——并且仅仅是反叛乱"三管齐下"战略第二环节的一种变体。

格雷瓜尔·沙马尤质疑过特定的武器系统如何同时作用于发动攻击者与其敌人的关系，以及用他的话来说，类似一种"国家与其臣民之间的关系"。[30]自然，这两者间是相互关联的，而沙马尤提出的是，使用"捕食者"无人机时，无人机操作员拥有绝对安全，事实上他们在轮班结束后就可回家与家人团聚，在这种情况下，全球可达、外科手术式的无人机空袭戏剧性地

改变了我们的社会与政治现实，以及民主决议下的处决。相关

85　的批判理论探讨无人机问题已有多年。最近的一次似乎还是特奥多尔·阿多诺（Theodor Adorno）写的关于希特勒的自动巡航导弹——就是纳粹向伦敦发射的臭名昭著的 V - 1 和 V - 2 火箭——的文章。[31]但在新情况下，这些问题需要被再度关注。

对于第一个问题而言，无人机系统应该被理解为一种混合武器系统，其最终能在多个层面上发挥作用。可以肯定的是，无人机具备了德国 V - 2 导弹的特点，也吸收了法国断头台和美国注射死刑的特点。它将保证发动攻击者的安全、给目标带来相当精准且迅速的死亡、一定的麻痹效果三者融为一体——当然，还有绝对的恐怖。对那些发动无人机空袭的国家来说，这种效果可谓极其安全，没有国内伤亡的风险。无人机空袭带来的快速且明显的外科手术式的死亡，可以被描绘为几乎像断头台一样人道。无人机还对公众舆论产生了麻痹效果，恰恰是因其声称的精准性和清洁性——如大部分情况下的注射死刑。此外，无人机几乎是隐形和超视距的——不妨再说一遍，这是对使用无人机的国家而言——然而对成为空袭目标的社区来说，这是相当可怕的。

沙马尤的第二个问题也许才是最重要的：这种新的武器系统改变了美国政府与本国公民之间的关系。正如我们将看到的那样，没有什么比蓄意地、有目标地在海外用无人机杀害美国及其盟国公民能更好地证明这一点了。[32]正是基于此，我们可以确定无人机真正的功效。传统上中央情报局特工在海外进行定点暗杀，特别是针对美国公民的暗杀，肯定会震撼美国人的良知，随之引发诸多政治和法律问题，但在数千英里外远程操控"捕食者"无人机就能轻巧地回避这些问题，尽管在客观和

结果上这两者毫无区别。但新奇小巧的无人机意味着，它无须背负中央情报局过去定点暗杀的那种具有象征意义的包袱以及对其合法性讨论的冗长历史，它无须承担过去的重负。

如果将其和死刑做一个类比，或许能有助于我们理解这点。死刑同样存在所用手段在道德层面会影响实践本身的问题。在大屠杀①之后，美国还继续使用与集中营类似的毒气室和电椅就变得颇有深意。它们所具有的象征意义使公众对死刑的看法大为恶化。相反，注射处决所具有的临床或者说医学性质，起初就减少了围绕处决而引发的政治争议。只是随着时间的推移，出现了拙劣的注射处决、围绕鸡尾酒药物及其真正功效的问题，更多相关负面问题才浮出水面。但注射处决引发的这些负面宣传需要一定的时间才能追上付诸实践的注射处决。当下的情况也是如此，无人机引发的担忧程度远不及常规的定点暗杀受到人们关注。

无人机的新颖性，它的外科手术式打击的本性，以及不会带来国内伤亡、没有尸体会在晚间电视荧屏上被清点的事实，甚至不存在国内死亡的可能性——诸如此类的因素都让它易于使用。但问题并不仅仅在于无人机更易于使用。更重要的是，它们让反叛乱范式成为一个更容易被接纳的框架。它们甚至让在海外杀害美国公民这种事情都变得更能让人容忍。而正是这种容忍，到最后侵蚀了对外政策和国内治理之间的界限，这也是我们很快就会在第三部分展开讨论的问题。

就像所有最初看来不可战胜的新军事技术一样——潜艇、

①　指二战中纳粹对犹太人实施的大屠杀。

V－2 导弹、机枪——无人机技术总有一天将不再无所不能。甚至有一天，会有更新的技术将允许目标黑进远程控制系统，然后将"地狱火"导弹送回"捕食者"无人机，甚至更糟：掉过头攻击平民大众。之后，一种新的、完全安全的杀戮装置将再会被发明出来以取而代之。不过在眼下，正是这些无人机集中体现了反叛乱理论的逻辑：一种消灭革命的少数派、恐吓他们的邻居、投射美国政府力量的致命机器——以此方式让普罗大众相信他们有更强大的实力，更为可靠。这给现代战争增添了致命的新要素。

在这场我们目睹的、发生在过去短短几十年的历史性变革中，是无人机提供了真正的动力。部分原因正是在于技术进步，这种进步导致反叛乱战略作为对外政策——及其本土化——取得胜利；也恰恰是这种技术进步，使全面信息感知的美梦成为可能，也使通过外科手术式消灭活跃的少数群体的渴望可以实现。技术创新——捕获所有数据流量或安全地远隔重洋指挥无人机空袭的能力——这些技术使我们得以设想，或许我们已经向反叛乱理论所设想的理想状态又前进了一步。这些新技术有助于实现现代战争，而它们最终又为反叛乱战争范式的本土化搭好了舞台。

第 5 章 赢得民心

反叛乱"三管齐下"战略的第三环节在于赢得普罗大众的民心，以此遏制流向活跃少数群体的新鲜血液，并在斗争中占据上风。这一目标可以通过积极赢得民众的忠诚，或者是安抚已处于被动中的民众，甚至简单地分散群众的注意力来实现。归根到底，标准其实很低，因为——根据反叛乱理论的观点——人民大多是消极被动的。正如罗歇·特兰基耶于 1961 年指出的那样："经验表明，沉醉于大多数人民的同情以获得他们的支持绝不是必要的，因为他们大多数是无组织、漠不关心的。"或者，就像彼得雷乌斯将军的手册所说的那样，绝大部分民众是"中立"和"被动"的；他们代表着"双方被动支持者"的"不受约束的中立派"。[1] 那么，反叛乱理论的第三环节，也许主要就是为了缓和及安抚，抑或仅仅是为了离散那些冷漠的大众。

在伊拉克和阿富汗战争的案例以及更广泛的对外政策中，第三环节已主要转化为三种战术手段：投资基础设施建设、新式的数字宣传，以及普遍的恐怖。这些手段将慈善和人道主义与恐吓和胁迫并列起来。它们之中包括一些新发明，特别是将传统的赢得民众的手腕升级的新数字技术手段。并且，随着时间的推移——从占领伊拉克到对 ISIS 的战争——重点已经从投资基建转向数字化宣传。然而，两者支撑的是第三种战术手段，即普遍的恐怖威胁，它作为一种基础性的手段，持续且阴森地若隐若现。

在《一切怎样变成战争，而军事怎样变成一切》（*How Everything Became War and the Military Became Everything*）一书中，罗莎·布鲁克斯（Rosa Brooks）写道，自"9·11"事件以来，我们已目睹了军方的扩张及其对民政事务的侵蚀。她写道："我们已经看到，美国对外政策持续军事化，因为我们的军队被赋予了许多曾交给民间机构执行的任务。"布鲁克斯警告我们，要当心一个新世界，在那里"战争与非战争、军事与非军事之间的界限已经被腐蚀"。布鲁克斯还指出，在这个世界里，军方不再仅限于扛枪作战，而且会执行各种民事任务——比如"培训阿富汗法官和议会议员，为伊拉克观众制作电视肥皂剧，在索马里沿海进行反海盗巡逻……他们监控全球的电子邮件与电话通信，在数千英里外的模拟驾驶舱中驾驶武装无人机，以及帮助开发和规划高科技的新战争方式：从由搭载人工智能的计算机操作的自主武器系统到与 DNA 相关的生物武器"。[2]

正如布鲁克斯有力证明的那样，我们的确正面对着一个被军方不断侵蚀的新世界，但这比其他任何东西都更能揭示出政府反叛乱范式的兴起。正是这种反叛乱战争的模式——加吕拉的那套及早转向建造学校和卫生设施，以关注民心的做法——将军队推到传统上属于民间的领域，包括全面监视、法治项目、人工智能、娱乐，等等。实际上，正是**政府的反叛乱范式已经变成一切，而一切已经变成反叛乱**。战争与和平治理之间的界限模糊，不仅仅是"9·11"事件的结果，更是现代化战争漫长且深思熟虑的进程中的高潮。

将布鲁克斯的结论——自"9·11"事件以来，军方对平民领域的蚕食——放在反叛乱上升为外交政策这个更广泛的框架内，就能得到最好的理解。战争和外交政策之间的界限被模糊，就如在伊拉克同时发展肥皂剧和社会项目所体现的那样，并非偶然。相反，它代表了反叛乱思维在对外政策中日益增长的影响力。

因此，首先就是对基础设施和民间的投资——这一手段至少在一开始具有人道主义性质。这也是大卫·加吕拉所说的现代战争的关键策略之一，而且加吕拉本人在阿尔及利亚时就投入了大量时间用于兴建学校、修筑公路和要塞，以提升当地医疗保健水平。[3] 彼得雷乌斯将军紧随其后，也在他的战地手册中强调了参与社会项目的重要性。许多一线人员承认这很勉强，因为一些军队人员不愿意从事社会福利工作——驻守当地的军队也缺乏这方面的能力。尽管如此，彼得雷乌斯将军的手册还是强调："政策持久的成功，需要在谨慎地使用武力和重视非军事项目之间找到平衡。政治、社会和经济项目是连接民间团体最常见也最恰当的桥梁；同时，与是谁来执行这些任务比起来，有效地实施这些项目更为重要。"[4]

提供基本必需品，在战地手册中被标为"必要服务"，也是反叛乱的关键做法之一。它主要包括确保普罗大众有"食物、水、衣服、住所和医疗机构"。彼得雷乌斯将军的手册用非常简单的话语解释了其理由："人们寻求这些基本需求，直至其得到满足，为此他们会不惜任何代价，并且不在乎从何处得到。人们会支持满足他们需求的提供者。如果提供者是叛乱势力，那么民众就很可能会支持叛乱。如果（本国）政府提供了可靠的基本服务，那么民众就更可能支持政府。因此，指挥官要确认是谁在向民众中哪些群体提供基本服务。"[5]

彼得雷乌斯将军的战地手册提供了一个案例，讲述了伊拉克北部城市泰勒阿费尔（Tal Afar）的发展成就。2005 年初，这里成为狂热的叛军争夺的目标。在 H. R. 麦克马斯特中将——他后来成为唐纳德·特朗普总统的国家安全顾问^[6]——的率领下，第 3 装甲骑兵团于 2005 年夏天收复了该地，将叛乱分子赶跑之后，他们开始实施了一个重建项目。① 手册中用了这样的语句来描绘这些成就：

> 在国务院和美国国际开发署的过渡倡议办公室（US Agency for International Development's Office of Transition Initiatives）② 的协助下，泰勒阿费尔的市政和经济系统的重建工作开始认真执行。这些举措包括提供基本服务（水、电，以及处理污水和收集垃圾）、教育项目、警察局、公园及其他重建工作。他们还制订了一套法律索赔程序和赔偿方案，以解决当地人对战乱带来损害的不满。
>
> 随着泰勒阿费尔安全状况和生活条件得到改善，平民开始向我方提供情报，并帮助消除叛军的基建设施。除了在街头搜集到的情报之外，多国部队在泰勒阿费尔和附近社区建立了联合协调中心，其成为多国部队战地指挥所及与伊拉克军队和警方共享情报的机构。
>
> 伊拉克当地领导人、伊拉克安全部队与美军的团结努力，是取得成功的关键。当许多逃离该地区的家庭返回这

---

① 具有讽刺意味的是，2014 年 6 月 16 日，经过两天的激战，ISIS 攻占了此城，该城直到 2017 年 8 月 20 日才被伊拉克政府军收复。

② 过渡倡议办公室，美国国际开发署下设机构之一，负责为援助地区提供快速、灵活、短期的援助，以"促进和解，推动经济发展和帮助建立稳定的民主制度，为长期发展奠定基础"。

座安全城市时，这种成功的意义就彰显出来。[7]

　　彼得雷乌斯将军还强调与当地群众建立积极联系的相关必　　93
要性。或许读者还记得我早先提到的毛泽东对他的战士提出的
"八项注意"，提醒他们"说话要和气""买卖公平""借东西
要还"。加吕拉也有类似的训令，比如要将反叛乱部队部署在
"群众实际生活的地方，而不是那些看上去具有军事价值的地
点"。[8]彼得雷乌斯将军很好地汲取了毛泽东和加吕拉的教诲。
下面是以备忘录形式出现在他的战地手册中的"彼得雷乌斯之
二十四诫命"的部分内容：

　　　　和人们一起生活。我们不能依靠通勤去参加战斗。联
　　合基地和战斗哨所的选择地点应该尽可能地靠近我们寻求
　　的安全地点……

　　　　行。徒步走访，不要开车。如有可能就徒步巡逻，和
　　群众建立联系。摘下你的太阳镜。只有面对面地互动，才
　　有可能实现态势感知（situational awareness），而不要让防
　　弹玻璃和欧克利（Oakley）① 把你们和群众隔开。

　　　　成为一名好客人。尊重阿富汗人民及其财产。想想我
　　们应该如何驾驶、巡逻，我们应如何与人们相处，以及我
　　们该如何帮助社区。用阿富汗人的眼光来考量我们的行动，
　　与我们的伙伴在一起，在采取新的方案和行动之前与当地
　　长者协商。[9]

――――――――――

　　①　一个总部位于加利福尼亚州的公司，主打产品为运动用品，特别是运动护
　　　　目镜，其滑雪护目镜相当有名，此处即指代护目镜。

请注意，关于最后一点，在最初版本中，彼得雷乌斯将军写的是："用阿富汗人的眼光来考量我们的行动。疏远阿富汗平民就是在播下我们失败的种子。"[10]

为了兑现所有的这些承诺以及对民间进行投资，美国政府向被占领地区注入了大量资金。从 2001 年到 2016 年初，美国为阿富汗重建花费了 1130 亿美元，远远超过二战后在欧洲实施的马歇尔计划的开支。每年光在承包工程上的花费就达到约 140 亿美元。彼得雷乌斯将军积极推动"向阿富汗经济投入大量资金的做法"，认为美元会买来和平。2008 年，彼得雷乌斯这样写道："把现金当成一种武器系统来用，金钱即'弹药'。"[11]这些资金的大部分都流进美国私营公司和当地企业，也服务于另一个目标：将美国的伤亡减到最小。

这样做的结果就是，资金的分配令人眼花缭乱，并被打上了极度腐败的印记。由于对采购投标的监督极少，而且从战略上也需要依赖某些貌似恭顺的朋友及盟友，因此，合同被轻松地派给了一些幸运儿和相关人员，让他们在顷刻之间暴富。仅 2007 年至 2014 年，美国就给阿富汗提供了价值达 890 亿美元的合同。[12]而结果正如马蒂厄·艾金斯（Matthieu Aikins）在《纽约客》上所报道的那样：

> "这里有这么多的合同，你可以赢得任何你想要的，"西蒙·希利亚德（Simon Hilliard）——曾在 KAF（美国的主要基地，被称为坎大哈机场）服役的前英国士兵，现在是一家阿富汗投资的安全公司，瓦坦风险管理公司（Watan Risk Management）的常务董事——告诉我，"利润都快赚疯了。"他说，在 18 个月内，瓦坦的总收入就从 50 万美元

94

增长到 5800 万美元。[13]

在诸如美国诉 NHB 公司及其他公司（Neel、Hooper & Banes P. C.，总案值 70990605 美元）等案件中，腐败行为被记录在案。此案中，美国司法部指控一名阿富汗企业家贿赂。在相关的一些刑事案件中，一次就有 8 名美国士兵对相关指控认罪。公共诚信中心（Center for Public Integrity，CPI）① 于 2015 年 5 月发表了一份研究报告，查明"自 2005 年以来，至少有 115 名驻扎在伊拉克和阿富汗的美国服役人员被判犯有贿赂、盗窃和操纵合同罪"。[14]

大部分的钱都很自然地通过自己的方式回到了塔利班及其他正和美军激战的武装人员手中。例如，2010 年，军方 2010 工作组在主持法务审计时发现，在检查的总价值约 310 亿美元的合同中，约有 3.6 亿美元最终落入塔利班、腐败官员或罪犯手中；而这只是可以直接查到的账目。认识到其中部分问题的彼得雷乌斯将军，在 2010 年 9 月制定了旨在减少腐败和阻止资金流入塔利班的指导方针。"我们在阿富汗的承包规模既是机遇，也存在风险，"彼得雷乌斯说道，"有了正确的监督，合同就能刺激经济增长和发展。"[15]

最终，反叛乱理论要求提供社会产品并建设基础设施，但在伊拉克和阿富汗，政府仅是在部分地和懒散地服从这一指示，因而导致了许多腐败。当然，这一结果反映了坚持反叛乱理论的艰巨性，也反映了接受反叛乱理论不完美时会导致的情况。

---

① 公共诚信中心，位于美国的非营利新闻调查组织，初衷为"揭示有权力的公众以及私人机构的滥权、腐败和玩忽职守等行为，以迫使他们诚实、正直、负责地行使权力"。

但是正如我们将在后面看见的那样，它还揭示了现代战争中一股更坚实的暗流，即使用恐怖。

确保多数人中立的第二种手段更侧重于心理。在现代战争的早期，这种手段的案例包括诸如特定人群的重新安置等措施，用反叛乱专家的话来说，这是为了"更好地控制他们，并限制他们对叛乱分子的支持"。这也正是英国人曾在马来亚，法国人曾在阿尔及利亚干过的。其他例子则包括基本的宣传战。[16]

随着时间的流逝，新的数字技术已经使反叛乱心理战能够以新形式出现。其中最新的一种形式涉及数字宣传，最近反映在 2016 年初由奥巴马政府设立的全球参与中心（Center for Global Engagement）上。该中心的宗旨是防止弱势青年激进化，它采用了由硅谷巨头——谷歌、亚马逊、网飞——开创的策略，获得的原始资金额约为 2000 万美元。它瞄准的是那些被怀疑为容易激进化的易感人群，向他们发送增强和改进的第三方内容，以试图从潜意识上劝阻他们变得激进或加入 ISIS。用一位调查记者的话来说："奥巴马政府正在发起一场秘密的反 ISIS 的信息战。这场战争针对那些可能成为极端分子的个人，由代理服务器提供内容，就像亚马逊或谷歌基于在线浏览历史记录给你推送购物建议一样。"[17]

实现这种功能有几个步骤，这些步骤都以谷歌等数字巨头的最新算法，以及脸书和其他社交媒体最为成熟的数字广告推送方法为模型。

第一步，收集和挖掘所有互联网用户在社交媒体、零售网站、网页浏览、视频游戏和其他数字场所留下的数据浏览痕迹，

以识别那些被 ISIS 或其他极端分子蛊惑、处于激进化风险中的
人。就好像零售巨头塔吉特（Target）① 能够通过数字浏览痕迹
在其他家人之前就识别出孕妇一样，全球参与中心也能挖掘我
们的数据浏览痕迹，以便某些人在受到极端信息的影响之前，
就识别出这种易受激进思想影响的人。[18]

第二步是识别具有和缓而非激进效果的第三方内容，然后
对内容进行增强和改进，使其更加有效。通过向第三方提供咨
询和财政支持，全球参与中心确保其能以最佳方式使用数字广
告产业——例如，更多的图像以及更好的修辞策略。据报道，
这其中的想法是"给予当地的非营利组织、地区领导人或活动
家暗中的财政支持以及技术方面的专业帮助，使他们的视频、
网站或广播节目看上去和听起来专业——并让他们得以获取并
发布消息"。在这些努力中，该中心从私营企业，特别是从数字
广告业的最佳做法中得到启示。显然，该中心和脸书有着直接
合作，其发言人乔迪·塞斯（Jodi Seth）表示，脸书与该中心
分享了他们的研究成果，以便向行政官员展示"有助于使'对
抗言论'（counter-speech）获得更多成功的要素"，比如更好内
容的形式（举例来说，现在流行观点认为，附带上照片和视频
将会增加内容被阅读的可能性），以及改进内容的语调（这里
是指那些被认为更具有建设性，且带有反讽或幽默因素的内容
会比单纯攻击的广告效果更好）。[19]

接下来的第三步是评估目标信息是否成功，确定信息是否
被接收、被打开、被查看和被点击。在这里，该中心再次应用
了数字广告业务最尖端的方法以完成测算信息的影响力和目标

97

---

① 塔吉特百货公司，总部位于美国明尼苏达州的明尼阿波利斯，为美国仅次
于沃尔玛的第二大零售百货集团。

的接收情况。当增强的第三方内容定向到被确认的目标后，中心就会实时评估信息的接收情况。这是一个让大数据在其中能真正起到重要作用的关键步骤：仅仅确定目标还不够，更重要的是查明目标内容是否被打开并被查看。为此，该中心与从事数据挖掘的私营公司签订合同，以分析目标用户留下的数字浏览信息。[20]

这个主意是对敌人所作所为的模仿，显然，这也是在复制谷歌和亚马逊的做法。据该中心的负责人迈克尔·伦普金（Michael Lumpkin）说，该策略是在"模拟 ISIS 如何招募它的追随者"。"通常从推特开始，然后转到脸书，接下来转到照片墙（Instagram）。最终转到 Telegram①或一切其他的加密软件进行点对点②的讨论，"伦普金解释道，"他们正在做亚马逊在干的那些事。他们根据个人的接受程度，将选定的信息定点传送给个人。我们需要做同样的事情。"[21]

在所有这一切中，该中心很自然地抹去了所有带有"美国制造"的标签。"新中心'不打算将重点放在来自美国、带有政府标记的信息之上，而更愿意放大该地区和整个民间社会中温和可信的声音，'丽莎·莫纳科（Lisa Monaco）在外交关系委员会的发言中这样表示，'辨识出谁将会拥有最具合法性的声音，尽我们所能来提携之，并且不要让其成为美国的传声筒'。"该中心的负责人迈克尔·伦普金补充道："在面对一个灵活、适应性强、不受真理或道德约束的对手时，我们的人却

---

① Telegram 是一款跨平台的即时通信软件，用户可以相互交换加密与自毁消息，发送照片、影片等所有类型文件。

② 指利用"点对点"技术的通信软件进行联络，这种软件具有即时、保密的性质，不易被监听。

陷在官僚主义中，使用过时的技术。"[22]该中心背后的理念，就是更新我们的技术，变得更加灵活。

当然，这依赖于我们所有人的信息通过社交媒体共享的程度，以及带侵略性的数字技术满足社会——我将之命名为我们的"阐明性社会"——的程度。正如大卫·加吕拉在他1963年的回忆录《阿尔及利亚的平定》中所强调的那样，情报是"成功的关键"。[23]我们现在必须明白，我们的"阐明性社会"是政府新反叛乱范式的必不可少的基础。全球参与中心的手段，完美地抓住了这些新数字技术和算法——及其如何将最新和最好的数字广告和娱乐、潜意识信息和软宣传加以融合、利用和部署的实践精髓。[24]当然，随着越来越多的数据有必要被更有效地挖掘出来，反叛乱作为对外政策同作为本土统治手段之间的界限就开始崩溃。随着反恐斗争在全球展开，它会把所有人当成目标——包括我们自己。

第三种手段则更为基本：恐怖。赢得民心最可怕的方法就是恐吓当地居民，确保他们不会同情或帮助活跃的少数群体。当保罗·奥萨赫斯讲述他对疑似"民阵"成员实施的残酷手段，以及他在阿尔及利亚使用的酷刑方法——塔克电话、水刑、立即处决——时，这位法国将军将这些内容放在了一个有着醒目标题的章节里：La Terreur,[25]即法文"恐怖"。他知道他在此处谈论什么。自"9·11"事件以来，指导美国外交政策的也是同样的想法。事实上，社会支出①和数字宣传这种策略，只是对更基本和更持久的恐怖架构的一种装饰。

---

①　指面向低收入家庭提供的现金、食品券、减税措施等福利措施。

99　　当然，反叛乱的残酷有助于搜集情报及消灭革命少数派。但它还有更高的目标，还能走得更远：它的雄心，正如奥萨赫斯将军所承认的那样，是恐吓叛乱分子，用死亡吓死他们，并恐吓当地民众以防止他们加入叛乱团体。今天，使用异常残忍的酷刑、对高价值嫌疑人用无人机进行定点暗杀，以及无限期单独关押的拘留，不仅是为了剔除敌人，更是为了警告他人，给他们带来恐惧，并赢得他们的屈膝服从。无人机和无限期拘留粉碎了他们与叛乱者接触的意愿，并恐怖地打击了任何可能对革命少数群体抱有同情的人。恐怖措施对大众表现出一种具有吸引力和诱惑性的掌控力。它们将合法性赋予了反革命的一小撮人。事实上，恐怖是真正征服和殖民大众民心的东西。自"9·11"事件以来，在美国对外政策中，恐怖一直是确保被动大多数——不仅仅是活跃少数——屈服的手段之一。最终，恐怖成为反叛乱第三个核心战略的关键组成部分。

　　自古以来，恐怖就一直是区分文明人与野蛮人、自由公民与被奴役者的手段。古希腊的自由男性有向神宣誓，以其名义发誓作证的特权。与之对应，奴隶只能在酷刑下提供证词。从这个意义上说，酷刑通过贬低与标记——污名化——那些**可**被施以酷刑的人来界定自由和公民权。它有助于划分弱者。它标记了弱势群体。但矛盾的是，它也被用于划分何为"更加文明开化"。这也许就是反叛乱暴行的最大悖论：**文明就是明智地施以酷刑**。这个悖论诞生于古代，但它一直延续至今。雅克·马叙，这位在阿尔及尔之战野蛮地指挥作战，并将那些实施酷刑的法军官兵比喻为"唱诗班的男孩们"而臭名昭著的法国将军，在接受采访时说了一段令人侧目的话。"我不怕酷刑这个词，"马叙解释道，"但我认为，幸运的是，在大多数情况下，

相对那些叛军所使用的手段，不得不使用酷刑来战胜恐怖主义
的法国军人们就像唱诗班的男孩们一样纯洁。前者的极端野蛮　　100
导致了我们的一些暴行，这是肯定的，但我们在遵循'以眼还
眼，以牙还牙'的法则。"[26] 酷刑，用马叙的话来说，是"残
酷的必要"，但这显然比任何其他事都能显示法国人到底是多么
"文明"。

　　明智地管理恐怖是文明的标志。文明就是恰当地、明智地、
克制地、按照规则地实施恐怖统治。只有野蛮人才会残忍地、
恶毒地、肆无忌惮地使用酷刑。与此相反，文明人知道如何以
及何时抑制酷刑，如何控制它的恐怖，用判决书和自由裁量权
来运用它。与野蛮人相比——这点上 ISIS 的斩首就是现代案
例——**我们**很温和，很明智，即使我们用酷刑也不会像那些野
蛮人。自"9·11"事件以来，明智地使用恐怖一直是美国的
关键战略。最终，在统治的反叛乱范式下，恐怖以多种方式发
挥作用，赢得民心。

第6章　通过恐怖实施统治

　　水刑、无限期拘留、隔离和单独囚禁、无人机空袭、被活活地关在棺材大小的笼子和带铁丝网的监狱里——这些做法当然是反叛乱战争的战略组成部分：它们在获取情报、消灭激进少数群体和控制大众方面发挥了很大作用。从这个意义上说，它们很好地服务于反叛乱理论的"三管齐下"策略。不过，它们还能做到更多。

　　恐怖不仅是将反叛乱的三大核心战略串联在一起的线，更起着以多种方式推动反叛乱成为一种统治范式的作用——通过制造真实的恐怖效果，通过赋予恐怖政权合法性，通过在反革命的少数中制造恐惧并建立纪律，等等。恐怖能做到的比人们预期的要多得多。它产生的整体效果远远大于各部分单独相加的总和。

　　例如，恐怖使反叛乱理论具有韧性，尽管事实上现代战争很少（即便有的话）在军事层面取得成功。实际上，所有反叛乱都以叛乱分子获得民族独立及反叛乱策划者的彻底失败而告终。然而，反叛乱在更广泛的政治层面上获得了完美反弹，因为它的拥护者会而且总会争辩说，他们的失败是因为缺乏决心，绝不是因为反叛乱内在逻辑的失败，而是未能将这一逻辑贯彻到底——败于未能足够强硬。每次反叛乱流产时——在印度支那、阿尔及利亚、越南——原因总是被归结于军队未能向少数叛乱分子表现得足够严酷。罗歇·特兰基耶强调指出："我们输掉了印度支那战争，很大程度上是因为我们采取必要措施时犹豫再三，或者付诸实践时已经太迟。"他预言道："出于同样的理由，我们将输掉阿尔及利亚的战争。"[1]总是缺乏足够的决心——缺乏足够的恐怖——被"证明"为失败的罪魁祸首，因而这种反弹为反叛乱范式提供了助力。

事实证明，恐怖一直是反叛乱的关键。部分提倡者明确地欣然信奉它，另一些人则蹑手蹑脚地绕着它转，承认恐怖蕴含的力量，但试图忽视或避免它。然而，即便是作为阴影，恐怖也总是存在的。它出没于司法调查的假象下，它给酷刑备忘录投下了一层阴影，它就存在于恐怖主义是叛乱分子最有效工具的这种认识或不应放弃使用任何手段的建议中。它总是存在于彼处。因为，**最终现代战争就是通过恐怖来统治的范式**。[2]

如今，即便恐怖在反叛乱模式中可能扮演了一个独特的构成角色，它也并非统治手段中新冒出来的组成要素。从奴隶社会开始，从古代的诸多宗教裁判所到现代的拘留所、集中营，恐怖就一直和我们同在。此外，在它每一种表现出的形态中，恐怖都在支持着不同的统治模式，并在多个层面发挥着作用。回顾历史，恐怖已经做了很多工作，今天也是如此。看看今日恐怖所达成的全部成就——远超出反叛乱"三管齐下"战略——就会让人觉得，重温历史，回顾一下恐怖的不同功能以及它曾起到的作用是非常有益的。过去的它在今日的倒影会让人感到震惊。

本章将——稍微更注重历史性和理论性——以五部分来回顾，并在某些细节上具体展示恐怖在历史上做过的工作，以及这些工作如何被折射入今天的反叛乱统治范式。本章的目标是展示那些过度的残暴、酷刑和恐怖对反叛乱战略到底有多么重

103

要。其中的大部分但非全部将集中于酷刑之上——当我们开始讨论后"9·11"的美国政策时，酷刑还是搜集情报的手段，现在则是实现恐怖的手段。但是，恐怖还有其他特征，这也是为什么最终范畴更广的恐怖会更适合于今天。

第一部分可追溯到古代，但也代表了在整个历史中曾反复出现的主题：恐怖常常被用于加工出它自己的真相——特别是就它的效力而言。"他们都交代了。"这句话反复不断地出现在酷刑刑讯整理出的文字材料中。《阿尔及尔之战》开场画面就是年轻的审讯者说："他终于吐出来了！"他们对穆罕默德·萨拉希这样说。他们对亨利·阿莱格这样说。不是一次，而是贯穿全片："你会交代的，我向你保证。""每个人都会交代。你必须告诉我们一切——不只是一点点实情，而是一切！""你会交代的！每个人都会在这里交代的！"[3]

尝试让一个嫌疑人相信他会交代，告诉他总会交代的——这当然是一种心理技巧，但它的作用不止于此。这是反叛乱理论家们在审讯室外也坚持的信念。比如，罗歇·特兰基耶在1970年与萨阿迪·雅西夫的电视辩论中就坚持这一点——他在那里（阿尔及利亚）从不试图软化某一嫌疑人。甚至就连"民阵"显然也相信事实如此，这就是为何他们命令其被捕的成员只需抵抗24小时，因为这正是可让其他"民阵"成员躲藏所需的时间。所有人都这么说，于是所有人都开始相信它。最终，它就成为恐怖的真相。

制造真相：这也许是恐怖的第一个主要功能。这就是恐怖的力量，特别是在普通的男女面前，在人类、全体有人性的人类面前更是如此。从中世纪乃至更早的时候，自有刑讯以来，它一直如此。在这一点上，亘古不变。

佩奇·迪布瓦（Page duBois）① 在她研究古希腊奴隶制的著作《酷刑与真相》（*Torture and Truth*）中认为，今天在西方思想中占主导地位的真相观念与酷刑实践有着密不可分的联系，而酷刑本身则与发现总是超越我们掌握的某物的意愿之间有着很深的联系。作为其结果，几乎像是无限循环，一个社会接着一个社会回归到酷刑之中，以找到一种我们常常无法企及的真相。迪布瓦揭示，在古代酷刑起到了一种带隐喻性的真相试金石的作用，是一种建立社会等级的手段。用迪布瓦的话来说，那就是"创造他者的欲望和获取真相的欲望是分不开的，因为他或她就是他者，在此他者就是构成真相的源泉之一"。总之，真相总是"与酷刑的实践形影不离"。[4]

迪布瓦在她著作的开头对希腊语的"酷刑"一词进行了词源讨论，basanos——这是指试金石，也就是古代的货币兑换商在实践中用于测试黄金真实性的工具。迪布瓦展示出，在古代，古希腊人是如何相信对奴隶实施酷刑是获得真相的主要手段，并将此作为最好也最可靠的证据。"从奴隶的身上取得并报告给法庭的证据，"迪布瓦写道，"在当事人在场的情况下，被认为比在陪审团面前被随意提交给法庭的证据更优先。"对奴隶实施酷刑产生的真相具有如此高的可信度，以至于酷刑实际上实现了划定自由、将社会秩序实例化，以及达到追求真相的三重功能。迪布瓦认为，真相"存在于奴隶的体内"。[5]

从这个意义上说，古代的奴隶酷刑成为真相的试金石：对真实性、所讲内容真诚性和可靠性的终极检验。正如迪布瓦所

---

① 佩奇·迪布瓦，加利福尼亚大学圣迭戈分校的经典和比较文学教授。她以在古希腊文学、女权主义理论和精神分析方面的贡献而闻名。

言："希腊人首先使用 basanos，即'试金石'这个词的字面含义，然后引申出测试的隐喻义，接着再具体化并物化，使其意义再次变为酷刑下的肉体测试。"[6] 奇妙的是，在试金的实际操作和酷刑的操作之间，就工具本身而言就有一种不可思议的相似性：试金的工具是一种被称为"吕底亚石"（Lydian stone）的石头。人们让金子和吕底亚石制成的石板摩擦，用物理方法从上面剥下金片，然后通过观看摩擦处及留在石板上的颜色来判断金子成色。肉体酷刑似乎模拟了这种物理动作：也是用各种工具对肉体进行"摩擦"——在古代，是行刑架或水，今天则是撞墙、掌掴、水刑、电刑等手段——以求得真相。像擦刮黄金一样擦刮肉体，以探见真相的残余，这个隐喻让人不寒而栗。

更重要的是，恐怖造就了社会差异和等级制度。古代社会对酷刑的限制，定义了其在那些能被施以酷刑的人中的具体含义——何为奴隶，何为自由。在古代，奴隶的证词只有在经受酷刑的条件下才能被援引，并在诉讼中可被采纳。只有自由的男性公民才能宣誓，或通过训诫来解决争端。在古代，关于谁可以被施以酷刑的规则不仅规范了酷刑受害者，这些规则本身也构成了何为奴隶的定义。法律对自由本身进行了区分和定义——它看上去是什么样，它意味着什么。

许多个世纪以来，索福克勒斯的悲剧《俄狄浦斯王》（Oedipus Rex）已经用命运和权力（fate and power）的问题抓住了我们的想象力。但或许这幕剧也表现了恐怖与真相的问题。在索福克勒斯悲剧的高潮——在真相浮现于所有人面前，让所有人看到并意识到的关键时刻——出现了恐怖的场面。掌握俄狄浦斯身世秘密的牧羊奴隶受到酷刑的威胁。单单是酷刑的威胁——作为一系列无功而返的调查的终结——就产生了真相：酷刑引发了牧羊人的坦白，让俄狄浦斯认识到他的命运。但比这更重要的是，酷刑再次确认了忒拜①城的社会秩序——神明进行支配，神谕讲出真相，先知领悟神谕，命中注定的国王统治以及奴隶服务的社会秩序。最终，正是实施胁迫恐吓的权利揭示了俄狄浦斯的权力和牧羊人的社会地位。酷刑构成了奴役：只有那些不能宣誓的人才能被恐吓。但它也使神和先知回归到他们应处在的位置。

今天，恐怖也以一种同样的方式产生了它自己的真相——关于酷刑在探得真相方面的有效性、在降服叛乱分子方面的有效性，以及反叛乱的公正性的真相。

第二部分，恐怖——或者更具体地说，围绕恐怖的监管框架——赋予恐怖行为本身以合法性。这听起来可能是自相矛盾或循环论证——但在历史上常常如此。将恐怖纳入体系和规范管理的机构，往往出人意料地给残酷手法的使用和恐怖体制带来合法性。

在《法学汇编》第 48 卷中，查士丁尼将对奴隶使用酷刑的情况写入了成文法律。把恐怖的做法写入法律，在此过程中既遏制了这些极端做法的残暴程度，又赋予了当局监管它们的权力。一旦纳入法律体系，酷刑的极端性质就将权力集中在那些拥有知识和技术（techne）②的人手中，让他们掌控暴行。《法学汇编》的编纂，就为后来中世纪早期的法律编纂和裁判

①　Thebes，亦称底比斯。
②　此处为古希腊语拉丁转写，原义带有集技术、技能、方法和工艺于一体的含义。

所的实践提供了范例。

极端做法要求专家进行监督，使权力集中在最了解这些手段的人的手中。从这个意义上说，酷刑不仅提供情报，消灭活跃的少数群体，还将权力集中到管理者手中。它集中了权力，产生了一个新的司法机构，并让实施酷刑者对此免疫——正因为他们就是那些维护并自认为拥有所有权力中最大的，即掌握生与死权力之人。其他人则屈服于他们的胆大妄为之下。这种通过恐怖集中权力的做法由来已久。

在《法学汇编》成书后几个世纪的 12 世纪和 13 世纪中，罗马法重新浮出水面，并展开了与西哥特人以及其他日耳曼人的法律制度之间的竞争。到了中世纪，酷刑被再度写入法典，再次成为连贯的成文法律制度的一部分。卡斯蒂利亚的阿方索十世（Alfonso X of Castile）下令编撰了《七法全书》（*Las Siete Partidas*），这部于 13 世纪中叶由当时法学家集体起草，约完成于 1265 年——这一研究成果由法律史学者赫苏斯·R. 贝拉斯科（Jesús R. Velasco）向我们出色地证明——的法典，将酷刑作为法律的一部分整合其中，就像之前的《法学汇编》所做的那样。[7]确切地说，《七法全书》将酷刑纳入法典第七部分第三十章"关于酷刑"，并且一面限制酷刑，一面对其加以改良——对其进行保护，减少其在实践中的使用，确保避免过度使用酷刑。只有在法官的指令下，酷刑才是被允许的，并且只能在有一个可信的证人在场，并且嫌疑人"声誉不佳或地位低下"的情况下，酷刑才能被实施。某些阶层的人会被施以酷刑，另一些人则无此风险。审问时，酷刑必须遵循一定的约束。更重要的是，与许多西班牙宗教裁判所相比，造成伤害所带来的风险落在了审讯者身上，而不是酷刑受害者身上。[8]滥用将会带来后果。

　　在早先的几个世纪中，酷刑一直在被管制并被系统化。从 1478 年到 1834 年，西班牙宗教裁判所重复了同样的这一套例行公事，其成果反映在各种审讯指导手册中，比如 1627 年加斯帕尔·伊西德罗·德阿圭略（Gaspar Isidro de Argüello）的《宗教裁判所指南（1484 ~ 1561）》［*Instructions of the Holy Office of the Inquisition*（1484 – 1561）］，书中涉及相关的半证明①和赎罪、没收、永久监禁及其他作为惩罚的管制方法。[9]此时，酷刑虽被引入法律架构但罕有使用。在中世纪，少有用酷刑来实行政治目的的行为：这使酷刑具有一种更不祥的意味。如若酷刑变得过于普遍或过于频繁，它可能就会失去它自身的例外性和恐吓胁迫的效果。

　　中世纪酷刑应用得很少，就如一位历史学家指出的那样，当时使用酷刑是"极其谨慎和节制"的。[10]例如，我们可以看到 1318 年至 1325 年，在雅克·富尼耶（Jacques Fournier）主教②领导下的法国南部帕米耶（Pamiers）宗教裁判法庭留下的档案。法国历史学家埃马纽埃尔·勒罗伊·拉迪里（Emmanuel Le Roy Ladurie）在《蒙泰卢：谬误的乐地》（*Montaillou：The Promised Land of Error*，1978 年）中熟练地引用这些档案。③ 这些档案让人吃惊的部分原因在于，其中很少有酷刑逼供的记载，死刑判决的数量也很少。在 1318 年至 1325 年的运作期间，帕

---

　　① 宗教审判术语，指不能完全证明清白。西班牙宗教裁判所曾规定，妇女作证不能被视为完全证明，只能被视为半证明，并且两个妇女的半证明加起来不等于完全证明。
　　② 1334 年，他当选阿维尼翁教廷第三任教皇本笃十二世。
　　③ 埃马纽埃尔·勒罗伊·拉迪里，法国历史学家。该书原出版于 1975 年，1978 年出版的是其英译本。蒙泰卢位于今法国阿列日省。

108　　米耶宗教裁判法庭共进行了 578 次审讯，包括 418 次对被指控者的审讯以及对 160 名证人的询问，其中只有 98 起案件中的 114 人被指控为异教徒，其中大多数是阿尔比派信奉者①。在这 98 起案件中，只有一起伴随着酷刑。勒罗伊·拉迪里称："只有一例中雅克·富尼耶让受害者受了酷刑。这是一起由法国情报人员捏造的案件，让他对一个麻风患者提出了疯狂而荒谬的控告，指控该病人要用施过法的蟾蜍给井水下毒，等等。"[11]

　　中世纪通过限制使用酷刑以及使用法律对其进行规范，让其罕有应用，这也确保了酷刑的持久存在，使其扮演了一个社会认识论工具的角色——以及扮演为真理（特别是有关自身的真理）的制造者的角色。几个世纪之后，小布什政府及其高级律师们重建了一个围绕酷刑使用的法律架构，其中包括一份经核准的酷刑技术清单。它还要求国防部部长唐纳德·拉姆斯菲尔德亲自批准一小部分更痛苦的酷刑技术。通过法律备忘录和电讯授权，实施酷刑的内部法律框架被建立起来，并且具有同样的作用：集中权力，做出适当的司法决策，授权给行政官员，赋予他们权力并给予他们豁免。法律框架使得这些做法本身具有合法性。

　　第三部分，对恐怖主义在法律上进行管制，也使更大的政治体制被赋予了合法性。这也有着悠久的历史，可以从内战前的美国南方对奴隶实施酷刑的令人惊讶但高度管制的实践中获

---

　　① 阿尔比派（Albigensian），英语中多称为卡特里派（Catharism）或纯洁派（Cathari），该教派于 1145 年传入法国南部的阿尔比（Albi）城，因此又称阿尔比派（法语：Albigeois）。1179 年，该教派被教会宣布为异端。1209 年，英诺森三世发起阿尔比十字军对其进行武力镇压。至 14 世纪末，该派逐渐消失。

得证明。又一次，人们见到这些影响持续存在。

南北战争前，南方司法部门先发制人地对审判中在酷刑之下取得奴隶供词的可受理性进行了监管——当时，奴隶主对奴隶的残酷行径可谓司空见惯。这些引人注目的司法裁决使奴隶制度显得更能为人所接受，也更稳定。司法监管巧妙地达成了一种平衡，从而有助于维持奴隶制的政治经济。时至今日，美国总统使用并以法律来规范酷刑或无人机空袭的行为与之类似：它们以此种方式稳定并平衡了美国的利益，从而保障和稳定了政治体制。正如小布什政府关于使用酷刑的错综复杂的法律谈判，以及奥巴马总统不起诉任何人的过激行为的决定，这些都是经过仔细协商的结果，以在全球政治动荡时期稳定美国局势。[12]

毫无疑问，这个国家的奴隶制度曾是一种恐怖的形式。人们只需看一眼南北战争前的司法判决书就能明白这点。这些判决经常且毫不客气地叙述那些对奴隶来说是家常便饭的非人道的恐怖折磨方式。"鲍勃（奴隶）被约书亚·莫尔斯（Joshua Morse）——他主人的女婿——和其他一些邻居带走，并被严厉地鞭打，之后受严重鞭笞的伤口还被撒上了盐。"一份典型的判决书这样记载。[13]奴隶制是不人道的，在整个社会阶层中营造了永久性的恐怖状态。

但值得注意的是，在酷刑制度下，州司法机构对被胁迫逼供的受理进行了修补。比如在亚拉巴马州，至少从 1847 年开始，在一系列涉及通过酷刑取得奴隶供词的司法判决中，亚拉巴马州最高法院制定了一项严格的取证规则，对审判中奴隶供词的可受理性进行了监管。正如亚拉巴马州法官在 1860 年奴隶莫斯（Mose）诉州政府案做出的宣判——此案中，别名"摩西"（Moses）的奴隶莫斯被指控杀害了他的监工，一个叫马

109

丁·奥克斯（Martin Oaks）的白人男子——"这是一个极为严格的规定，如果供词曾以不正当手段获得，随后具有同样特征的供词就将不被接受为证据，除非有证据表明该手段的影响已被消除。"[14]根据这些决议，亚拉巴马州的法官推翻了对奴隶的定罪和死刑判决，即使在对奴隶主造成伤害或导致其死亡的最极端情况下也是如此。

亚拉巴马州政府诉奴隶克拉丽莎（Clarissa）案也是一个很好的案例。奴隶克拉丽莎的律师在她的死刑判决案中赢得了重审，克拉丽莎原本以企图毒害她的主人赫齐卡亚·伯西（Hezekiah Bussey）和她的监工纳尔逊·帕森斯（Nelson Parsons）——两个白人男子而被判有罪。警方找到了下毒的证据，克拉丽莎至少供认了两次，她的母亲也被迫承认看到克拉丽莎往咖啡里加东西。克拉丽莎的第一次供词明显是经过严厉鞭打得到的产物，因而在审理时没有被接受，但她第二次的默示自认①供词被提交给她的陪审团。辩护律师以不可靠为理由试图否决它，但审判法庭允许其被采纳。在上诉时，亚拉巴马州最高法院宣布不应在审判中采纳该供词，并指出在任何重审中，针对同一问题的第二次供词都不得受理。亚拉巴马州最高法院承认，通常情况下，只有在非暴行情况下获得的奴隶供词才是可受理的，即使不能被单独用来证明该奴隶的罪行。正如法官詹姆斯·奥蒙德（James Ormond）所解释的那样，"奴隶自由并自愿做出、不受威胁或承诺的影响的供词，必须像白人的一样被接受为证据"；但这位法官立即补充说："必须承认，鉴于他们所处的社会阶层情况，让他们做出的任何认罪供述都值

---

① 指当事人的行为或声明可被合理推断或被直接承认，又或者当事人未采取行动或发言而被默认为承认。

得受到一定程度的怀疑。单独根据这些证据行事而没有其他确凿的证据，会显得不安全，即便不是不当的话。"[15]

亚拉巴马州最高法院没有决定在第一次逼供后产生的第二次供词是否应**始终**被排除在外，但暗示更好的做法就是绝不承认在殴打下得到的第二次供词："在奴隶案件中，当供词是在被威胁或惩罚的情况下获得，或是通过承诺好处而获得时，在任何情况下都不应被视为同一事实的后继供词而被采纳，即便是撤销曾被采纳的供词会让被告再次受到惩罚。"[16]然而，亚拉巴马州最高法院最后抑制住了清晰阐明这种严格的规则的欲望，而是宣布在本案中，根据其有限事实，有明确和独立的理由排除第二次供词并推翻定罪。

这看上去让人惊讶或者说充满悖论：内战前的南方州法庭会保护一个被控鸩杀其主人的奴隶。但这可以解释：在内战前，围绕着犯事奴隶的犯罪与惩罚问题的错综复杂的法律框架，有助于维持和稳定南方的奴隶制度——它有助于平衡奴隶制的政治经济，有助于平衡利益，使奴隶主和奴隶都不至于把整个奴隶制推向混乱，而法院和政客们则小心翼翼地维持这种微妙的平衡。

这样做可以避免奴隶主过度地将正义玩弄于股掌之间，谋杀他们的奴隶——或者在另一方面，简单地将那些受到指控的奴隶卖出而不披露那些他们被声称犯下的罪行，或者因为可能的损失而替奴隶遮掩。比如，如果奴隶在刑事审判中被判处死刑并被处决，亚拉巴马州会为此补偿奴隶主一半的损失。[17]这是一个得到了各方——包括奴隶——理解，经过深思熟虑的协商而做出的安排。就像1858年鲍勃诉州政府案那样，据报道，负责看管奴隶鲍勃的狱卒劝他最好承认罪行，以免被私刑处死，

111

而且这样他的主人至少能得到他身价的补偿款。[18]

　　事实上，与处决奴隶相关的经济损失，被视为唯一可以确保奴隶主让其奴隶获得公平审判的事物。在 1842 年到 1843 年亚拉巴马州立法会议召开期间，大会通过了一项法案，规定给予奴隶主被处决奴隶的全额赔偿——将原有的 50% 的赔偿额度提升到 100%。州长本杰明·菲茨帕特里克（Benjamin Fitzpatrick）否决了这一条款，因为它消除了确保奴隶得到公平审判的所有动机。在致大会的否决通知书中，州长写道："就目前这条法规而言，只有人性才能成为促使奴隶主考虑这种利害关系的唯一诱因，这种利害关系对于确保他的奴隶在涉案时得到公正公平的审判至关重要。"[19]

　　其他的有关奴隶审判的复杂规则，有助于减少滥用的风险并稳定整个系统。比如，在 19 世纪南北战争前 60 多年，亚拉巴马州被控犯下可判死刑罪行的奴隶，在审判中都得到了法律顾问的援助，费用由其奴隶主承担。奴隶主还得应付奴隶的刑事程序，因为奴隶有权获得陪审团，而奴隶主事实上不得不坐在对其奴隶审判的陪审团中。在有关奴隶的审判中，奴隶主被保证了一定数量的陪审团票数——同样地，这也是一个微妙的平衡。奴隶主在涉及奴隶的审判还有其他法律上的便利，例如，规则上允许奴隶主在审判奴隶时成为该奴隶的有力证人，即便他们之间有利害关系。法院还把自由裁量权交到奴隶主手中，奴隶主不仅可认定奴隶是否有罪，还可确定惩罚、定价和赔偿等具体内容。[20]

　　这些涉及刑法规则的复杂协议伴随着亚拉巴马州的奴隶制——恐怖的形式之一——并且有助于赋予更大规模的奴隶制政治经济合法性。通过在刑事程序以及奴隶制度中打造不同的参与者身份——奴隶主、工头、治安官以及广大公众——以使他们对整个事业①更有信心，这些复杂的法律协议促进了奴隶经济的稳定。对奴隶酷刑的广泛法律管理不是为酷刑辩护，也不是解决哲学或伦理问题，相反，它的目的在于取得平衡，并稳定奴隶制。

纵观管理恐怖的历史——从内战前的时代到现代的管理无人机空袭——我们已看到，正式的法律框架服务于让权力机构合法这个更大的结果，或更广泛地说，这个当下盛行的政治经济。最终，关于《日内瓦公约》的适用性问题、讨论酷刑使用，以及用无人机对付美国公民的正当性的那些法律备忘录，都有助于使反恐战争合法——更概括地说，有助于使反叛乱战争范式合法。

第四部分则是实施恐怖——以及对此为所欲为——的能力，这对其他人有着强烈的影响。胆识与征服给普罗大众带来深刻印象。那些获得胜利或击败他人之物诱惑着民众。人们喜欢胜利者，而获胜则铭刻在胁迫他人之上。

统治的欲望，胜利的意愿，击败他人的野心——这正是无法从恐怖的现实性中摆脱的深层次冲动。将这其中道理阐述得最好的，或许就是陀思妥耶夫斯基在《卡拉马佐夫兄弟》（*Brothers Karamazov*）一书中借那位宗教大法官之口讲出的言论："我们将迫使他们服从，而正是他们将会衷心钦佩我们。他们会视我们为神，感谢那些同意领导大众、通过统治他们来承

113

---

① 指奴隶制。

担自由重任的人——最终出现在人们面前的自由是如此可怕！"①[21]成功、获胜——这些都被烙印在恐怖之上，它们与男人和女人产生深刻的共鸣。获胜的事实，在某种程度上与统治、驾驭和胜利紧密相连——也就是与击败他人有关。或许，我们不应惊讶于"击败他人"（beating the other）② 这种表达的双重含义。它无缝地连接了酷刑和胜利。胜利是劝说与安慰。它安抚了他人，并给了他们跟随的信心。归根到底，胜利是恐怖的木质，因为获胜终将赢得民心。

唐纳德·特朗普总统对酷刑的接受，也被编织在这种获胜与击败之中。"我的人生就是获胜，"在参选前，特朗普对《纽约时报》这样说道，"我赢了。我知道如何去赢。大多数人不知道怎样去赢。无论是高尔夫、运动，还是人生——我永远在赢。"此外，特朗普在参加路易斯安那州初选和肯塔基州共和党党团会议后宣称："我一生都在参加竞争。再没有什么能比赢得这东西更让人兴奋了。"特朗普曾声称："赢得交易，或赢得俱乐部冠军，或赢得你想得出来的任何东西，世上没有什么会比这更重要。"事实上，特朗普在竞选期间还补充说："只要我当选，我们就会获胜无数次，多到令你们对赢这件事感到厌烦。"[22]

对特朗普总统来说，对恐怖分子的"获胜"则意味着要突破恐怖的极限。正如特朗普在竞选中所宣称的那样，他甚至会

---

① 根据原文译出。国内通行的译本此段作："他们将对我们叹服不已，将把我们视为上帝，因为到头来他们会觉得做自由人实在太可怕，而我们成了他们的头领，居然同意忍受自由并统治他们。"［陀思妥耶夫斯基：《卡拉马佐夫兄弟》，荣如德译，上海译文出版社，2019 年（第 13 版），327 页。以下涉及该小说的译文均采用此版本。］

② 既有"击败他人"，也有"殴打他人"之意。

赞成比水刑更糟糕的酷刑手段。特朗普说，他准备折磨有嫌疑的恐怖分子的家属——完全无辜的家庭成员。这种热情，这种过度的恐怖，特别是他对待恐怖为所欲为的态度，将他与赢得大众联系起来。

同样，菲律宾总统罗德里戈·杜特尔特（Rodrigo Duterte）受欢迎的原因，也正是在于他的无情态度。杜特尔特是一位直言不讳的法律与秩序的支持者，他对吸毒者宣战。从2016年6月就任总统后的9个月里，他监督警方及其他执法人员处死了大约3600名吸毒者和毒贩（据某些可靠的消息来源，这一数字为7000人）。杜特尔特的世界观很简单：他真是在字面意义上亲手干掉嫌疑人。他公开承认这点，呼吁杀戮他们。在谈到吸毒者时，他说："我很乐意宰掉他们。""我有自己的政治哲学，"杜特尔特如是解释，"不要毁了我的国家，我会杀了你。"[23]尽管如此，或者说正因如此，杜特尔特才能得到绝对多数人的支持而当选总统，并且正是从禁毒宣战起获得了声望。毫无疑问，他的声望与他的大胆、实施恐怖的意愿有关。2017年1月，杜特尔特承认："我可能会以屠夫的身份在历史上留名。"[24]

到头来，这些就正如罗歇·特兰基耶说过的那样：恐怖是殖民叛乱和反叛乱中不可分割的一部分。不仅仅是因为双方都期待它，也不仅仅是因为革命和反叛乱都必须预见它，恐怖就是殖民斗争中不可分割的一部分，因为这与展示某人处于支配地位有关，与某方不惜一切去赢得胜利的意愿有关。当我们需要说服他人追随时，或者当我们需要打消他人的疑虑时，这种支配地位往往就是最重要的特质。因为我们都尊重胜利者——至少，是几乎所有人。我们当中的大多数人是站在胜利者一边的。

第五部分，与此相关的是，恐怖是具有性别特征的，这往往也加强了那些更野蛮的反叛乱做法的力量与吸引力。就像野蛮常常和夫妻中占支配、控制地位的一方相关那样，不管我们的抗议多么强烈，它往往会更有吸引力。

支配地位这个概念，和大多数酷刑记载纠缠在一起。就像亨利·阿莱格在回忆录《问题》结尾处能很好地反映酷刑的男子气概的那段。阿莱格写道，在他所有的折磨结束后：

115

我可以从（伞兵）对我的不同态度中感觉到，他们认为我拒绝交代是"有风骨的"。就连罗某某部队中的某个大人物都改变了他的态度。一天早上，他走进我的牢房，然后对我说：

"你在抵抗运动①中被折磨过吗？"

"不，这是第一次。"我回答。

"你做得很好，"他说话的语气就像是一个内行，"你很强硬。"[25]

实际上就他的磨难而言，一切就像是一名男性运动员参加了一场富有体育精神的比赛，甚至像一场角斗一般。阿莱格所受的酷刑是对他的阳刚之气的考验。其他士兵会因为他不屈服于酷刑而对他充满钦佩之情。阿莱格继续写道：

晚上，另一名伞兵，一个我以前不认识的人，轮到他当班。（……）他微笑着对我说："你知道，我一直都在

————————

① 指二战中法国民间的反纳粹和维希政府的抵抗运动。

场！我父亲跟我说过抵抗运动中的那些共产党员。他们死了，但他们从不交代。这很棒!"我看着这个年轻人，他脸上满是同情。他谈论起我熬过的那些酷刑，就像在谈论一场令他难忘的足球比赛，而且他毫无恶意地向我表示了祝贺，就像向一位冠军致敬那样。[26]

男人——请注意，我们在这里谈论的主要是男人，尽管正如玛丽娜·拉兹雷格记录的那样，[27]在阿尔及利亚许多妇女也成了酷刑的受害者。但在这里，能够抵抗酷刑的**男人**却成了比赛冠军。这个主题贯穿于阿莱格的故事，它给我们传递了一种真切的信念，那就是我们在进行某种形式的竞赛。又有一次，当阿莱格还在遭受酷刑时，一个年轻的伞兵对他表示赞扬。"你为什么这么坚决不肯交代?"他问道，"你必定是有勇气的，因为你坚持抵抗成这样。"同样地，后来阿莱格在被囚禁中遇到了马叙将军的副官，后者向他坦承："我钦佩您的抵抗精神。"[28]

阿莱格的抵抗——至少他是如此讲述的——令人钦佩。而且可以理解的是，阿莱格的勇气成为他自我认同的一部分。阿莱格为自己没有交代其保护者的所处地点或其合作者身份而感到自豪。对此我非常理解——故而我无意以任何方式贬低或轻视他的勇气，我对其故事的真实性也不予置评。在该书结尾，阿莱格写道："我为在这场未曾削弱我的战斗中幸存感到激动，为那些我将会如日常所愿，忠于我的信仰、忠于我的伙伴然后在战斗中死去的想法而感到激动。"[29]阿莱格接下来写道："我突然感到骄傲和高兴。我没有放弃。我现在确信，当他们再次开始施刑时我还能挺住，我可以坚持到最后，并且我不会用自杀来减轻他们的工作。"[30]

读者也沉浸在这种自豪感中。他们尊重阿莱格，因为他拒不交代。让－保罗·萨特准确地捕捉到了这种感受："阿莱格从绝望和耻辱中拯救了我们，因为他自己就是受害者，因为**他已经征服酷刑**（……）正是因为他，我们重新获得了一丝属于我们的骄傲：我们以他是法国人而感到自豪。"或许这正如萨特在序言结尾处所言，他完全相信在这个英雄般的故事情节中，"阿莱格是唯一真正的硬汉，唯一真正坚强之人"。[31]需要再次注意的是男子气概。

在阿莱格著作的结尾，对男人的处决是男性殉道，而殉道引来了"监狱中妇女区"妇女们的声音。[32]这是女人们的歌声——女人歌颂男人：

> 我们的斗争中
> 涌现了自由之人的呼声：
> 他们宣告
> 我们祖国的独立
> 我给你我爱的一切
> 我给你我的生命
> 哦，我的祖国……哦，我的国家。[33]

117　　萨特或许在无意中泄露了这点。他写道，阿莱格"为在男人中保持男人的简单权利付出了最高昂的代价"。[34]

男子气概弥漫在这些交流中，而且其中弥漫着恐怖。我们在此见到了对男人的酷刑折磨，但更重要的是对妇女的强奸和性侮辱。玛丽娜·拉兹雷格一丝不苟地记录了"在（阿尔及利亚）乡下和星罗棋布的村庄，军队对手无寸铁的民众系统性地实施了强奸"。强奸不仅遍布在军事占领区中，还充斥在军事话语中，诸如不断提到的"心理强奸"、"未受侵犯地区"和"插入"区域。[35]

在施加折磨者身上，有一种明显的大男子主义——它与所有的获胜、支配、掌握他人等特性相伴相随，并且用一种男子气概来表现它。更一般地说，大多数恐怖都包含性别或性层面的意味。当拷打者是女性时，就像在阿布格莱布的琳迪·英格兰（Lynndie England）①，对囚犯的伤害和羞辱中带有明显的性元素。正如拉兹雷格所写的那样，"酷刑本质上就是具有性意味的……玩弄某人的性别身份，通过强迫她来实现行刑者淫秽的欲望，以亵渎她最隐私的部位，这是一种对身心的酷刑"。[36]对妇女的酷刑往往带有明确的性别特征，特别常见且不限于世界各地的诸多妇女成为酷刑受害者的案件中——在军政府独裁统治的阿根廷，在种族灭绝时期的卢旺达，在阿尔及利亚和越南。对妇女和男子的强奸和性虐待是酷刑的必然的一部分——明显还是以一种具有男子气概的方式实施。

在这个维度上人们可以发现广泛的共鸣：就像当人们了解到那些 ISIS 的年轻人在他们"殉道"时幻想着等待他们的是什么时，或看到那些在叙利亚新加入的反 ISIS 雇佣军，或是当人们回忆起身着飞行夹克的小布什总统站在"亚伯拉罕·林肯"号航母的甲板上，装出一副战斗英雄的模样，宣布"任务完成"时，完美的男子气概形象渗透在这些时刻之中。这就犹如詹姆斯·鲍德温在他的随笔《这是龙》（"Here Be Dragons"）中所说："美国人对男子气概的信念，是天下最难以理解，或者 118

---

① 琳迪·英格兰，伊拉克战争中阿布格莱布监狱虐囚事件的主要当事人之一。

说，是在我年轻时，最难以原谅的玩意。"[37] 在某种程度上，这种男子气概的信念诱惑了大众，最终允许了暴行的发生。

詹姆斯·鲍德温找出了根植于我们男子气概理想本身的、给我们带来包括种族主义和恐同在内的诸多危害的根源。用鲍德温的话来说："美国人理想中的男子气概（……）创造了牛仔和印第安人、好人和坏人、朋克和种马、硬汉和软蛋、男人婆和娘炮、黑人和白人。"[38] 鲍德温断言，男子气概的完美形象起到具体区分黑人和白人、男人和女人、同性恋和直男的区别的作用，与此同时，它助长了一方对另一方的担忧，用他的话来说就是，甚至是对彼此的"恐惧"——以及渴望。

鲍德温把矛头指向了种族主义和男子气概之间的不可思议的关系，帮助我们清楚地看到了恐怖的男子气概是如何滋养其他形式的控制的。例如，阿布格莱布和关塔那摩的酷刑也让穆斯林少数群体种族化。在反恐战争中以及其他地方，酷刑的受害者几乎都是穆斯林，而且在一定程度上，（政府）已经将怀疑活跃少数派变成了不信任**所有**穆斯林——此外，对墨西哥裔美国人、非裔美国人和西班牙社区，特别是在巴尔的摩、弗格森或奥克兰的西裔社区也是如此。这就像哲学家让－保罗·萨特在阿尔及利亚的案例中指出的那样：在那里，恐怖是"种族仇恨的需要"。[39]

在"9·11"事件的余波中，酷刑的应用将男男女女按人种和民族的标准线非人化——将不同肤色、种族和宗教模糊成"黑皮肤中东穆斯林"的标准线。[40] 长期以来，这也是酷刑的职能之一：使其受害者种族化。在纳粹大屠杀中情况就确实如此，亦如美国奴隶制时期一般。纳粹集中营实现了——当然只是其中的一部分，它还做了许多更邪恶之事——贬低犹太人、吉卜

赛人、同性恋者、残疾人的功能。它将这些人贬低，把这些人
排斥在人类之外，监禁他们，并最终谋杀了他们。同样，在阿
布格莱布和其他地方，对被怀疑为敌人的穆斯林使用酷刑，也
有助于将他们种族化和非人化。

　　哲学家吉奥乔·阿甘本声称纳粹对犹太人的处置使后者处
于"赤裸生命"状态。这个前面讨论过的概念，很好地抓住了
非人化和退行化的这一层面意义：集中营的囚犯的生活被压缩
到仅仅维持生存而已。他们所有的人性被消除，被毁灭。这恰
恰是其恐怖之所在：它否定了人性。人们只要阅读阿甘本有关
纳粹首次人体实验之一的令人痛心的叙述就能体会这种恐怖。
一位 37 岁的年轻犹太妇女，她不情愿地成了一个"VP"
（Versuchsperson）①，即一只人类小白鼠，被用于测试高空压力
对人体的影响。[41] 这无疑就是赤裸生命。在这个案例中，我们
见证了以最原始的形态杀人的主权权利。

　　在这个谁都无法预料的可怕转折②中，阿甘本所谓的赤裸
生命的标志性形象，就是"穆斯林"（der Muselmann，即活死
人）③。不是穆斯林，不是持有伊斯兰教信仰之人。阿甘本这里
指的是集中营中的犹太人，"对于他们来说，屈辱、恐惧和担忧
夺走了所有的意识和人格，使他们完全无动于衷"。"因此，"
阿甘本补充道，"给他们起了这个具有讽刺意味的名字。""穆
斯林"是普里莫·莱维（Primo Levi）④ 为我们描述的著名形

---

① 德语，直译为"被用于实验的人"。
② 指犹太人被送入集中营，命运发生转折。
③ 德语，原义为"男性穆斯林"，出自阿甘本的《神圣人》，集中营中的用
　 词，指代那些被折磨得已经毫无人类情感、就像穆斯林一样面无表情
　 之人。
④ 普里莫·莱维，意大利作家、犹太裔化学家、大屠杀幸存者。

象。"穆斯林"甚至不再属于他自己的社区，犹太人社区。他们已退出一切。"沉默和绝对孤独，他们已进入另一个没有记忆、没有悲伤的世界。"[42]

悲剧的是，阿甘本的赤裸生命的范式——"神圣人"① 的形象，一个"可以被杀死但不能被祭祀"的人[43]——并非例外，而是很好地捕捉了我们当下的现实。回顾今天关塔那摩、阿布格莱布或伊拉克其他拘留场所的画面，这些囚犯也只是处于一种赤裸生命的状态中。毫无疑问，恐怖使这些男女种族化和非人化。部分是因为恐怖及其运用，在一般民众眼中，精确地将活跃的少数群体变成仅仅如动物一般。[44]

恐怖也以其他方式发挥着作用，历史上的诸多过往经验可以清楚地揭示出当今恐怖的复杂功能——阿德里亚娜·卡瓦雷罗（Adriana Cavarero）② 称之为"令人恐怖主义"（horrorism）。[45]例如，用恐怖来控制和管理自己的同志。它可以用来使反革命的少数派得到控制，让他们志愿从事极端形式的暴行，进行毫无意义的暴力，以非理性的过分行为来标记自己对同侪或下属的冷酷无情。它可以同时威吓和调教上下级。它表明了一个人自发的残忍意愿——这有益于反叛乱，实际上也是反叛乱所必需。举例来说，在法国大革命的恐怖统治时期③，毫无节制地

---

① "神圣人"原文为拉丁语 homo sacer，是阿甘本在《神圣人》中提出的重要概念，定义如后文。其"不能被祭祀"实际上是指该人被剥夺了一切附加的"神圣"的权利，换言之，杀死该人无须加害方付出任何意义上，如社会、心理上的代价。

② 阿德里亚娜·卡瓦雷罗，意大利哲学家、思想家。

③ 指 1793 年 9 月 5 日至 1794 年 7 月 28 日雅各宾派专政时期。

使用断头台处决帮助规范了革命委员会①的等级秩序。红衣主教黎塞留（Richelieu）②和首席大法官塞吉埃（Séguier）③利用恐怖镇压了 1639 年的诺曼底赤足党（Nu-pieds）农民起义，从而驾驭住了诺曼底的中产阶级和议会。[46]就像希瑟·安·汤普森（Heather Ann Thompson）在《水中血》（Blood in the Water）中对 1971 年镇压阿提卡监狱起义的精彩叙述，这次残酷的镇压，再次宣告了州长纳尔逊·洛克菲勒（Nelson Rockefeller）的控制力——还侮辱了囚犯，对他们实施种族化。[47]正如让-保罗·萨特提醒我们的那样，暴力和恐怖也可以产生博爱——他将其称为"通过积极的互惠实现的内在联系"。[48]

最后，恐怖主义的方法不仅获取了情报，也不仅简单地消灭了叛乱分子或赢得人心——它们做得更多。它们使反叛乱成为一种强大的统治范式。并且，正如我们将在下一部分中所看到的那样，它们有助于打破国外和国内的界限。

在陀思妥耶夫斯基的小说中，《宗教大法官》是伊万·卡拉马佐夫讲给他兄弟阿辽沙的一首长诗梗概。故事以虚构的方式，描写了耶稣基督在历史上的艰难时刻——西班牙宗教裁判所肆虐时期——回归人间。

在伊万的诗中，基督与宗教大法官面对面，而正是宗教大法官用恐怖取代了基督的话语——宗教审判的恐怖。宗教大法

121

① 此处指的应为法国大革命中的雅各宾派专政时期的最高领导机构公安委员会（Comité de salut public），又称救国委员会。

② 红衣主教黎塞留（1585～1642），原名阿尔芒·让·迪·普莱西，路易十三的枢密院首席大臣及枢机，被誉为出色的政治家、外交家。

③ 皮埃尔·塞吉埃（1588～1672），法国政治家、司法官，曾任掌玺大臣（garde des Sceaux）、法国首席大法官（chancelier de France）。

官告诉基督，挑战在于统治普通、软弱的人。他解释说，为了成功，宗教大法官必须重新工作，改进基督的命令。为了赢得被动的大众，他不得不利用恐怖的力量。

伊万的故事充分体现了道德和政治的演化。正如审判高潮宗教大法官对基督说的话：

> 我们纠正并改善了你的作为，把它们建立在"奇迹、秘密和权威"之上。人们大为高兴，因为他们又被当作羊群领着走了，而且给他们带来这么多痛苦的可怕禀赋终于从他们心上解除了。我们这样做，不是很正确吗，你说呢？我们如此温和地认识到人类的脆弱，怀着爱心减轻他们的负担，容许他们孱弱的天性在我们的同意下有些罪过并加以赦免，难道我们不爱人类？①[49]

然后，宗教大法官问基督："你为什么又要来妨碍我们的工作呢？"

在宗教大法官的叙述中，基督的教导被证明不足以完成教会的任务。教会需要的是权威和统治。为了统治人们，审讯者必须推翻基督的消息："我们从他那里接受了罗马和恺撒的剑，并宣布只有我们才是世上的王，唯一的王。"宗教大法官如是宣称。审讯者通过将恶置于善之上，将权威置于怜悯之上，将恺撒置于基督之上，从而攫取了统治权。

122　　最终，这种颠倒产生了新的真理：基督的方法——被选中少数人那无畏的自由——作为一种统治方式，永远不会成功。

---

① 此段参考《卡拉马佐夫兄弟》第五卷"正与反"第五章"宗教大法官"的译文，第331页。

不，像大法官说的那样，对于"势单力薄、劣性难改、成不了气候的反叛者"来说绝不会。

就连基督都明白这一点，最终原谅了大法官。"突然他站起来了，缓慢且默默地走到老人跟前，在他没有血色的九旬嘴唇上轻轻吻了一下。这便是全部回答。大法官打了个寒战。他的嘴角微微牵动了一下。"

一切都心照不宣。每个人都知道统治权才是需要攫取的最重要之物。在寓言的结尾，大法官"向门口走去，把门打开，对囚徒说：'你走吧，以后别来……再也不要来了……永远，永远！'然后放他出去，让他走向城中黑灯瞎火的广场"。

"囚徒走了。"基督再次离开。

在后"9·11"这个反叛乱战争的新时代，我担心，这次我们将不会打开大门。不会的，今天我们有太多太多的方法，可以越来越熟练地折磨基督。看上去，今天我们会恐吓基督至死——再一次上演髑髅地发生过的那一幕①。

---

① 《圣经》中记载，耶稣遭受侮辱和酷刑后，在髑髅地（亦称各各地）被钉上十字架，此事被视为对人类的救赎，在基督教中具有相当神圣的含义。作者在此一语双关地表达此意。

第三部分
反叛乱的本土化

一旦反叛乱战争控制住了对外事务，那它就只需要再前进 125一小步就能将它的行为逻辑扩展到本国公民头上。几乎未被察觉，反叛乱战略首先被应用于同样的战斗领域，但此次的目标与以往不一样。外国战斗人员①和可疑公民之间的界限开始逐渐消失，两者的界限和边界变得千疮百孔。逐渐地，我们开始在那些外国土地上将目标瞄准了我们自己人。

2013 年是有着特殊意义的一年。这一年，美国首次有针对性地使用无人机在海外暗杀了一名美国公民。被暗杀的目标出生于新墨西哥州的拉斯克鲁塞斯（Las Cruces），并在内布拉斯加州、明尼苏达州以及也门长大。他在科罗拉多州立大学获得了学士学位，并在圣迭戈州立大学和乔治·华盛顿大学攻读研究生，之后于 2004 年返回也门。在那里，他成了一位伊玛目，并开始在互联网上发布自己宣传激进宗教思想的布道视频。在此期间，这位定居在也门的美国公民，安瓦尔·奥拉基（Anwar al - Awlaki），被标记为死亡②。[1]

对他的暗杀计划在数年前就被奥巴马政府策划好了。早在 2010 年 7 月，当时任职于司法部法律顾问办公室的律师大卫·巴伦（David Barron，现为联邦法官）写了一份长达 41 页的法律备忘录，详细阐述了在海外杀害美国公民的法律依据。用巴伦的话总结就是，"只要目标的活动对美方人员构成'持续和迫在眉睫的暴力或死亡威胁'"，并且高级情报官员已经确认"抓捕行动将不可行"，那么使用合法的武力便是可接受的。[2]学者和公民自由拥护者批评他的全部理由过于模糊，且未能就

---

① "战斗人员"为美国官方对与之作战的 ISIS 及塔利班成员的称呼，以此规避应给予对方的战俘身份。

② 指其在情报部门的档案被加上了死亡标注，即遭到了暗杀。

何谓"迫在眉睫"或"（抓捕）不可行"设定具体标准，而且称其带来一种为法外处决美国公民创造出危险的泛化理由的威胁。另一方面，国家安全部门负责人则以在战时紧急状态下，用无人机在海外袭击美国公民未超出巴伦备忘录描述的范畴作为理由来辩护。[3]

2012年3月，奥巴马政府的司法部部长正式宣布，海外的美国公民"可能被美军杀害，不过仍受到宪法第五修正案的正当法律程序条款保护"，"如果该美国公民构成了迫在眉睫的威胁，且抓捕不可行，并且执行行动时遵守适用的战争法，那么针对美国公民的行动亦为合法"。[4]2013年，安瓦尔·奥拉基，这位针对美国公民的海外定点暗杀行动的受害者死亡——生前未被指控、审判、定罪或判处死刑。

从2001年至2015年，除了奥拉基，还有9名美国公民死于美国无人机空袭——尽管根据官方消息，他们未被明确指定为暗杀目标。[5]2002年，美国公民卡迈勒·达尔维什（Kemal Darwish）在美国对也门的首次无人机袭击中丧生。2013年，美国司法部证实，在针对奥拉基的定点暗杀中，另有3名美国公民据称在无意中被杀害。在杀害奥拉基的这次空袭中，另一名被杀的美国公民叫萨米尔·汗（Samir Khan），他被怀疑是"基地"组织的武装分子。巧合的是，在奥拉基遇刺一个月后，他16岁的儿子，阿卜杜勒拉赫曼·奥拉基（Abdulrahman al-Awlaki）在另外一次无人机空袭中丧生。2011年，另一名涉嫌为"基地"组织招募成员的美国人祖德·凯南·穆罕默德（Jude Kenan Mohammad）在巴基斯坦遇害。2015年1月，中央情报局无人机在巴基斯坦与阿富汗交界处发动空袭，炸死了一名叫沃伦·温斯坦（Warren Weinstein）的美国人质和一名叫艾哈迈德·法鲁克（Ahmed Farouq）的美籍"基地"组织武装分子嫌疑人。在此次袭击的同一周，发生在同一地区的另一起空袭则杀死了亚当·加达恩（Adam Gadahn）——一名被怀疑为"基地"组织宣传部门成员的美国公民。据《纽约时报》报道，尽管法鲁克和加达恩据称是"基地"组织内的高级成员，但"司法部从未确认他们可被标记为死亡"①。[6]政府官员声称，所有这些受害者单纯地只是"在错误的时间出现在错误的地方"，尽管真实情况为他们都是恐怖分子嫌疑人。

美国还将盟国的国民作为定点清除目标。2015 年 11 月 12日，美国军方出动一架 MQ-9"收割者"无人机，击毙了英国公民穆罕默德·埃姆瓦齐（Mohammed Emwazi）。埃姆瓦齐在伦敦长大，是归化入籍的英国公民。他于 2010 年被英国当局拘捕并被禁止离开英国，不过最终他还是到了叙利亚，据称还加入了 ISIS。时任英国首相的戴维·卡梅伦（David Cameron）将此次空袭描述为美英联军的"共同努力"，并将其辩护为"一场自卫行动"和"正确之举"。[7]2015 年 10 月 16 日，美国空袭了身处叙利亚的德国嘻哈艺术家丹尼斯·库斯珀特（Denis Cuspert）。早些时候放出的声明提到他已被杀害，后来被证实是错误的，不过美国官员承认，于 2012 年离开德国加入 ISIS 的库斯珀特就是这次袭击的目标。库斯珀特大约在 2007 年皈依伊斯兰教，从 2011 年开始便以阿布·马利克（Abu Malik）为名，利用他的社交媒体平台传播伊斯兰祷告音乐（纳希德，nasheeds）和说唱视频，据信他是以此为 ISIS 招募西方穆斯林青年。从 2015 年 2 月 9 日起，库斯珀特便被美国国务院标记为

---

① 即授权情报部门对其执行暗杀行动。

127

"特别指定的全球恐怖分子"。国防部发言人埃莉萨·史密斯（Elissa Smith）在证实此次空袭时说，如果库斯珀特死亡，将"有助于我们阻止 ISIS 招募外籍战士的努力"。[8]

总而言之，截至 2015 年 4 月 23 日，调查新闻局已报告了 38 起有意和无意的无人机空袭导致西方人死亡的案例，"其中包括 10 名美国人、8 名英国人、7 名德国人、3 名澳大利亚人、2 名西班牙人、2 名加拿大人、1 名比利时人或瑞士人，以及 1 名意大利人。还有 4 名身份不明的'西方人'"。[9] 正是从这里开始，将反叛乱带回美国本土的大业迈出了它婴儿般蹒跚的一小步。

第7章　反叛乱回国

2016 年 7 月 8 日，星期五。这天清晨，达拉斯警局把一名嫌疑人逼到了穷隅。该人涉嫌在一次反对警察暴力的和平抗议中打死 5 名警察，打伤另外 7 名警察和 2 名平民。① 该嫌疑人名叫米卡·约翰逊（Micah Johnson），是一名陆军退伍军人。当时他正在与警方边谈判边交火，并且声称自己身上带有炸药。在持续不断的对峙中，达拉斯警察局局长大卫·O. 布朗（David O. Brown）改变了主意。在他的指挥下，达拉斯的警察小心翼翼地将爆炸装置固定在一台机器人的手臂上，然后将机器人送往嫌疑人的方向。通常情况下，这种战术机器人是用来拆弹的，但它被改装成了机器人炸弹。当它离米卡·约翰逊足够近时，达拉斯警方引爆炸弹，杀死了嫌疑人。[1]

这是一次史无前例的行为。这是在美国本土针对平民的场合中，使用本质上就是致命无人机的行为。这使如警察使用新的无人机技术、警察军事化程度的提升，以及警务与战争之间的适当边界等诸多相关问题都浮现了出来。这些问题尤为凸显 是因为，没有迹象表明约翰逊与国际恐怖主义组织或全球恐怖主义有任何方式的联系。除了他是一名陆军退伍老兵之外，也没有其他迹象表明他与"反恐战争"有联系。相反，约翰逊只是一个"普通"的犯罪嫌疑人，据信犯下的是多种普通法中的杀人重罪。

---

① 该案件发生于 2016 年 7 月 7 日，在当天的抗议活动中，共有 4 名枪手与警察发生交火，造成重大人员伤亡。

就某种程度而言，这是关于在民间警务场合中使用这种军用武器合理性的法律问题，特别是这种武器是被设计用来消灭敌人，而不是用来让触犯普通法的嫌疑人丧失活动能力或用来压制他的。在战时的一般作战情况下，使用这种武器或有可能，但在平民场合中，使用这种杀人方式是不被允许的。在警方能遇到的情况中，只有非常有限的情况下才允许他们使用致命武力，而且对使用武力的必要性有着严格的限制。原因当然是尚未接受审判或被裁定有罪，故而嫌疑人拥有无罪推定的权利。就此事而言，约翰逊可能患有精神病，对自己的行为不负法律责任。有许多情况可以让他脱罪——这就是有充分理由对在平民场合中使用致命武力施加更多限制的原因。作为法律问题，宪法学家诺亚·费尔德曼（Noah Feldman）① 指出：“如果警方使用枪手或许会更好。枪手能在不杀死（嫌疑人）的情况下，击伤或让其丧失行动能力，并且还有可能处于一个最佳点，能判断出击毙嫌疑人到底是不是法律上所必需的。”[2]

但就我们的目的而言，更为紧迫的问题不是这些狭义的法律问题，而是更大的政治和战略问题。在达拉斯使用机器人炸弹，反映了军事被广泛地转而用于国内民间事务，警察装备和策略很明显地实现了军事化。具体来说，它体现了美国的国内治安向反叛乱战争范式的转变。正如费尔德曼评论的那样：“从131　机器人炸弹到无人机打击，这其中甚至没有递增关系。就道义和技术而言，它们基本上都是同一码事。”[3]

达拉斯事件生动地说明了反叛乱战争模式的日益本土化。

---

① 诺亚·费尔德曼，哈佛大学法学院教授、作家。

自"9·11"事件以来，我们已经目睹了在一个又一个地区，政府将这些方法转而用在自己公民身上。[4]全面监控已经扩展到针对全美民众。执法机构监视着美国本土的清真寺及穆斯林。警队业已配上反叛乱装备，并开始部署反叛乱战术。事实证明，警务行动是反叛乱范式从军事和对外政策层面转向国内环境过程中的一个特别有利的载体。然而，正如我们将看到的那样，这种本土化远超出刑事司法领域。

反叛乱战略渗透到美国的街道和家庭之中。作为国防部项目的结果之一，全国各地的地方警队都获得了过多的军事装备，包括价值数百万美元的装甲车、军事武器及战术装备。据《华盛顿邮报》的消息，通过此类项目中的一个——"剩余资产项目"（Excess Property Program）——转移给警方的物资自伊拉克战争以来呈指数级增长。2006 年，该项目就向执法机构转交了价值3300 万美元的剩余资产；到 2013 年，这一数字上升到了 4.2亿美元。2014 年，仅头四个月，该机构就转交了价值 2.06 亿美元的物资。总体而言，剩余资产项目自 1990 年代中期开始运作以来，已经向执法机构转交了价值超过 50 亿美元的军事装备。[5]

全国各地的警队已经拥有 500 多架军用飞机、44000 个夜视装置、93000 件攻击性武器、200 个榴弹发射器以及 12000 把刺刀。2006 年至 2014 年，剩余资产项目向当地执法部门输送了 600 多辆防地雷反伏击车、475 个引爆机器人、50 架飞机、400 架直升机，以及数以千计的战术刀、红外线夜视瞄准镜和迷彩服。[6]这些军事装备的总价值惊人。按《国会文摘》（Congressional Digest）① 的说法，2009 年至 2014 年，联邦政府

132

---

① 《国会文摘》，爱丽丝·格拉姆·罗宾逊（Alice Gram Robinson）于 1921 年创立的独立学术月刊。

"以资金和资源的方式向州和地方执法机构（LEA，law-enforcement agencies）提供了近 180 亿美元，以支持其有关装备和战术资源的相关项目"。[7]

拉德利·巴尔科（Radley Balko）① 在其绝妙的著作《勇士警察的崛起：美国警察部队的军事化》（*Rise of the Warrior Cop*：*The Militarization of America's Police Forces*）中，回溯了地方警队逐渐军事化的历史。他书中的结论完美地概括了我们今天的状况："如今的警察装备精良、身着制服、训练有素，并且（对命令的）条件反射如士兵一般。"[8] 在维持示威抗议的治安时，这表现得尤为明显。

2014 年 8 月，迈克尔·布朗被枪杀后，在密苏里州弗格森市爆发的系列抗议活动中，当地警方以高度军事化的方式做出了回应。据《华盛顿邮报》报道，警方"动用了装甲车、音波炮②、霰弹枪、M4 步枪——正是在伊拉克和阿富汗作战的军队使用的武器——橡胶子弹和催泪瓦斯"。[9] 手无寸铁、毫无保护的抗议者与军事化的战术特警队（SWAT）面对面对峙的画面，成为警察军事化新动态的最直观演示。

普通警队与军事单位将不再被区分。而警察部队的军事化发展，也势必导致军事化战术应用的增多。

除了坦克、军用突击步枪和迷彩服，地方警队也越来越多地运用了那些从伊拉克和阿富汗的村庄与壕沟中学来的反叛乱做法。民事执法机构如今对那些报告可疑人员的 911 报警电话

---

① 拉德利·巴尔科，美国记者、作家，常年为《华盛顿邮报》撰写有关刑事司法、毒品战争和公民自由的文章。

② 原文为 noise-based crowd-control devices，直译为噪声人群控制装置，正式名称为长距离扬声装置（Long Range Acoustic Device，LRAD），俗称音波炮。

做出定期的响应，应用的就是军队在伊拉克或阿富汗的突袭中
所使用的技术。这其中部分原因源自警方、军方在预备役和培
训之间相互渗透的天性。许多警察就是预备役人员，反之亦然。
另一方面，部分原因则在于反叛乱范式在执法应对设想中占据
了主导地位。

2014 年 8 月 13 日，密苏里州弗格森，警察正在监视抗议者。
[美联社照片，杰夫·罗伯森（Jeff Roberson），经许可转载。]

　　一名前美国陆军第 3 斯特瑞克旅①（隶属驻扎伊拉克的第 2
步兵师）的退伍士兵，亚历克斯·霍顿（Alex Horton），他在伊
拉克的时候指挥过无数次对游击队嫌疑分子的反叛乱突袭。当
他回到美国本土后，却意外发现自己身处于枪口的另一端。由

――――――――――

① 斯特瑞克旅（Stryker Brigade，SBCT），美国在海湾战争后设立的一种突出
　机动、火力和信息能力，具备连续 72 小时的独立作战能力和 96 个小时内
　全球部署的机动能力的作战单位，要求能在任何地形和任何气候条件下对
　付敌人的正规部队及地区武装、恐怖组织等非正规部队；应对大规模战
　争、突发事件和一般军事冲突等各级别战争和冲突。

2014 年 8 月 13 日，警察在密苏里州弗格森面对手无寸铁的抗议者。（美联社照片，杰夫·罗伯森，经许可转载。）

于租的房间需要修理，因此他被临时安置在他所在的综合公寓楼中的一个样板间里。某天晚上，由于怀疑他是一名非法占据者，三名警察闯进他的临时住所，拔枪、清查地面、逼至角落、用武器指着他。"在叫嚣声和骚乱中，我立刻感受到熟悉的场景，"霍顿写道，"这一套程序我自己在距离这个位于弗吉尼亚州亚历山德里亚（Alexandria）的公寓 6000 英里之外的地方就已做过几十遍……我曾指挥过一模一样的、针对制造炸弹的嫌疑人和高价值叛乱分子的突袭。"[10]

同样的技术，同样的动作，几乎相同的装备。"他们的战术和我在伊拉克游击战高峰时期使用的清查房间的战术相似，"霍顿发现，"我几乎要为之喝彩——他们从卧室门口流动清查到远处角落。他们相互避开彼此的射击线路，以防当他们需要将西格绍尔点 40 口径手枪（Sig Sauer.40）子弹倾泻到我身上时误伤他们自己。"

反叛乱范式已经渗透到日常的本土治安中。其结果就是，在美国本土中心地区的家庭和街道上，出现了上述这样的场景，在这里，目标并非可疑的炸弹制造者，而是可疑的流浪者。事实上，这样的经历在美国已经变得司空见惯，以至于人们开始滥用 911 系统——或出于报复，或是恶作剧——召唤特警队来对付不知情的受害者。这种现象现在已经进入公众想象，并且在市井词典①有了自己的最高级的定义："特警中"②。这个词被定义为捉弄警方，让他们派遣一支全副武装的特警队，"在错误的借口下冲进一户毫不知情的受害者家中"。[11]这种现象始于伊拉克战争，当时越来越多的美国城镇开始拥有特警队。到 2005 年左右，美国常住人口在 25 万到 50 万的小城镇中，其中 80% 的警方都拥有一支军事化的特警部队。这些特警单位的出现，也带来了"特警中"现象。《纽约时报》报道说："这种现象正在以更危险的方式影响越来越多人的生活。"[12]

与此同时，2015 年，北达科他州成为第一个授权执法机构使用武装无人机的州。根据这项新法律，武装无人机允许携带的武器必须"不具致命性"；但可以包括泰瑟枪（Taser）③、橡皮子弹、催泪瓦斯和胡椒喷雾。并且，在 2016 年 7 月达拉斯机器人炸弹事件之后，一家主要的警察研究机构，警察基金会（Police Foundation）发布了一份长达 311 页的报告，其中提出了协助警察部门使用无人机的指导方针，以此达成如标题所言的目标——"增强社区信任"。[13]

①　市井词典（Urban Dictionary），一个解释英语俚语词汇的在线词典，由亚伦·佩卡姆（Aaron Peckham）于 1999 年创立。截至 2010 年 4 月，这个网站拥有 486 万个词语的定义。

②　原文为 swatting，是将特警队的缩写 SWAT 戏谑化为动词现在进行时形式。

③　美国泰瑟公司生产的一种电击枪。

135

正如前面所提到的那样，反叛乱的逻辑也渗透到警察思考和设想世界的方式中。比如，前圣路易斯警官、警方的改革家雷迪特·赫德森（Redditt Hudson）就在一篇标题为《我是黑人前警察，这是关于种族和治安的真正真相》的社论中断言："在任意的一天中，在全国境内任何警察部门中，15%的警官无论发生什么都会做正确的事。15%的警官则会利用一切机会滥用职权。剩下的70%则可能做出好坏其中任意一种，具体取决于他们和谁一起工作。"

这正是反叛乱理论的基本原理。这并不只是这位警官通过直觉所感受到的道理。正如社论所指出的那样，这其中体现出一种专家的智慧，他们"训练全国各地成千上万的警官使用武力"。从这个角度来看，显而易见的危险是，少数的流氓将会玷污其他70%有可能走善恶任意一条路之人——特别是因为正如赫德森所言，"剩下的70%的警官对部门文化非常敏感"①。因此，一切问题就转向了那些被动的大多数警官，以及如何保护他们免受少数流氓的腐败影响及其"巨大影响"。[14]

在广泛的执法领域，绝大部分问题是由少数活跃分子造成的这个逻辑再度显现。少数警官执行了绝大多数逮捕。少数警察对大多数针对警察不当行为的投诉负有责任。这就像少数无家可归者要对绝大多数入院治疗和无家可归事件负责一样。用一位警方行政长官的话说，只有一小部分敬业、勤奋的警察，并且"10%的人做90%的工作"。[15]这同样适用于"坏人"，他如是告诉我们，就像少数的年轻人应对绝大多数暴力犯罪负有责任。这种例子不胜枚举。在所有这些事情中，反叛乱的基本

---

① 意为普通警官极易受到部门文化的影响，从而也变得滥用职权或遵纪守法。

要素都存在于其原理之中，常常是以潜意识的方式注入我们构想世界的方式之中。

反叛乱战略的本土化启动得很早，始于 20 世纪 50 年代和 60 年代，主要是在警务和执法方面。虽然其在"9·11"事件后进展加速并变得广泛，但说到其首次出现，还真得追溯到这些战术在越南得到发展和完善的时期。

"反谍计划"（COINTELPRO，Counter Intelligence Program）是联邦调查局在 20 世纪 50 年代为瓦解美国共产党而制订的一项计划，并延续到 20 世纪 60 年代用于铲除黑豹党——采取的正是反叛乱战争的形式。1967 年 8 月，联邦调查局局长 J. 埃德加·胡佛发出了一道臭名昭著的指示，要"揭露、扰乱、误导、诋毁或以其他方式使黑人民族主义活动、仇恨型组织和团体及其领导人、发言人、成员和支持者不能正常活动"。[16] 1968 年和 1969 年，警方对黑豹党总部的突袭；富有魅力的芝加哥黑豹党主席弗雷德·汉普顿（Fred Hampton）的就地处决；特警队在洛杉矶对黑豹党发动的首次行动——这一切都带有现代战争的标志。

胡佛时代的联邦调查局在将黑豹党作为应对目标时，方式上借鉴了反叛乱的基本原则：首先，通过联邦调查局线人以及全面监视，尽可能多地搜集有关黑豹党的情报；其次，通过监视使这些黑豹党成员的个人生活变得艰难，甚至困难到他们被迫主动疏远了自己的朋友和亲戚的地步，以此联邦调查局将黑豹党成员从他们自己的社区中分离出来；再次，将黑豹党运动塑造为一种被普通民众认为是激进极端主义组织的运动，以此方式让黑豹党失去合法性，并削弱他们的吸引力和影响力；最

137

终才是消灭和根除他们，先是通过警察逮捕，然后是刑事检控（如纽约 21 人案[①]）和正当杀人（例如 1968 年博比·赫顿[②]以及洛杉矶的其他人），之后在黑豹党内煽动冲突和分裂，特别是1971 年休伊·牛顿（Huey Newton）和埃尔德里奇·克利弗（Eldridge Cleaver）之间的冲突和分裂。[17] 在胡佛 1968 年 3 月那份设定反谍计划真正目标的臭名昭著的备忘录中，人们可以清楚地听到反叛乱的逻辑："在那些有迹象会同情他们的负责任的社区和自由派中（……）败坏他们，以防止好战的黑人民族主义团体和领导人获得尊重"，以及"防止激进黑人组织的长期发展，特别是在青年中的发展"。[18]

同样地，在阿提卡监狱起义期间纽约州警察对阿提卡监狱的武装接管，也具有反叛乱行动的所有标志。正如希瑟·汤普森在其著作《水中血》中所记载的那样，在那次事件中，政治领导人，特别是州长纳尔逊·洛克菲勒，将监狱囚犯塑造成激进的边缘少数派。比起进行更进一步的谈判而让他们获得更多势头，洛克菲勒更愿意选择通过军事行动消灭他们。事件最终导致了 33 名囚犯和 10 名管教人员丧生。20 世纪 70 年代初对阿提卡监狱的袭击以及对其他监狱叛乱的镇压，恰恰就是这些反叛乱行动想要达成的结果：将激进少数从普通民众中分离出来并孤立之——准确地说，指全体监狱囚犯——然后消除他们。

---

① 指 1969 年 4 月 2 日，黑豹党纽约哈勒姆分会的 21 名成员被起诉案，他们被指控犯有 156 项"阴谋"罪行，意图炸毁纽约地铁和警察局、5 家当地百货公司、6 条铁路和位于纽约布朗克斯的植物园。

② 博比·赫顿（Bobby Hutton），原名罗伯特·詹姆斯·赫顿（Robert James Hutton），黑豹党财务主管和首名被招募成员。1968 年 4 月 6 日晚，赫顿参与了一场针对奥克兰警方的袭击，造成 2 名警察重伤，他本人则在投降后被警方当场枪杀，他的同伴声称警方对他至少开了 12 枪。

在 20 世纪 80 年代和 90 年代，美国继续时不时地在国内应用反叛乱战略。例如，1985 年，费城警察局使用宾夕法尼亚州警察局的一架直升机，向一个名叫"行动"（MOVE）的黑人解放组织的营地投下 2 枚炸弹，造成 11 名成员死亡，其中包括 5 名儿童和该组织领导人约翰·阿弗里卡（John Africa）。炸弹引起的大火还烧毁了附近一排的大约 65 间房屋。惨况就如《时代》杂志报道的那样："看起来就像一个战区。"[19] 1993 年，在另一场类似于反叛乱突袭的事件中，美国烟酒枪炮及爆炸物管理局（ATF）、联邦调查局与得克萨斯州国民警卫队联合对大卫教派营地发动突袭①——最终导致 87 名男女和儿童死亡。在整个 20 世纪 80 年代，美国在中美洲试验着反革命实践的本土化，特别是在尼加拉瓜秘密支持反政府军（Contras）。其他国家也有类似的在国内应用反叛乱战略的例子，尤其是在英国政府与爱尔兰共和军的对抗中。在这场对抗中，英国将自己在殖民地——巴勒斯坦和马来亚——发展和完善的反叛乱战略带回国内，用来压制支持爱尔兰独立的叛乱分子和少数群体。

但自"9·11"事件以来，随着地方警队的高度军事化和全面信息感知的提高，反叛乱本土化已经呈指数级增长。在今天所发生的事情就是，国外战争、国内反恐治安和国内日常治安都融合在反叛乱模式之中。如今，现代战争已经殖民于我们国内治安和统治的常规形式之中。

①　指韦科惨案（Waco siege），又称大卫教惨案，指美国执法部门于 1993 年 2 月 28 日起至 4 月 19 日对迦密山中心（Mount Carmel Center）大卫教营地发动的长达 50 天的围攻。最终以大卫教派成员集体自焚而告终。事件中共造成 87 人死亡，包括 20 多名儿童、2 名孕妇和教主大卫·考雷什（David Koresh）。

　　警察部门正在越来越多地采用反叛乱模式的行为逻辑。哥伦比亚大学的教授查尔斯·萨贝尔（Charles Sabel）和威廉·西蒙（William Simon）记录了这一趋势，并且对比了早先以大规模战争[1]为背景的治安战略与以新的反叛乱背景为模式的治安行为。[20]

　　早期模式可以通过纽约市警察局维持社会秩序的方式来加以说明。市长鲁道夫·朱利亚尼（Rudolph Giuliani）和他的首任警察局局长威廉·布拉顿（William Bratton）于 1994 年在"破窗治安"[2] 或"生活质量倡议"的口号下启动了维护社会秩序的战略。[21]21 世纪初，朱利亚尼的继任者迈克尔·布隆伯格（Michael Bloomberg）和他的警察局局长雷·凯利（Ray Kelly）对此战略做了修改，将"拦截搜身"[3] 的优先级提升到首位。2014 年至 2016 年，当布拉顿在市长比尔·德布拉西奥（Bill de Blasio）的领导下重回警局主持工作时，纽约市警察局的战略在破窗理论的指导下，又回到了激进的轻罪逮捕政策上。然而纽约市警察局一直强调，无论是大规模的轻罪逮捕运动，还是同样规模的拦截搜身行动，都是以大规模战争为模式的。[22]

---

① 根据上下文，作者使用的"大规模战争"（large-scale warfare）指与现代战争即反叛乱战争不同的冷战时期构想的大规模战争模式。在这种模式下，治安行动与军事行动有着明显的界限。

② 破窗理论（Broken windows theory）原为詹姆斯·威尔逊（James Wilson）及乔治·凯林（George Kelling）提出的犯罪心理学理论。他们认为，社区出现犯罪、反社会行为和社会混乱的可见迹象，可能会影响城市环境，鼓励进一步的犯罪和混乱的出现。威廉·布拉顿和鲁道夫·朱利亚尼在制定纽约警务政策时深受该理论的影响，"破窗治安"（broken-windows policing）、"生活质量倡议"（quality－of－life initiative）即他们在纽约实行的加大对微小犯罪打击的力度，以提升生活质量的一系列治安行动。

③ "拦截搜身"（stop－and－frisk），即纽约警方在认为某人可疑时，可当街拦下来搜身，但通常无权带回警局讯问，此做法后因被判违宪而遭废除。

破窗治安政策的主要设计师之一，杰克·马普尔（Jack Maple）①，将这一战略称为竭尽全力的"战争"。马普尔断言，布拉顿"清楚地传递了一个革命性目标——'赢得打击犯罪战争'"。[23]"马普尔和其他人把巡逻勤务总警监路易斯·阿内蒙（Louis Anemone）称为'我们的巴顿'，"对此萨贝尔和西蒙补充说，"这显然是拿那些人与二战中指挥坦克运动战的将军来比拟的。"[24]实在没有比这个比喻更能说到点子上了：这种做法就是以这种具有二战特点的大规模战争为模式的，并且像反贫困战争和后来的打击犯罪战争中的政策干预，也是以此为模子来设计的。

在其本人对破窗治安政策的描述中，马普尔反复提到诸如公元前5世纪的战略家孙子（公元前544～前496年②，中国古代将军和战略家）、越过阿尔卑斯山的汉尼拔、特拉法尔加战役的纳尔逊海军上将，以及巴顿将军③。拿破仑更是出现了一遍又一遍。海军陆战队的战略以及机动战成为他眼中的典范。二战的主题无处不在，巴顿、艾森豪威尔一次次地出现。警察们被他称为"野战部队"。警察队长被称为"熟练、大胆的指挥官"。他们每人——或者说几乎是每人——都被比拟成一名从二战中走出来的陆军元帅④。[25]就像马普尔所写的那样：

---

① 曾任纽约市犯罪控制战略的副警务专员。

② 孙子生卒年说法不一，此为其中一种。

③ 汉尼拔、纳尔逊、巴顿均为西方军事史上超一流名将。布匿战争中，汉尼拔率大军于冬季翻越阿尔卑斯山，奇袭罗马共和国腹地，并在坎尼全歼罗马精锐主力；霍雷肖·纳尔逊（Horatio Nelson）在特拉法尔加海战中以少胜多，大破法西联合舰队，粉碎了拿破仑入侵英国本土的企图。小乔治·史密斯·巴顿（George Smith Patton Jr.）是二战时美国著名的军事将领。

④ 原文如此，实际上美军中现无陆军元帅（field marshal）军衔。

布拉顿是我们的乔治·马歇尔，有着像马歇尔在 1941 年将美国军队从睡梦中唤醒那样的远见，同时表现出一种像马歇尔那样无懈可击的慧眼识人的本能。总局总警监约翰·提芒勒（John Timoney）是我们的艾森豪威尔，他对这个如同猛犸象般庞大的战斗组织中错综复杂的管理了如指掌，因而备受战场上士兵的尊敬。巡逻勤务总警监路易斯·阿内蒙是我们的巴顿，一个不知疲倦的激励者和杰出的战地战略家，能够飞速地移动地面部队。第一副局长戴夫·斯科特（Dave Scott），找不到二战中哪位名将可与他比拟：他就像《空中飞人》（Trapeze）中的伯特·兰开斯特（Burt Lancaster）所扮演的那个角色那样。他想要帮助年轻的杂技演员学会飞行，但万一我们不小心失手掉下，他会在原地将我们拉住。[26]

与早期的那种模仿战地逻辑的做法相比，相当多的城市在今天已经转成了另外一套截然不同的做法。比如在辛辛那提，当地就根据以表述为 SARA① 的评测准则发展出一套新战略，强制性地在该市反对过度使用武力行为的公民权益诉讼案件中通过了和解协议。SARA 的方法让人联想到系统分析，也就是兰德公司在 20 世纪 60 年代完善的那套递归系统计划。正如萨贝尔和西蒙描述的那样，该方法"从问题的精确定义出发，着手寻求设置良好的介入措施，执行措施并评估结果；然后，如果问题依然存在，则根据上一次运行得出的经验修正若干问题，从头再循环运行"。这个方法基于"问题解决型警务"（problem-solving

---

① Scanning、Analysis、Response、Assessment（扫描、分析、反应、评估）的首字母缩写。

policing）的理念，并且针对任何被确定的需求，无论是商店行窃、街头卖淫、"在酒吧附近发生的袭击"，还是"打零工者聚集地的骚乱"。[27]

这些新治安干预措施之中有许多事项要与社区接洽，还会牵扯本地的利益相关者们。它们可能涉及社会福利机构，或是与工作有关的服务，又或是社区志愿者，这取决于需求——需要注意的是，这些手段与传统的反叛乱背景下赢得民心的手段有着共鸣。一些参与了这些工作的军官将其和阿富汗战争中使用的战略做过比较。"在谈到他在辛辛那提胡桃山（Walnut Hills）街坊发展组织的工作时，"萨贝尔和西蒙如是报告说，"丹尼尔·杰拉德（Daniel Gerard）上尉指出，他看到了这项工作与正在阿富汗赫尔曼德省（Helmand）服役的一名军官朋友所从事的工作之间的相似性。那位军官正在阿富汗参与一项涉及'经济和体制发展努力'的计划。"萨贝尔和西蒙评论道：

141

> 这意味着，问题导向型警务（Problem - Oriented Policing, POP）更类似于戴维·彼得雷乌斯将军的反叛乱战争模式，而不是布拉顿援引巴顿将军的机动坦克战术来解释的情报主导型警务模式（Compstat）①。与问题导向型警务一样，反叛乱的办法规定：巡逻、应对事件和使用武力应与平民各种自主的能动性相结合，让他们参与到获得安全的利害关系之中。目标就是通过建立一个切实可行的社区，而非企图消灭所有潜在的敌对势力来确保地区的安全。就像受问题导向型警务影响的警察经常说"我们不能

---

① Compstat 或 COMPSTAT 直译为计算机战略（computer statistics），实际上是一种以犯罪情报的计算机统计分析为基础的情报主导型警务战略。

通过逮捕来解决这个问题"，戴维·彼得雷乌斯在报告中也经常说，在伊拉克"我们不能靠杀戮和抓捕来解决"问题。[28]

今天，反叛乱的观念已经开始主导普通警务。看上去似乎有越来越多的活跃少数派需要被识别并铲除——主要是易接受极端思想的穆斯林、墨西哥的"坏家伙"、内城黑人青年和不守规矩的抗议警察者。我们被告知了那些在美国中心地带"土生土长的"的 ISIS 追随者的危险——更不用说在巴黎郊区、伦敦周边、布鲁塞尔市中心的那些人了。反叛乱心态开始弥漫于街头。一切都是通过一个叫作"我们对他们"的透镜被感知，就像守法公民对罪犯。话题恒久地围绕着"犯罪分子"以及"犯罪入侵"——这些出自詹姆斯·威尔逊、爱德华·班菲尔德（Edward Banfield）和乔治·凯林早期学术著作中的术语，如今变成了老生常谈。就像圣路易斯的前警察局局长萨姆·多森（Sam Dotson）在"黑人的命也是命"①抗议活动之后，引经据典地表示："犯罪分子感到被赋予了权力。"[29]与此同时，《华盛顿邮报》和《卫报》开始记录美国警察枪击致死事件的高发频率——2016 年，《卫报》记录了 1091 起警察枪击事件，《华盛顿邮报》则记录了 963 起——这助长了内地城市某些街区的被围攻心态。[30]

国家一级的警务工作也发生了明显的变化。20 世纪下半

① Black Lives Matter（BLM），意为"黑人的命也是命"，是一场国际维权运动，兴起于 2013 年，因射杀黑人青年的警察乔治·齐默曼（George Zimmerman）被宣判无罪，引发了黑人的反暴力和对系统性歧视的抗议和骚乱。

叶，打击犯罪战争包含了大规模的军事行动——特别是联邦政府在拉丁美洲的禁毒战争，手段包括广泛铲除和掩埋罂粟田，以及在农村开展军事行动。这些行动对美国本土非裔和西班牙裔美国人的影响截然不同。就其在国外和国内的表现而言——在国外，是根除可卡因；在国内，是消灭犯罪——这些政治干预措施都有巴顿式的雄心壮志。然而从理查德·尼克松到罗纳德·里根，历任总统都在推动监狱和少年拘留设施——大部分提供给少数族裔青年——的大规模建设，以及日益增长的住宅项目警务军事化①。

但正如历史学家伊丽莎白·辛顿（Elizabeth Hinton）在她那部引人注目的著作《从脱贫之战到打击犯罪之战》（*From the War on Poverty to the War on Crime*）中所展示的那样，基于大规模战争模式的警务越来越转为反叛乱战略主导的警务。[31]联邦官员开始将好战的黑人激进分子视为需要受到暴力镇压的革命少数派。罗纳德·里根总统于 1984 年签署了《全面控制犯罪法案》。根据该法案，国会拨给戒毒康复计划的 9 亿美元中，大部分被用在情报设施、战机和直升机之上。20 世纪 90 年代早期，联邦政府开始试验一种"除草和播种"②的方案，其反映了反叛乱范式：清除吸毒者、交易者和毒贩，在社区播下社会和经济复兴计划的种子。"除草和播种"旨在"动员目标地区的社区居民，协助执法部门查明和去除社区中的暴力罪犯和贩毒分子"。[32]通过联邦拨款，这一方案在美国 150 多个社区得到了实

143

---

① 指纽约市房屋管理局警务部门，该组织可追溯到 1934 年纽约市住房局创立，该组织雇用保安人员对纽约市内公共住房建筑进行巡逻，维护治安，后来合并到纽约市警察局。
② 原文为 Weed and Seed，带有一语双关之意，草（weed）在俚语中也指大麻。

施。而通过剩余资产项目及其他项目，联邦政府开始资助地方警队日益发展的基于反叛乱模式的军事化。

今天，三个反叛乱核心战略都已经被转向美国人民。美国人现在被全面信息感知俘获。美国的穆斯林和其他少数族裔已成为需要被清除的活跃的少数群体目标。在更广泛的层面上，它正在寻求获得美国人民的民心。反叛乱范式已经回到国内。

第8章　监视美国人

就在"9·11"事件后，小布什政府的高层官员拟订了一个非法窃听计划，并将其铺展得尽可能广泛，涵盖了国内外通信。国家安全局也开始在美国境内实施窃听——在没有法院许可的情况下。国会很快通过了《美国爱国者法案》第215条，准许国家安全局大量收集美国电信公司［如美国电话电报公司（AT&T）、斯普林特（Verizon）和威瑞森电信（Sprint）］所保有的全部电话元数据。联邦调查局针对5000多名穆斯林发起了一项大规模的信息收集运动。地方警察部门，如纽约市警察局，则实施了针对清真寺和穆斯林社区的监视计划，并且开始向国内穆斯林的组织渗透。正是同时通过数字和模拟的方法，政府才将全面信息感知转向美国人民。

本土反叛乱的关键，就在于将全面信息感知照搬回家。正如它在海外发展的那样，只有全面监视才有可能将本土上的活跃少数群体与被动的美国大众区分开来。完全透明的民众是实现反叛乱的首要前提条件。在彼得雷乌斯将军的战地手册中，这早就被归纳成整整一章的内容："反叛乱中的情报"，还附带了一句精炼而深刻的题词："看上去，所有可能的**好**事都源自良好的情报。"以此题词作为开始，该手册以下面这句简洁的箴言作为结束："（反叛乱）任务的最终成败，取决于情报工作的效果。"[1]

政府应在本土监控与海外情报两者之间区别对待——这也

解释了为何在其他事情上，适用于联邦调查局和中央情报局的法律标准有所隔离和区分。根据联邦法律，国内通信受到更多保护，并且在截听时需要司法官员签发的授权令。调查同恐怖主义相关的外国通信则需通过美国外国情报监控法院的快速程序，尽管是快速程序，其依然需要得到该法院的批准。作为对一些国内的非法窃听项目——如反谍计划——的调查，以及随后的丘奇委员会（Church Committee）① 的调查和建议结果，在20世纪70年代，有关国内和国外情报搜集方面严格且分级的制度被建立起来。鉴于胡佛时代的联邦调查局对马丁·路德·金等人私生活过度调查的先例，有关部门对国内情报搜集的监控施加了特别限制。

尽管有着所有这些限制，在"9·11"事件后，政府还是将20世纪70年代以来的许多限制情报的改革抛到一边，并在地方、国家和全球的范围内都建立了大规模监控网络，以实现对美国人的全体信息感知，"9·11"事件后为搜集外国情报而创建的项目也被转用到美国人身上。此外，新技术能力使国外监控也能横扫到美国人——这既出于偶然，也是有意。数字革命使情报界最疯狂的梦想变为现实。当然，对全球恐怖主义危机的感受让这种渐进的侵蚀被人们采纳，并被赋予正当性。但全面监视的本土化在反叛乱战争的逻辑中有着更深层的根源。事实就是，在这个新统治范式下，**每个**美国人都是潜在的叛乱分子。

---

① 丘奇委员会为美国参议院情报特别委员会前身及研究政府情报活动的常用代名，以1975年主持该委员会的弗兰克·丘奇（Frank Church）命名。丘奇委员会在水门事件后调查了中央情报局和联邦调查局在其中非法搜集的情报。

美国民众需要时刻保持警觉——相互之间手牵手表现出信任，至关重要的是要表现出来，因为本土化的反叛乱意味着政府必须在不动声色中怀疑民众中的每个人。这种态势是在过去几十年中发展起来的反叛乱理论范式的核心所在。大卫·加吕拉将其提炼成了一个不乏机敏的表述。他在阿尔及利亚告诫手下的士兵说："一个人不可能用醋来抓到苍蝇。① 我的法则就是：表面上，你必须将每一个平民都当作朋友对待；但在心底，你必须将其当成一个叛军同盟者，直到你有肯定的证据推翻这个想法。"[2]这则格言在今天已经成为规则——一个在本土适用的规则。

在双子塔（世界贸易中心）袭击事件之后，纽约市警察局立刻开始监视数以百计的清真寺，穆斯林的企业、协会和学生团体——还渗透了其中的几十个——但没有任何表明他们与恐怖主义有联系或其从事不法行为的证据。纽约市警察局招募了"清真寺爬虫"潜入并监视伊斯兰教礼拜场所，并招募"耙梳者"（raker）混入穆斯林书店、咖啡馆和酒吧。（他们之所以被称为"耙梳者"，是因为中央情报局的情报主管说，他希望他的部门"耙出煤矿，寻找热点"。）纽约市警察局渗透到布鲁克林学院和纽约市立学院②的学生团体，并用虚假借口作掩护，查阅学生档案。[3]

"在主麻日③（星期五祈祷）之前及当天布置对清真寺的监

---

①　出自西方谚语，大意为："抓苍蝇时，用蜂蜜胜过用醋。"（You catch more flies with honey than vinegar.）

②　两所院校均属纽约市立大学。

③　穆斯林在每周五举行主麻礼拜，即聚礼。主麻为阿拉伯语的音译，原意为"聚集、聚会"。

视，记录车牌，并拍摄出席者的视频和照片。特别要注意所有纽约州牌照。"这些内容正是在"监视目标"指令中，针对新泽西州帕特森市（Patterson）的马吉德·奥马尔清真寺（Majid Omar Mosque）而下达给纽约市警察局密探的指示。[4]2006年11月22日的《纽约市警察局每周秘密 MSA 报告》陈述了在布法罗分校、纽约大学和罗格斯大学纽瓦克分校的穆斯林学生协会活动的情况。[5]纽约市警察局的情报官员在报告中，用他的话说是"作为日常工作"访问了那几所院校，以及奥尔巴尼大学、巴鲁克学院、布鲁克林学院、哥伦比亚大学、拉瓜地亚社区学院、宾夕法尼亚大学、罗格斯大学新不伦瑞克分校、石溪大学、纽约州立大学波茨坦分校、雪城大学、耶鲁大学等院校的穆斯林学生组织的网站、博客和论坛。他还详细说明了一个即将在多伦多会议中心举行的学术研讨会，汇报了受邀发言者的背景和签证状况。

在一份提供给情报主管、标记时间为2008年4月25日的秘密情报简报中，纽约市警察局的探员报告说，他们对肖恩·贝尔（Sean Bell）案的判决结果感到担忧——该判决对三名被控在皇后区的牙买加社区打死了一名手无寸铁的男子的纽约市警察局警探做出了无罪判决。简报提到，情报机关"特别关注并锁定我们（辖区内）改建的清真寺，即伊赫瓦（Ikhwa）、塔克瓦（Taqwa）、伊夸马提登（Iqquamatideen）和伊斯兰兄弟会清真寺（MIB，Mosque of Islamic Brotherhood）"，还要求一名机密线人"打入新黑豹党"。[6]

同一简报还详细记载了纽约市警察局另一项秘密行动，即潜入纽约市立学院学生组织的白浪漂流之旅。简报叙述了一名代号"OP# 237"的纽约市警察局卧底侦探参加"2008年4月

21 日星期一的'白浪漂流之旅'，并于 2008 年 4 月 23 日星期三晚上返回"。报告说明："这次旅行由纽约市立学院极限运动社团主办；基本上由 MSO（穆斯林学生组织）管理。"报告详细介绍了其中 19 名纽约市立学院学生的姓名和社团职位，指出"阿里·艾哈迈德（Ali Ahmed）负责并策划了整起事件"。它强调："除了定期安排的活动（漂流），该组织每天至少祈祷四次，大部分交流都花在讨论伊斯兰教上，并且本质上是宗教性团体。"[7] 尽管报告充满了阴谋论术语，但对于这些大学生的任何事情，事前并没有理由怀疑他们——况且事情也并未发展成那样。

在纽约市警察局准备的分析报告中，附带了一些覆盖城市周围 100 英里以内每座清真寺的地图和情报资料，包括纽瓦克、新泽西州、萨福克县和拿骚县，详细到有这些清真寺的地址、电话号码、照片以及族裔关系，并在"附注信息"条目下注明诸如"在访问期间发现有三名非裔男性穆斯林和一名埃及男性顾客在店内用餐"以及"发现店内出售许多埃及生产的制品"之类的信息。[8] 这些秘密的"人口统计小组"① 报告了按种族绘制的清真寺、伊斯兰学校和穆斯林人口密度图，其中包括每一座清真寺和每一个穆斯林企业的监视照片及情报记录（参见第147 页的监视报告）。

在美联社获得普利策奖的一个系列节目中，他们将该计划描述为对美国穆斯林的"人类测绘计划"，这个计划相当于"与中央情报局建立了一种不同寻常的伙伴关系，模糊了海外与

_____

① 人口统计小组（Demographics Unit）为"9·11"事件后纽约市警察局设立的针对美国穆斯林群体的秘密警察情报部门，后来也被称为"地区评估小组"（Zone Assessment Unit）。

本土间谍活动之间的界限"。如果是联邦政府实施的这类针对毫无嫌疑的穆斯林的监视，那将会导致冲突。而正如美联社所暗示的那样，这也解释了为何中央情报局秘密与纽约市警察局合作，加大了本土间谍项目的力度，以及为何联邦政府在"9·11"事件后的 10 年中，拨给纽约市警察局的资金超过了 16 亿美元。[9]

几年后的 2016 年 8 月，纽约市警察局总警司办公室发布了一份报告，详细说明了针对穆斯林情报工作的范围。报告中随机审查了 2010 年至 2015 年纽约市警察局情报调查的样本，发现 95% 对政治活动的调查针对的都是穆斯林或与伊斯兰教活动相关。[10] 审查还发现，这些调查中超过 50% 在授权期截止后依然继续进行。

在美联社披露此事后，美国公民自由联盟于 2013 年 6 月代表那些清真寺作为原告提起诉讼，质疑对这些清真寺的监视。这起诉讼案很好地记录了反叛乱行为本土化的历史轨迹。2013年的拉扎（Raza）诉纽约市案①，让人回想起一个早先的联邦案件——汉德舒（Handschu）诉讼。汉德舒案发生于 1971 年，是对纽约市警察局监视黑豹党、反战抗议者、美国公民自由联盟、全国有色人种协进会（National Association for the Advancement of Colored People，NAACP）等行为提起的诉讼。[11]

151　汉德舒案准确地解决了反叛乱战略在本土的首次应用——今日更为协调和系统性的反叛乱的早期先行者。该案可作为一个对比框架来评估今天针对清真寺、穆斯林及其企业和学生团体的更新且更系统性的监视计划。

---

① 2011 年 8 月以前，纽约市警察局在未经授权的情况下对穆斯林社区进行了长期监视，被媒体曝光后引发了此次诉讼。

<u>Masjid</u> ▮

Name:	Masjid ▮
Address:	▮ Ave.
	Newark, New Jersey 071▮
Phone Number:	973-▮
Building Type:	Private House
Sect:	Sunni
Ethnic Composition:	Nigerian, West African
Imam:	
Capacity:	
Precinct:	4th Precinct
Note(s):	Mosque in private house without any signs. Observed 25 to 30 worshipers exiting after Jumma prayer.

Location Name:	▮s Cafe & Snack Shop
Location Type:	Cafe
Ethnicity:	African American
Address:	▮ Avenue
City:	NEWARK
State:	New Jersey
Telephone:	973▮
Zip code:	07▮
Precinct	3rd

<u>Information of Note:</u>

Owned and operated by African American Muslim.
Small cafe that advertises all halal products.
Same owner owned the body shop next door.
Location is in good condition and has seating capacity for 10-12 customers.
Location is in close proximity of Islamic Cultural Center of New Jersey located at 20 Branford Place.

Location Name:	▮s Body Shop
Location Type:	Body shop
Ethnicity:	African American
Address:	▮ Avenue
City:	NEWARK
State:	New Jersey
Telephone:	973▮
Zip code:	07▮
Precinct	3rd

<u>Information of Note:</u>

Owned and operated by African American Muslim.
Small store that advertises Islamic products, health & beauty supplies, incense, health food and Islamic clothing.
Location is in close proximity of Islamic Cultural Center of New Jersey located at ▮ Place.

纽约市警察局关于新泽西州纽瓦克清真寺和穆斯林的企业的监视报告
（为了保护隐私而部分修订）。（纽约市警察局情报司，
人口统计小组，"新泽西州纽瓦克，
人口统计报告"，2007 年 9 月 25 日，第 31、46 页。）

纽约南区联邦地区法院联邦法官小查尔斯·S. 海特（Charles S. Haight Jr.）从汉德舒诉讼案一开始就在负责审查，包括在1985年达成的一项和解协议，该协议导致了监督纽约市警察局政治活动调查的著名的汉德舒准则的出台。多年以来，警察部门在这项协议的约束下，禁止其情报部门对政治活动展开调查，并要求展开任何此类调查都要以拥有犯罪证据为基础。这份原始协议在"9·11"事件后很快便被修正，让纽约市警察局在调查政治活动时拥有更多灵活性。然而，即便是在这种更为宽松的标准下，纽约市警察局对清真寺和学生团体的监视也突破了合法界限，引发了汉德舒准则的新的修正。

在2016年总统竞选期间的各种访谈中，现任总统唐纳德·特朗普对继续监视清真寺和穆斯林团体表示支持。特朗普表示，他赞成加强对美国穆斯林的监视，有可能将美国穆斯林登记到政府数据库中，甚至为穆斯林颁发特别身份证，上面注明他们的宗教信仰。[12]"你将不得不观察并研究清真寺，因为很多讲话都发生在清真寺里。"2015年11月，特朗普在MSNBC①的《早安乔》（Morning Joe）节目上这样说道。特朗普特别提到了纽约市警察局监视纽约穆斯林的情报计划，特朗普说："据我所知，此前——我的意思是就在不久前——我们在纽约市的清真寺内及其周围进行了一次非常大的监视。"[13]

在中央情报局的帮助下，纽约市警察局逐步扩大了针对穆斯林的拉网式监视项目的规模。联邦调查局和联邦检察官则发起了一场大规模的全国性信息收集运动，对象为那些来自中东

---

① MSNBC，微软全国广播公司，由微软（MS）和美国全国广播公司（NBC）联合创立。

伊斯兰国家、持非移民签证在美国生活的男子。"9·11"事件 152
后大约两个月，美国司法部部长约翰·阿什克罗夫特宣布开
展一项全国性运动，将对 5000 名拥有上述背景的男性进行面
谈。密歇根州的联邦当局迅速做出反应，启动了该项目，向
确定的少数群体——来自中东伊斯兰国家的 18 岁至 33 岁的男
性——发出了 560 余封信。同样地，这次当局也没有任何证
据或理由证明他们当中任何人与恐怖主义或不法行为有关；
事实上，联邦官员在这些信中也强调说："我们没理由相信你
以任何方式与恐怖主义活动有关。"[14] 然而，尽管口头上毫不
怀疑，联邦当局还是向这些人施加压力，要求他们与联邦特
工和当地警察会面并进行交谈。为了实施这些所有的面谈，
阿什克罗夫特要求当地警察执法部门投入其中，进一步促成
这些策略的本土化。

"请与我的办公室联系，以便在您方便的地点、日期和时间
安排面谈，"信中这样写道，"尽管这次面谈是自愿的，但对于
此次调查来说，让其开展得广泛彻底将具有决定性意义，而该
次面谈对达成此目的相当重要。我们需要尽快收到您的回
复——在 12 月 4 日前，您可于每天上午 9 点至下午 5 点之间给
我的办公室来电，包括周末。我们将与您合作，以适应您的日
程安排。"在这些以美国密歇根州东部地区检察官名义签署的信
件中，尽可能地把措辞描述成自愿会晤，"需要"他们一周内
回复，但考虑到收到信件的目标男性持有的是非移民签证，这
种邀请实际上就是命令。

除了这些地方和国内的监视项目外，用于搜集海外情报的
项目也被转用于美国大众。小布什政府在美国境内实施臭名昭

著的国家安全局窃听计划时，事先并未获得法院批准或任何法院命令。国会通过了第 215 条项目，授权从美国的电信公司收集数据。国家安全局落实了若干通信情报项目，用于捕捉并监听包括美国公民数据在内的所有电信数据。通过在私人领域与微软、AT&T 和社交媒体的合作，联邦调查局和国家安全局获得了越来越多的后门，以访问电子邮件服务和云存储设备，并可直接访问雅虎、谷歌、脸书等公司的服务器。

国家安全局的核心项目共同运作，并依靠社交媒体和电子零售商来收集和挖掘我们所有的个人数据。自从免费电子邮件、存储和社交媒体服务——诸如谷歌的 Gmail 邮箱、微软的 Outlook 邮箱和 SkyDrive 网盘，或脸书——出现以来，这些数字巨头就开始收集通过服务器传递的所有个人数据。它们的商业模式依赖于这些数据，因为与这些免费服务相关的唯一收入来源就只有数字广告。其他电商，如亚马逊、网飞及其他在线零售商，也开始采集其客户所有的个人信息，以便向消费者投放广告和有针对性地推荐商品。所有的这些数字时代的大型私企都开始为了自己的商业利益而收集所有人的数据。国家安全局很快弄明白了这一点，迅速地通过合法和非法手段获得了这些数据。通过棱镜和溯流等计划，国家安全局获得了对这些服务器和传输所有这些数据流的电缆的完全访问权限。

在先前海外情报搜集的部分中，我们已经提到的棱镜计划允许国家安全局直接访问大多数美国数字巨头的服务器，这意味着国家安全局的特工及其委托顾问可以直接访问这些公司的服务器，对外国人如同对美国人一样进行实地调查和搜证。国家安全局获得了电子邮件内容、附件、VoIP 呼叫及所有数字通信内容的直接访问权限，由此可以访问外国人的个人数据，就像访问美国公民的信息一样。溯流计划向国家安全局提供了所有通过海底电缆进行传送的数字通信内容的拷贝副本，而国家安全局的其他收集和挖掘我们个人数字数据项目激增，其结果就是对美国私人信息访问量达到了惊人的水平。

今天，数字监控在各方面的入侵令人咋舌。这些项目的产生与数字技术的爆炸式增长相吻合，所有这些都植根于数字技术，并且使用这些技术的人能够进行侵入式监控。我们的网络服务提供商、搜索引擎和社交媒体公司监视着我们的每个数字痕迹，以便向我们推荐产品、销售广告和提醒油耗。谷歌收集并挖掘我们 Gmail 邮箱的电子邮件、附件、联系人和日历。网飞和亚马逊利用我们的数据来向我们推荐电影。推特跟踪我们在互联网上所有带有它的小图标的网站内的活动。脸书的智能手机应用程序从我们手机的其他应用程序中收集信息，并将广告推送给这些程序。照片墙会验证广告曝光量，衡量其成功与否，并向广告客户提供反馈，指明何种效果最为有效。邻居（Neighbors）使用数据包嗅探器或免费的 Mac 软件（如 Eavesdrop）来接入我们不安全的网络。谷歌的街景车在未加密的 Wi‑Fi 流量中取得并记录我们的用户名、密码和个人电子邮件。

正如爱德华·斯诺登所揭露的那样，国家安全局实际上可以通过多种途径自由访问所有这些信息。只要快速浏览一下绝密的棱镜计划的幻灯片，就可以让我们回忆起那些深入我们个人生活的触角黑手：微软、雅虎、谷歌、脸书、PalTalk、油管、Skype、美国在线、苹果，等等。所有这些公司，在棱镜

154

计划中都给予了国家安全局访问其服务器的权限，而且它们这样做只换来一笔微不足道的小钱。据斯诺登的披露，整个棱镜计划每年仅花费国家安全局2000万美元。仅需付出九牛一毛，国家安全局就可以直接访问它们的服务器——如果不算国家安全局为了直接访问所有数字通信而切开和并入电信电缆的费用的话。

其结果就是，在今天的美国，普通公民面临的是一个全方位的监视网络。社交媒体、零售电商、智能手机应用程序、互联网提供商和网络浏览器都在收集我们的隐私数据，并提供给情报机构。大多数新技术和应用程序——甚至像《宝可梦GO》(Pokémon GO)[①] 这样的游戏——都在靠获取我们的联系人、GPS位置、日历、摄像头以及我们所有的隐私信息而成长。我们被海德拉包围，而这只希腊神话中的九头蛇由电信公司、社交媒体、谷歌平台、脸书应用程序、微软产品、零售电商、数据代理、跨国公司、黑客——包括外国政府黑客——和我们自己的情报机构组成，它们中的每一个都在试图超越对手，收集和挖掘我们的个人信息，它们中的每一个都以无与伦比的干劲追求着全面信息感知。

在《暴露》中，我提出了一种理解权力在数字时代如何运转的新方法，特别是一种理解我们为何心甘情愿地向私人公司及政府暴露的新方法。在那本书中，我曾论证说，那些通常用来描述我们数字化状态的隐喻，像"监视国家"、米歇尔·福

---

① 《宝可梦GO》为一款基于位置服务的增强现实类手机游戏，由任天堂公司、宝可梦公司授权，Niantic Labs公司负责开发和运营。该游戏允许玩家在现实世界中随机捕捉、战斗、训练和交易虚拟怪兽"宝可梦"。

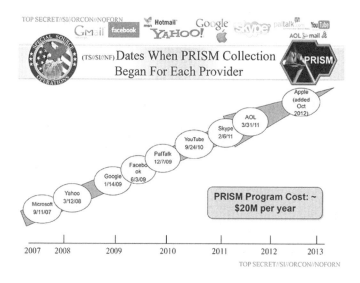

国家安全局的幻灯片：棱镜计划的历史（2013）。
（《国家安全局幻灯片正在解释棱镜的数据收集项目》，
《华盛顿邮报》，2013 年 6 月 6 日。）

柯（Michel Foucault）的全景监狱①，甚至乔治·奥威尔的"老大哥"都不够充分。在新的数字时代，我们不会被强行囚禁在一览无余的全景式囚室里。国家没有在我们的公寓墙上安装"电幕"。没有人试图摧毁我们的激情，或用熬白菜和旧地席的气味、粗肥皂和钝刀片将我们损耗，让我们屈服。目的不是用

---

① 全景监狱，直译为圆形监狱，由英国哲学家边沁于 1785 年提出。这种监狱由一个圆形大厅和四周环形的囚室组成，中间设有带百叶窗的检查室。尽管单一警卫不可能在同一时刻观察所有囚犯的牢房，但囚犯不知何时会受到检查，只能假设自己无时无刻不被监视。1975 年，福柯在《规训与惩罚》（*Discipline and Punish*）中将这种全景监狱作为现代纪律社会的隐喻，并提出"全景敞视主义"。

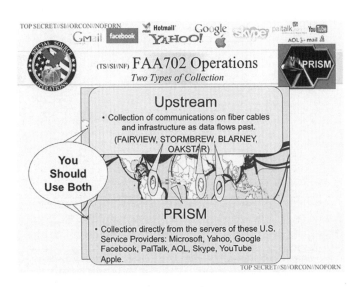

国家安全局的幻灯片：棱镜和溯流计划（2013）。
（《国家安全局幻灯片正在解释棱镜的数据收集项目》，
《华盛顿邮报》，2013 年 6 月 6 日。）

仇恨——"仇恨""仇恨之歌""仇恨周"① 这些玩意——取代我们的快乐。今天取而代之的，是我们通过"喜欢"、"分享"、"收藏夹"、"好友"和"关注"同政府进行互动。我们愉快地把智能电视挂在墙上，让它记录我们所说的一切以及我们所有的喜好。在奥威尔的《一九八四》中那种单调的制服和黯淡的灰色已经被散发着粉红色、黄色、蓝色和绿色的 iPhone 5c 取代。"彻头彻尾的多彩"，营销口号向我们如是承诺，一切对绚烂多彩事物的渴望——发送电子邮件时感性的嗖嗖声，iPhone相机按下"快门"时诱人的咔嚓声，"喜欢"、点击、通过分享

---

① 从"国家没有……"至此，所提到的"仇恨""熬白菜"等术语和典故来自乔治·奥威尔的《一九八四》，此处参考了董乐山先生的译本（上海译文出版社，2011 年）。

获得小"心"——都在引诱我们将自己交给监视技术。

对我们私生活的监控和营销改变着我们自己，权力以新的方式流转。奥威尔为我们描绘了一个完美的极权社会。居伊·德波（Guy Debord）为我们描述了一个"景观社会"，在其中形象塑造者塑造了我们如何理解世界和我们自己的方式。[①] 米歇尔·福柯讲的并不是什么"惩罚性社会"或他自己命名的"全景敞视主义"，而是从杰里米·边沁（Jeremy Bentham）的设计中吸收来的全景监狱。吉尔·德勒兹（Gilles Deleuze）[②] 则更进一步，将其描述为他所谓的"控制型社会"。然而，在我们这个数字时代，全面监控与快乐之间的联系变得难以割舍。我们生活在一个暴露和展览的社会，一个阐明性的社会。

这正是数字时代的快乐、吸引与诱惑，让我们如此心甘情愿地暴露自己。即使是那些不在丰富的社交媒体世界分享或对留下痕迹感到一丝犹豫的人，最终也会以数字形式分享我们的私密生活和政治观点。事实上，我们的社交或家庭生活至少已不可能没有短信、手机和（或）电子邮件。如果不搜索网络、在线购买、刷银行卡、从自动取款机取款，我们在当今的世界几乎无法生存。如果不会填充涂鸦或使用调查猴子[③]，或是对

① 居伊·德波，法国哲学家、马克思主义理论家。他的代表作为 1967 年出版的《景观社会》。书中他提出，真实的社会生活已被表象取代。"所有的直接存在，一切都转化为一个表象"，为"商品完全成功地殖民化社会生活的历史时刻"。"景观"在德波书中指发达资本主义、大众媒体和各种形式的政府的合流，为商品关系取代人的关系的社会的颠倒表象。

② 吉尔·德勒兹，法国后现代主义哲学家。主要学术著作包括《差异与重复》《反俄狄浦斯》《千高原》等。

③ 涂鸦（Doodle），谷歌公司在庆祝节日、纪念日、成就，以及纪念杰出人物的时候更换的首页商标；调查猴子（SurveyMonkey），一家基于云系统的在线调查开发即时服务公司。

无纸化的邮件做出反馈，则几乎无法拥有职业生活。

面对着这个阐明性社会，它要求我们既能着眼于，又能超越从国家到社交媒体、公司和零售电商，还有硅谷、AT&T 的利益，并且超越我们自己那显而易见的贪得无厌、不可抗拒的冲动、欲望以及自己的享乐展示。今天的问题不仅仅在于国家，更在于我们所有人，是我们将自己拱手交给全面监视。并且不仅仅是我们，还有我们的那些小道具：能发送 GPS 数据、允许脸书从所有其他应用程序或虚拟现实游戏（如《宝可梦 GO》）中筛选数据的智能手机。这些设备已成为进入我们个人信息和相互关联的地理位置数据藏宝库的强大入口。

2015 年 8 月，一份泄露的文件显示，美国电信巨头 AT&T 早在 2013 年就愿意与国家安全局合作，为其提供"数十亿封在国内网络中传送的电子邮件"的访问权限。AT&T 自愿为国家安全局在美国境内的通信中心上安装了电缆编接设备。《纽约时报》曾指出，对于此事 AT&T 公司显得特别殷勤。"AT&T 是开启被美国国家安全局称为相当于全球网络'实时'存在的新收集能力的首位合作伙伴。"[15]

早先，AT&T 与国家安全局的这种合作关系就促成了一个情报项目：在一个单月内就截获并发送给国家安全局 4000 亿份互联网元数据记录。每天，位于马里兰州米德堡（Fort Meade）的国家安全局总部要通过关键字筛选系统，处理超过 100 万封电子邮件。根据国家安全局的内部文件，从 2003 年到 2013 年，与 AT&T 的"合作关系为国家安全局提供了对其他电信公司和互联网服务提供商（Internet Service Provider）的独有的访问权限"。正如《纽约时报》所补充的那样，一份带有讽刺意味的自欺欺人的"文件提醒国家安全局官员在访问 AT&T 设施时要有礼貌，并指出'这是一种伙伴关系，而不是一种合同的甲乙方关系'"。

这些真相的新披露恰好在美国国会通过《美国自由法案》（2015 年 6 月）两个月前达到了顶峰。《美国自由法案》是自两年前爱德华·斯诺登泄密事件发生以来，国会尝试匡正隐私与安全的平衡的结果。它针对且唯一针对国家安全局的监视平台之一，即授权国家安全局在美国海量收集国内电话元数据的《美国爱国者法案》第 215 条项目。

奥巴马总统公开赞美《美国自由法案》是一项重要措施，其将"加强公民自由保障，提高公众对这些项目的信心"。[16]《卫报》报道说："隐私和改革活动人士欢呼该法案为一项'里程碑'式的成就，这是十多年来首次对监控项目进行改革。"[17]《美国自由法案》中最重要的条款，即第 215 条项目得到修改，使得从即刻起将由 AT&T 等电信公司持有和维护美国人的电话元数据。

这是绝不容错过的讽刺性场面。现在，是 AT&T 来保护我们了。就是这家电信公司，多年来——如果不是几十年的话——不厌其烦地，而且往往通过非法途径与美国通信情报部门合作，向其提供私人电信和个人数据访问权限。同样是这家公司，据一些最新泄密文件披露，积极自愿地与国家安全局合作，"在至少 17 个美国本土网络中心安装了监视设备"。

并且，似乎嫌这其中的讽刺意味还不够，这个具有里程碑意义的法案中的细则表明，我们，美国纳税人，需要为 AT&T 持有我们的数据而付费。据路透社报道："《美国自由法案》确实包含一项条款，以补偿公司持有和移交此类数据所产生的费

159

用，运营商明确表示，他们希望以此作为同意存储这些数据的回报。"[18]这种安排早已纳入妥协。奥巴马总统的顾问们——一个从前官员和学者中遴选组成的委员会——首倡这种有利可图的安排。在题为《变化中的世界的自由与安全》的报告中，奥巴马的顾问们写道，"为照顾供应商和政府的共同利益，需在满足双方需求的自愿基础上达成一致"，不过，他们补充说，如果这种双赢的协议无法达成，"政府应该报销供应商因保存数据而产生的费用"。[19]

所以事情就是这样：纳税人要为政府保存自己的数据而付钱给电信公司。因此，以前 AT&T 是将我们的私人数据信息秘密且免费地提供给情报部门。眼下，我们这些美国的纳税人将会为他们收集和保存自己的数据，以供情报部门不时所需而付费。这真是个让每个人都能受益的新自由主义双赢解决方案——当然，这个双赢排除了那些想要保留一点点隐私或保护自己远离反叛乱战略的普通纳税公民。

我们生活在一个新的数字时代，这个时代已经使我们所知的社会和政治在各方面发生了根本性的转变——并且将继续下去。据估计，数字技术和人工智能将在未来几十年内消灭 40% 到 50% 的职业和工作。这些技术已经从根本上改变了我们社会的休闲和惩罚做法，让我们和我们每一个心血来潮的想法都暴露在营销人员、广告商、社交媒体和情报部门警觉的双眼之下。不仅是美国国家安全局，还有脸书、谷歌、微软、苹果等机构和公司，在这片土地——美国本土——之上，对我们私生活进行令人惊叹的监控，向我们营销。数字时代已经将监视能力有效地融入几乎每一个人的日常生活之中。

160

　　然而，在我撰写上一本书时，我尚未能完全理解我们这个阐明性社会是如何适应我们当代政治环境的其他特点的——从酷刑到关塔那摩，到无人机袭击，再到数字宣传。在某种程度上，当时的我无法越过一个尖锐的矛盾，矛盾的一方是数字冲浪与监视的数据流动性，另一方则是我们的军事干预和对其他人使用酷刑的物质性。可以肯定的是，那时我认识到元数据致命的影响，并重申前美国国家安全局及中央情报局局长迈克尔·海登将军的不祥之词："我们根据元数据杀人。"[20]然后我找到了一种让人感受强烈的、将流动的数字存在和物质的矫正监管融合的方法：苹果手表如电子手铐一样运作，这将我们无缝地囚禁在了一个用数字踪迹制成的钢丝网中。不过，当时的我还不能完全地理解数字化的暴露和模拟的酷刑之间的联系。①

　　然而，现在很清楚的是，这个阐明性社会已经无缝地融入我们新的统治范式。对那些发明现代战争的人来说，阐明性社会恰恰是让反叛乱战略能如此无可挑剔地"在国内"实施的原因之一。阐明性社会的到来，和国家安全局的具体监视项目一样，使国内的全面信息感知成为可能，进而为国内环境下的"三管齐下"反叛乱战略的另外两个环节奠定了基础。

① 在书中，作者使用模拟（analog）以对应数字化（digital），前者更多指代肉体、物质层面。

第9章 以美国人为目标

　　在将全面监视转向美国民众的同时，美国政府开始将目标指向那些遭到怀疑的美国人。这一步骤反映了反叛乱战略中孤立和消灭活跃的少数派的方法——现代战争范式的第二个环节。其中采取了多种形式。

　　在"9·11"事件后不久，联邦政府就开始编撰一份包括美国人在内的"禁飞名单"，并付诸实施。许多公民发现自己只能留在本地而无法出行，除非他们有足够的政治影响力向那份有他们名字的名单发起挑战——就像已故的特迪·肯尼迪（Ted Kennedy）① 参议员发现自己被列入禁飞名单并禁止登机后所做的那样。[1] 2001 年 9 月，政府的"禁飞名单"上仅有 16 人，但到了 2006 年，这一数字已增至约 4.4 万，还有 7.5 万人被列入另一份需进行额外安检的名单。据估计，这其中有数百人为美国公民。在经过 21 世纪第一个 10 年后期的大幅度删减后，到了贝拉克·奥巴马总统时期，这一数字又急剧上升：2013 年为 4.7 万人，2014 年为 6.4 万人，到 2016 年达到大约 8.1 万人。同样地，这其中包括数以百计的美国公民。2016 年，又有 2.8 万人被列入了需额外安检的名单，其中大约有 1700 人是美国公民或永久居民。[2]

---

　　① 即爱德华·肯尼迪（Edward Kennedy），肯尼迪家族重要成员，约翰·肯尼迪总统之弟，民主党重要人物，被认为是自由主义的重要代表，有"参议院雄狮"之称。

联邦调查局也在"9·11"事件后立即制裁了穆斯林社区。他们特别瞄准了纽约市的巴基斯坦社区,并在接下来的一年里逮捕了 254 名巴基斯坦移民,尽管事实上没有任何"9·11"事件袭击者来自巴基斯坦。许多被拘留者仅仅因民事移民指控而被捕,每天被单独监禁 23 小时。许多人声称他们在布鲁克林联邦监狱,即大都会拘留中心(Metropolitan Detention Center, MDC)中遭到了睡眠剥夺及其他方式的虐待。联邦调查局在全国各地逮捕了 500 多人——不论男女都被称为"9·11 被拘留者"——这是联邦调查局史上最大的处置行动之一。[3]

除此之外,2002 年 11 月,司法部开始实施一项新的特别登记程序,要求所有年龄在 15 岁以上,持有美国签证,并且来自伊拉克、伊朗、叙利亚、利比亚或苏丹的男子前往移民办公室登记并接受处理:采指纹、拍照和进行"如有虚假后果自负"的面谈。在接下来的几个月中,又有另外 20 个国家被列入该清单:阿富汗、阿尔及利亚、巴林、孟加拉国、埃及、厄立特里亚、印度尼西亚、约旦、科威特、黎巴嫩、摩洛哥、朝鲜、阿曼、巴基斯坦、卡塔尔、沙特阿拉伯、索马里、突尼斯、阿联酋和也门。除朝鲜外,这些被打入另册的国家将事实表明得不能再清楚了:就是定居在美国的穆斯林被当成针对目标。正如珍妮弗·冈纳曼(Jennifer Gonnerman)① 所报道的那样:"到 2003 年 5 月,全国已有 8.2 万人登记,其中超过 1.3 万人的递解出境程序业已开始。"[4]

针对清真寺和穆斯林团体的监视,也刺激联邦和地方政府更咄咄逼人地对物质上支持恐怖主义的嫌疑者提起诉讼。在外 163

---

① 珍妮弗·冈纳曼,《纽约客》专栏作家,普利策奖得主。

国情报监控法院的授权下，联邦检察官使用法律门槛较低的通信窃听内容作为联邦刑事诉讼的依据。[5]在上任的头几个月里，唐纳德·特朗普总统就签署了行政命令，强制对美国穆斯林居民实行旅行限制。与此同时，为应对日益高涨的抗议，各州和市政当局都颁布或采用更严厉的法律，旨在限制政治抗议。有些州，如亚利桑那州根据反敲诈勒索的法律（antiracketeering laws）制定严刑峻法，另一些还附带徒刑。[6]自"9·11"事件以来，联邦和地方实施的各种举措，都为一系列离散的事件提供了大环境，这些离散事件反映了反叛乱战略本土化是如何以一种特定方式展开的。在一系列故事中，这种方式显而易见地涉及警察对抗议者的军事化镇压，以及美国政府将本土穆斯林作为针对目标——就像发生在伊扎尔·汗（Izhar Khan）或艾哈迈德·穆罕默德（Ahmed Mohamed）身上的个人故事一般，他们在不知不觉中就成了被发明出来的美国本土活跃少数群体中的一员。

这些事件不仅仅是自"9·11"事件以来对美国穆斯林、非裔美国人以及美国其他少数族裔过度压制的零散案例，它实际上反映了一种更广泛的冲动，一种根植于反叛乱理论，去定义、打击和消灭活跃少数群体的冲动——实际上就是制造叛乱，然后借此进行统治。本土的全面信息感知与这些事件之间有着不可分割的联系。当我们放眼现代战争这个更大的背景时，这种联系就变得更为明显。实际上，将这些事件置于我们新政体范式的大环境下加以考察至关重要，这样才有助于我们看出，它们是如何反映出反叛乱模式第二环节的本土化的。

将钱寄给老家的家人、朋友和机构的事情在移民之中并不

罕见。事实上，这往往是人们移民到美国或其他发达资本主义 164
国家，如德国、瑞典或沙特阿拉伯①等国的原因之一：实现某
种经济安全，并回馈自己的家人和原生社区。这几乎是情理之
中的事情。

但是，如果你的老家是在斯瓦特河谷（Swat Valley）②，一
个靠近阿富汗边境的巴基斯坦山区，那情况就截然不同了。接
下来，你的任何电汇都会立即被怀疑。如果你的名字刚好是伊
扎尔·汗，你又是佛罗里达州马盖特（Margate）一座名为贾马
特·艾尔穆米宁（Jamaat Al-Mu'mineen）的大型清真寺的 24 岁
的穆夫提（mufti）③，并且你"留着长长的黑胡须，一身黑色的
棉长袍，戴着一顶无边便帽"，那么你更是双重嫌疑人。[7] 在
"9·11"事件后，这些元素都让你充满了身为支持恐怖主义的
活跃的少数群体中一员的嫌疑。

怀疑落在伊扎尔·汗身上，这主要是因为他的父亲哈菲
兹·汗（Hafiz Khan）。哈菲兹·汗是马斯吉德寺（Masjid
Miami，迈阿密最古老的清真寺之一）一名年长的伊玛目。他于
1994 年移民到美国，到 2011 年已经近 80 岁了。由于从未学过
英语，因而他习惯在清真寺里与斯瓦特河谷的朋友和家人通电
话。根据联邦调查局的记录，当地机构在 2009 年 2 月至 2010
年 10 月收集到他的 3.5 万通电话，平均每小时三四个电话。[8]

哈菲兹·汗的通话记录了他的坏脾气。"愿真主让她死。"
他在谈到他的不停哭泣的孙女时说。"愿他被卡车碾过。"当他

---

① 原文如此。
② 斯瓦特县（Swat）为巴基斯坦西北边境省东北部的一个县，距离伊斯兰堡
160 千米。该地景色秀丽，被称作"巴基斯坦的瑞士"，主要景点有卡拉姆
山谷等地。
③ 穆夫提，源自阿拉伯语，指伊斯兰教教法权威。

儿子让母亲在家做饭时，他这样骂自己儿子。据埃文·奥斯诺斯（Evan Osnos）在《纽约客》上的文章说，他"经常把巴基斯坦的领导人描述为皮条客、猪、驴崽子、大混蛋和傻蛋"，并恳求真主"让他们感到害怕以至于'他们坐下来时会把内脏都拉出来'"。据奥斯诺斯说，他还称塔利班领导人为"最大的混蛋"，"希望他们投降"。在另一个场合，他在听到有平民受伤后咒骂道："愿真主摧毁他们，不管是谁，无论他们是否有恶意，无论他们来自塔利班，还是来自政府。"[9]

165　　作为一名父亲，哈菲兹·汗无论如何都算不上富有。他也从未真正适应在美国的生活。他的所有财产显然就装在两个塑料袋里。他和妻子住在清真寺对面的一居室公寓里。他是白化病患者，视力不好。

　　但他的确将钱寄回了巴基斯坦，并告诉他的孩子们也这样做——正如奥斯诺斯暗示的那样，"在穆斯林传统的善行中，这被称为天课（zakat）①"。毕竟，他是个伊玛目。因此多年以来，这位父亲将数以千计的美元汇回巴基斯坦，总计可能多达 5 万美元，大部分用于援建斯瓦特河谷的一座清真寺和一所伊斯兰学校——阿亚·阿鲁姆阿拉伯伊斯兰学校（Madrassa Arabia Ahya-al-Aloom）。1971 年，他帮助创办了这所学校，援引奥斯诺斯的说法是，"他有扩大学校的夙愿，当建筑需要维修时，他曾告诉一个朋友，学校'比我的孩子们更可爱'"。[10]

　　汇款引起了联邦调查局的怀疑。一个在局里领薪水、带着窃听器的线人开始与这位父亲交朋友。他向这位父亲提供了 5000 美元，以帮助修复他在斯瓦特创办的学校。然后，线人尽

---

　　① 天课，伊斯兰教五大宗教信条之一，指穆斯林每年一次的慈善捐款。

其所能让这位父亲对着秘密录音设备做有罪陈述。很显然，经过大量的怂恿后，哈菲兹·汗这样做了。他说了一些对塔利班有利的话。不过，正如奥斯诺斯解释的那样："在远离线人时，哈菲兹背后警告他孙子说西迪基（Siddiqui，线人）'胡说八道'的话也被录下来了，他还表示之所以放任西迪基胡说，只是因为西迪基计划给学校捐钱。'他是一个非常好的人，但他也很愚蠢。'哈菲兹如是说。"[11]

怀疑还蔓延到哈菲兹的儿子伊扎尔·汗和他的哥哥，伊尔凡·汗（Irfan Khan），一个 37 岁的软件技术人员身上，因为他们也将钱汇到巴基斯坦。这三人都被逮捕并遭到起诉，而且哈菲兹和伊扎尔·汗还因电汇和有关塔利班的声明而被起诉为密谋以物质支持恐怖主义。

一旦被捕，这些人就被视为危险的叛乱分子。两个儿子都在迈阿密的联邦监狱被单独拘禁达数月之久，和家人彼此分开，每天都在特别牢房中被单独关在自己囚室中长达 23 个小时。[12] 伊尔凡·汗被单独隔离 10 个月以上，伊扎尔·汗则多达 16 个月。

现在两人都获得了自由。大儿子伊尔凡·汗在所有指控都被撤销后突然获释。在他单独监禁的 10 个月期间，他无辜的事实变得很明显。比如，他通过西联汇款（Western Union）① 将钱汇给一个叫作阿克巴尔·侯赛因（Akbar Hussein）的人，这位号称塔利班巴基斯坦卡博瓦特（Kaboswatt）的指挥官，实际上是"伊尔凡妻子的叔叔阿克巴尔·胡赛因（Akbar Hussain），一名退休的生物学教授，曾在当地大学任教"。[13] 西联的记录列

166

---

① 西联汇款成立于 1851 年，主要业务为国际汇款。

出了胡赛因的姓名和官方身份证号。侯赛因，胡赛因——这样小小的疏忽就足以从一个人的一生中夺走 10 个月的时光。

小儿子伊扎尔·汗被送上了法庭，但联邦法官做出对其有利的无罪开释的提议——这在过去的审判实践中几乎闻所未闻——因为向陪审团提交的证据没有任何意义。在单独监禁了16 个月多，又在普通人中度过了 4 个月之后①，他最终被宣布释放。

但两个儿子的生活都被毁了。伊尔凡·汗，以前的软件程序员，现在开着出租车，会着魔般地检查周围是不是有窃听器。伊扎尔·汗则几乎成了无家可归者，因为他卖掉了自己的房子和车子，用以支付辩护律师费用。当然，他们不能回到巴基斯坦，因为在被拘留了这么久而最终无罪开释后，他们回去之后将会被怀疑已和联邦政府的工作人员达成合作——"他们②会认为你是在为中央情报局或联邦调查局工作"。此外，他们不愿将父亲抛下。哈菲兹·汗的两项阴谋和两项为恐怖分子提供物资的罪名被宣布成立，因而被判处 25 年无假释的有期徒刑——这意味着刑期将持续到 2033 年，届时如果他还活着的话，将会是 98 岁的高龄。[14]

汗兄弟的案例带有反叛乱理论的所有表征。案件理所当然地始于全面信息感知，具体到这件案子中，这意味着窃听并审查了他们的 3.5 万多通电话内容。然后，将他们打入据称要伤害美国的活跃的少数群体的另册中，将其单独囚禁来抹杀这个家庭的两个儿子，摧毁他们的生活。这种逮捕和起诉也得到高度宣传，以便让我们这些其他人感到安全和有保障，并向我们

167

---

① 根据上下文推断这 4 个月是取保候审阶段。
② 可能指塔利班。

展示，我们是如何得到了良好的保护。

这第一起事件反映了反叛乱心态是如何催生非黑即白的方法，并以此来处理灰色地带的情况的。许多移民把钱寄回老家，其中有一些资金最终落入了可疑人之手，这也并非从未听闻之事。然而，只有部分人，当他们这样做时，才应被看成充满浓厚的嫌疑且没有无罪推定。另一起事件则表明，在常规反恐调查之外，反叛乱逻辑到底能将人带到何等更荒谬的极端程度：进入校园纪律这种更为司空见惯的管理方式之内。然而这两起事件的推动力却非常相似，令人深思。

14 岁的艾哈迈德·穆罕默德和他的父母住在欧文（Irving），得克萨斯州达拉斯市郊区的小镇上。[15]2015 年，他还是当地麦克阿瑟高中（MacArthur High School）的一名九年级模范学生。艾哈迈德爱好科学技术，课外时间常常在自己的卧室里鼓捣科学、机器人和电子工程。他特别喜欢美国宇航局和空间技术，制作了许多电子小玩意，会修理同学的设备，还在中学里赢得了"发明家小子"的绰号。

艾哈迈德出生于苏丹，是个穆斯林，很小的时候就来到美国。他的父亲穆罕默德·哈桑·穆罕默德（Mohamed El-Hassan Mohamed）在社区里很出名，在欧文的同一所房子里住了 30 年。2010 年和 2015 年，艾哈迈德的父亲曾两次试图将苏丹时任总统奥马尔·巴希尔（Omar al-Bashir）拉下马，但均告失败。[16]

2015 年 9 月 14 日，星期一上午，艾哈迈德·穆罕默德将他的一项发明带到了学校。这是一个他在卧室中制作的小 LED 钟，有一个 LED 数字显示屏，安装在一个带有电路板的小金属盒上。整个 LED 钟大概有他摊开的手掌那么大。他对自己的作品很是自豪，因而想将其展示给工程老师看。

在学校时，艾哈迈德在晨课中给他的工程老师展示了时钟，这位老师显然表扬了他。那天晚些时候的英语课上，时钟发出蜂鸣声，当艾哈迈德掏出时钟来让它安静时，他的英语老师看到了这个钟并对此相当在意。此后不久，学校领导通知了警方。

艾哈迈德被四名警官——两名通常被定期派往高中的驻校治安警①和他们的上司，后者和另一名警佐一起赶到了现场——强行拘留和审问了将近一个小时，并且在此期间不能与父亲见面。不准父母在场，也不准其他任何人代表他，艾哈迈德就这样独自与四名成年警察周旋。

虽然警察"迅速认定"，用欧文警察局局长拉里·博伊德（Larry Boyd）的话说，他们处理的并非炸弹或燃烧装置，但艾哈迈德还是被警察逮捕，并被戴上手铐。[17] 在一张令人不安的照片中，这个身材瘦长、处于青春期的小男孩，穿着他的美国宇航局的 T 恤，在警察局中被背铐着，看上去目瞪口呆并且惊慌失措。

他被送到最近的少年拘留所，在那里被登记，留下了指纹和存档照片。

他立即被他的高中停学了三天。

事件发生后，许多人为他辩护，而另一些人则诽谤他。其他人，包括奥巴马总统在内，没有指责，而是尽力收拾这种糟

---

① 驻校治安警（school resource officer, SRO），美国的一种执法人员，负责学校的安全和预防犯罪。其职责与常规警官相似，有权进行逮捕，响应服务要求并记录事件，通常由当地警察或警长代理。

糕的局面。"很酷的钟，艾哈迈德，"奥巴马总统在官方推特中
这样写道，"想把它带到白宫吗？我们应该激励更多像你这样的
孩子喜欢科学。这才是能使美国变得伟大之事。"

　　这是一个具有特点的极端案例，一个在充斥着校园枪击和　169
其他暴力的世界里的一个无辜的错案，并且在另一方面，这也
是一个明明白白的关于种族定性和伊斯兰恐惧症的案例。我认
为这其中反映了反叛乱思维在国内越来越大的影响。在一个充
满想象中的叛乱分子的危险世界里，艾哈迈德的名字、肤色和
宗教，就足以让他立刻受到猜疑。他有可能成为和美国作战的
少数叛乱分子之一。出于这个原因，就有必要立即将他隔绝和
控制起来——拘留、上铐，然后送到少管所。

2015 年，艾哈迈德·穆罕默德于在他的高中被捕。
（@IStandWithAhmed，推特，2015 年 9 月 17 日，转推。）

尽管艾哈迈德并不构成威胁的事实很快就弄清了，然而，相关部门还是认为收集他的信息很重要。弄到他的指纹、照片、档案，将他录入系统，这样下次我们就可以得到他的所有信息。

艾哈迈德的遭遇反映了反叛乱模式第三环节的所有特点：制造一个少数派叛乱分子，控制他，让他不会感染大多数人，并且搜集情报，以便给全面信息感知这个更大事业添砖加瓦。

在"9·11"事件后，那些可能是为防止真正恐怖袭击的合法努力，已经培育了一种在国内任何地方都能看到危险的反叛乱心态，而作为其结果，这种心态会严厉地针对美国的穆斯林群体，尽管他们常常是无辜的。

虽然这两起事件针对的是特定个人，将他们变成必须抹杀的活跃的少数群体，但另外两起事件则是完全凭空捏造出整整一类危险人物。第一类涉及抗议者，而且主要是参与反对警察杀害手无寸铁的平民的社会运动中的非裔美国人；第二类，则是美国穆斯林整体。

"我呼吸不上来了！我呼吸不上来了！"2014年7月17日，埃里克·加纳在纽约斯塔滕岛街头被几名纽约市警察局的警官锁喉压制，在他窒息而死前，曾反复这样说11次。过了不到一个月，2014年8月9日，手无寸铁的18岁青年迈克尔·布朗在密苏里州弗格森被警察达伦·威尔逊（Darren Wilson）枪杀。这场致命的遭遇持续了大约2分钟，10多名目击者目击并多方作证，证明迈克尔·布朗曾投降、摔倒、转身、后退或朝威尔逊警官走去，此时威尔逊开了第12枪，也是致命的一枪。两个月后，2014年10月20日，在芝加哥西南处，警官杰森·范戴

克（Jason Van Dyke）将 16 发 9 毫米半自动制式子弹倾泻到 17
岁的拉昆安·麦克唐纳（Laquan McDonald）身上。枪击行为被
几个行车记录仪捕捉到，视频显示当范戴克和他的搭档拔出枪
走出车外时，麦克唐纳从这几名警察身边走开了。六七秒钟后，
范戴克率先开火。麦克唐纳的身体在子弹的威力下扭转，而且
视频显示警官范戴克在他倒地后持续开火，将他身体打得不断
抽搐，血肉碎片四处飞溅。在警察开枪的 15 秒钟中，麦克唐纳
至少有 13 秒钟都是完全俯卧在地上。[18]

　　由于一系列的手机视频、行车记录仪视频以及监控视频片
段在网络上像病毒一样传播，警察枪杀手无寸铁平民的风潮终
于变得为人所知。警察在镜头内外杀戮的浪潮遍及全国：2014
年 11 月 20 日，警察在布鲁克林的楼梯井枪杀了 28 岁的阿凯·
古利（Akai Gurley）；2014 年 11 月 22 日，克利夫兰某公园，12
岁的塔米尔·赖斯（Tamir Rice）被枪杀；2015 年 4 月 4 日，
南卡罗来纳州北查尔斯顿（North Charleston），50 岁的沃尔特·
斯科特（Walter Scott）后背中了 5 枪；2016 年 7 月 6 日，32 岁
的菲兰多·卡斯蒂利亚（Philando Castile）在明尼苏达州圣保罗
（Saint Paul）郊区靠边停车，平静地试图解释他的情况时，被
连开了 7 枪；2017 年 6 月 18 日，华盛顿州西雅图，30 岁的查
理娜·莱尔斯（Charleena Lyles）在她的 4 个孩子面前被枪杀，
此前她向警方报案称有人企图入室盗窃；2015 年 7 月 13 日，克
利夫兰，37 岁的塔尼莎·安德森（Tanisha Anderson）于拘留期
间在人行道上被撞死；还有 28 岁的桑德拉·布兰德（Sandra
Bland），2015 年 7 月 13 日，她被发现在得克萨斯州沃勒县
（Waller County）的监狱房间中上吊——所有男女死者都是非裔
美国人。

一个已经持续多年的现象最终被暴露在所有人眼中，让人一遍又一遍地目睹到这个事实。不久，《卫报》和《华盛顿邮报》就对每年高达 1000 起的警察凶杀案进行了清点——由于联邦政府对这方面报告的要求毫无作为，多年来，警察枪击案件的信息一直付之阙如。

警察杀戮浪潮存在的本身，就证明了这个国家的警察拥有过度的杀伤力，并且有着严重的种族偏见，这两方面都反映了执法部门军事化心态的本土化因素。但不仅如此，对伴随警察杀人事件而来的抗议活动进行的治安维护，还完全反映了反叛乱战略在本土的部署。

作为对警察枪击事件的回应，全国各地的抗议者如浪潮般举行游行、杯葛、黑色星期五集会，模拟死亡抗议①。几乎没人能预料到这些具有压倒性和平性质的抗议将引发军事化警察的反应。在警察枪杀迈克尔·布朗后的几天，人们在弗格森拍摄的令人震惊的画面，揭示了对峙的极端程度：今天，我们的执法人员装备着军事化的攻击性武器，包括坦克和装甲车，像对付叛乱分子一样，和那些手无寸铁、和平的抗议者对峙。

记者克里斯·海斯（Chris Hayes）花了几天时间现场直播弗格森的抗议活动，而他在那里发现，这本质上就是一场军事行动。"弗格森和圣路易斯县的警察犹如进入战争一般动员起来，"海斯写道，"防弹衣、面具、头盔、迷彩服、攻击性武器和装甲车。警察用他们的长枪对着那些聚集起来进行和平抗议的平民。"在全国各地都采访报道过的海斯表示，他从未在任何

①　模拟死亡抗议（die-in），一种抗议形式，参与者在其中模拟死亡。在这种形式的抗议中，抗议者躺在地上假装死亡，有时会用标语或横幅遮盖自己，以此传达想表述的主题。

地方感受到如此犹如身处革命中的氛围。但这并不是因为抗议者，而是因为**警察**把自己弄得如同身处革命之中，海斯如是报道说——或者，按我的说法，像是**反革命**一般。海斯观察到，警察"不分青红皂白地发射催泪弹。一群群全副战斗装备的武装警察，在大街上举枪追逐着手无寸铁的和平抗议者"。[19]

弗格森警队有着一座完备的军事武器库，其中有军用突击步枪、狙击装备和防地雷反伏击车——所有的这些，都曾在报道伊拉克和阿富汗战争的画面中为我们所熟知，而现在则被部署在美国大街之上。全套特警队装备的警官，身着陆战队样式（MARPAT）迷彩服，手持他们的突击枪，在那些看上去像装备有大口径火炮的坦克般的装甲车旁边移动。圣路易斯县警察局的警察让神枪手将大型 AR－15 自动步枪和 M4 步枪，狙击手将利奥波德（Leupold）远程瞄准器、装甲战术车辆和声控防暴装置都对准抗议者。在他们的军用头盔和护目镜下，手持催泪弹发射器、12 铅径霰弹枪①、长刀和夜视设备的警察，看起来就像反恐战争中的战地士兵。[20]

抗议者被监管起来，就好像他们是战区的敌方叛乱分子一样。回忆起在弗格森报道的日子，海斯说："我拿起我的麦克风，将它随机地递给一名弗格森黑人居民，无论老少，他们都能讲出一个被骚扰和被羞辱的故事。"这些弗格森的公民讲述了他们被针对、被找麻烦、被冤枉逮捕，并被错误对待——这种已经延续许多年的状态。"无论何时，弗格森的黑人公民都有可能发现自己被那些佩戴警徽的人羞辱、呵斥，被逼着卑躬屈膝。"[21]

173

———————

① 铅径为衡量霰弹枪口径大小的单位，12 铅径约为 18.5 毫米。

在全国各地的这些和其他抗议活动中，所有来自伊拉克和阿富汗的剩余装备都出场了——机枪、装弹匣、迷彩服、夜视设备、消音器、震荡手榴弹、装甲车，甚至飞机，给人留下了一个被围攻之国的印象。海斯回忆起在其他地方，克利夫兰的某警察局前，有一块大展示牌，将该地区指定为"前进作战基地"（forward operating base）——这是一个军事术语，意为"一个小型的、保障性的前哨基地，用于支持该战区的战术行动"。正如海斯指出的那样，这种表达"抓住了许多警察的心理状态：他们将自己看成战区的战斗人员，处于被围攻和包围之中，他们在敌人的领土上行动，离突然死亡只有犯一个错之遥"。[22]

在海斯的精妙之作《一国之中的殖民地》（*A Colony in a Nation*）中，他认为美国在国家之中建立了一块殖民地——该殖民地由处于极端贫困中的本国少数族裔社区组成。海斯把如弗格森等城市中的新治安方式追溯到美国殖民地时代英国保皇派的横征暴敛、高压管制政策。海斯认为，我们在国家之正中，创造了一个——他的原话是"实际并不自由的领地"。这是一个警务治安带有占领式特征的领地，还是那种需要时刻警惕的占领方式。"边界必须在没有实际围墙和检查站帮助的情况下划定。这就需要州政府的哨兵和那些被州政府视为无法无天的阶级之间有数量多到惊人的互动。"①[23]

这种有关一国之中的殖民地、被占领领土的概念，和我们见证过的反叛乱的本土化方面形成完美共鸣。我只想沿着这个逻辑再往前一步：我们不是简单地创建了一个国内殖民地，而是将整个国家**自身**变成了殖民地。我们用现代反叛乱战争的方

---

① 根据上下文，这里的意思是说由于没有实际的边界和检查站，因而实际是依靠警察和平民的大量摩擦来在心理上划分边界的。

式来统治我们自己，就好像整个美国现在就像阿尔及利亚、马来亚或越南一样，是一片被殖民的领地。

当地方警队将抗议者和非裔美国居民变成叛乱分子之时，联邦政府则在有意制造一个几乎由全体美国穆斯林组成的活跃少数派。

唐纳德·特朗普总统在就任仅7天后就签署了一项行政命令，暂停来自7个伊斯兰国家的国民进入美国。这项行政命令实际上禁止许多持有绿卡、工作或教育签证，在美国居住的穆斯林从国外返回美国，或因无法获得再次入境的许可而不敢离开美国。行政命令是以一种宽泛的形式表达的，从表面上看，既适用于美国绿卡持有者，也适用于这7个伊斯兰国家中的任何一国公民。这项行政命令很快被称为"穆斯林禁令"，因为特朗普在竞选期间就曾明确表示，他将禁止穆斯林进入美国。

明确地说，特朗普于2017年1月27日签署的第13769号行政命令，直接禁止任何来自伊拉克、伊朗、利比亚、索马里、苏丹、叙利亚和也门的个人入境90天——无论是美国永久居民、移民，还是持有工作或教育签证的非移民。[24]该行政令还有一些特别针对难民和叙利亚人的其他规定。命令还强制暂停整个美国难民接纳项目120天。该命令还宣布"作为难民入境的叙利亚国民会给美国的利益带来损害"，因而无限期地暂缓接受他们入境。该命令还对2017年可以进入这个国家的难民人数做出了限制，从11万人降至5万人，并宣布"在2017财政年度，超过5万名难民入境将会损害"这个国家的"利益"。

特朗普的穆斯林禁令实际上是将许多信奉伊斯兰教的美国居民从这个国家排除出去，这些人是美国合法居民，在这里生活多年，只是当时在国外旅游。它还耽误并阻止了许多美国穆斯林居民出国旅行的计划，因为他们无法再次入境。命令同时创造并针对了一个危险的美国居民中的"活跃的少数群体"。比如，阿默·胡西（Amer Al Homssi）博士是一名年轻的叙利亚医生，在芝加哥的伊利诺伊大学实习，为了结婚他进行了一趟阿联酋之旅，在边境上，他被吊销并取消 J－1 签证，于 2017 年 1 月 29 日被驱逐出境，不得返回美国。[25] 其他许多人也遭遇了同样的困境，900 多人被拒绝登机，200 多人在落地后被拒绝入境，最终，大约 1600 名美国绿卡持有者在行政命令发布后几天内获得豁免①。[26]

特朗普已经非常明确地表明他的意图：禁止穆斯林入境，将他们赶出美国。2015 年 12 月 7 日，特朗普在竞选初期发布的新闻稿里声明：

> 唐纳德·特朗普呼吁全面中止穆斯林在美国入境，直到我们国家的代表能够搞清楚到底发生了什么。根据皮尤研究中心（Pew Research）及其他机构的数据，穆斯林民众中相当一部分对美国人怀有极深的仇恨。最近，安全政策中心（Center for Security Policy）② 公布的一项民意调查显示，"25% 的被调查者同意，在美国针对美国人的暴力是

---

① 原文为 be granted waivers，根据美国《移民和国籍法》（I. N. A.），豁免意味着申请人要求美国政府忽视或原谅不予受理的理由，并给予绿卡（合法永久居留权）或其他一些福利。

② 安全政策中心是位于华盛顿的极右派反穆斯林智囊团。该组织的创始人兼现任主席是小弗兰克·加夫尼（Frank Gaffney Jr.）。该组织的使命是"确定可能影响美国安全的挑战和机遇"，其主要活动集中在揭露和研究据信对美国的圣战主义威胁。

全球圣战的一部分"，并且 51% 的被调查者"同意在美国 176
的穆斯林将会选择以'沙里亚法'① 治国"。沙里亚法授权
诸如对不信教且不肯皈依者进行谋杀斩首以及其他更不可
想象的暴行，会对美国人，特别是女性造成很大伤害。[27]

在做出这一竞选承诺后不久，特朗普将他提议的穆斯林禁
令与二战期间拘留日裔美国人一事②进行比较，称当时做出这
一决定的总统富兰克林·德拉诺·罗斯福"是一位受到所有人
高度尊重的总统"，并且自己"做了同样的事情"。当被问及
他在 2016 年 1 月 14 日第六次共和党总统辩论中有关穆斯林禁
令的言论时，特朗普回答说，他不会收回这番言论，并且用一
种明确态度提及了穆斯林："瞧，我们必须把政治正确停下来。
我们必须认真地着手建立一个国家，这个国家将不会再有诸如
有人开飞机撞世贸中心，有——有加州枪击案，以及全世界都
有的那些我们曾遇到的所有问题。"2016 年 6 月 14 日，特朗
普重申了自己将禁止所有穆斯林进入美国的承诺，直到"我们
作为一个国家，能够正确、完美地筛选那些要来我们国家的
人"。[28]

一获得共和党竞选提名，特朗普在谈及他的反穆斯林政策

---

① 沙里亚法，伊斯兰教法音译（直译为"道路"），是一套以伊斯兰教教义为
准则的法律。沙里亚法根据《古兰经》和圣训对人民的日常生活和行为做
出全面细致的宗教法律规定，鲜明地体现了伊斯兰教"政教合一"的
特点。

② 珍珠港事件后，罗斯福总统于 1942 年 2 月 19 日签署第 9066 号行政令，授
权美国陆军部部长将整个西海岸（包括加利福尼亚州、俄勒冈州、华盛顿
州和亚利桑那州）几乎所有的日裔美国人转移到——实际上为拘留——设
于中部几个州的 11 座集中营。所有被拘留的日裔美国人中，62% 是美国公
民，直到战争结束美国才陆续解散了这些集中营。

时，就开始在语言上"消毒"了，但他的骨子里继续反穆。他现在说他将停止接纳"来自任何已经向恐怖主义妥协国家"的移民，又承认这纯粹是为了避免争议而做的掩饰。在接受美国全国广播公司采访时，特朗普承认："当我使用穆斯林这个词时，人们非常心烦意乱。哦！你不能用穆斯林这个词……我对此并不在意，因为我谈论的是领土而不是穆斯林。"很快，在2016年7月24日共和党全国代表大会上，当特朗普被问他是否已经在穆斯林禁令问题上"退缩"了，他回答说："我其实并不认为这是一次倒退。事实上，你可以说这是一个进展。"[29] 2016年8月15日，在一次演讲中，特朗普谈到了甄别移民的问题，因为美国"每年"准许"大约10万来自中东的永久移民"进入，他建议进行甄别测试，以排除任何"相信应该用沙里亚法取代美国法律"的移民。[30]

证据相当确凿：特朗普总统针对的就是包括美国居民在内的穆斯林。特朗普不仅在竞选期间宣称他将会如此做，而且他颁布的那道120天冻结令的相关原始文本，也是用这种基督徒优先于来自伊斯兰国家的穆斯林难民的风格写成的。命令宣布，在对难民接纳项目实行120天冻结之后，国务卿将"在法律允许的范围内做出改变，优先考虑那些基于个人宗教迫害原因提出的难民申请，条件为该人信仰的宗教在原籍国属于少数派宗教"。事实上，就在2017年1月27日他签署穆斯林禁令前几个小时，特朗普就表示，他的行政令"将帮助（受迫害的基督徒）"。[31]第二天，纽约市前市长鲁道夫·朱利亚尼①——当时他被认为会获得任命进入特朗普内阁——向媒体承认，在特朗

---

① 1994年至2001年任纽约市市长。

普最初宣布穆斯林禁令后，他（朱利亚尼）就被要求"（用唐纳德·特朗普的方式来）合法地搞出穆斯林禁令"。[32]朱利亚尼随后组建了一个团队，在没有对穆斯林指名道姓的情况下达成禁令。

在将穆斯林变成一个活跃的少数群体这个更为宏大的运动中，穆斯林禁令是一个组成部分。在总统竞选期间，特朗普总统还指责国内穆斯林不够爱国，没有向美国执法部门举报威胁。如前所述，他还建议政府应该监控清真寺和穆斯林社区，甚至可能将美国穆斯林登记录入政府数据库。他甚至建议向穆斯林发放特别身份证，注明他们的宗教信仰。[33]

实际上，特朗普总统让美国穆斯林变成了叛乱的幽灵。而且他绝不停手。面对着对其不利的法律裁决，特朗普先是在 2017 年 3 月发布了修订后的穆斯林禁令，然后向美国最高法院提出上诉，最终说服法官允许穆斯林禁令针对来自 6 个伊斯兰国家，并且在美国没有近亲或与机构有联系的个人身上实施，之后在 2017 年 9 月再次修订了穆斯林禁令。[34]在这个过程中，特朗普为排斥和对穆斯林——包括美国的和外国的——的污名化奠定了基础。

这些大大小小，但对针对对象来说都是毁灭性的事件，也服务于本土化反叛乱的另一个目标：让我们当中的其他人感到安全和有保障，让我们继续过着我们的生活而不受影响，让我们的消费和享受免于被搅乱。本土化反叛乱起到了安抚作用，同时将一个幽灵般的少数群体妖魔化，从而让我们大家团结起来，对抗这些可怕且危险的幽灵。这会使我们相信，如果没有我们的政府，就会有危险的叛乱分子潜伏在达拉斯或迈阿密静谧的城郊。这种影响进一步推动了本土化反叛乱的第三环节。

今天，有一些反叛乱理论家——我更愿意将他们描述为缩水版的反恐怖主义方法的支持者——提倡不必投入那些旨在赢得民心的大项目。比起那些更传统的反叛乱理论家，这些缩水版的反恐怖主义方法支持者认为，我们需要采取一种更为有限的方法，只需简单地关注有恐怖分子嫌疑的人，比如汗一家那样的。他们情愿避免与社会投资或民心扯上干系，而是更倾向于诸如在国内对恐怖主义的检举或在国外实施有限的无人机空袭，来消灭确定的恐怖分子嫌疑人。[35]

之前我们看到，在反叛乱理论中，以民众为中心和以敌人为中心的理论家之间有过类似的争论。以敌人为中心的方法往往更残酷，但更聚焦；以民众为中心的人会倾向于更加合法及社会投资的方法。我当时就争论说，这些只是同一范式的两面。

这里的争论也是在以民众和（或）敌人为中心的理论与以个人为中心的理论之间展开的。但在此处，我还要说，这同样是一个错误的二分法，需要再次指出，这些只是同一事物的两个方面：本质还是具有三个核心战略的反叛乱战争模式。与以民众和（或）敌人为中心的理论一样，以个人为中心的理论，自然既要使个别恐怖分子或反叛分子丧失能力——通过消灭他和所有活跃的少数派——又要防止或阻止其得到替补或补充。

最初，反叛乱和反恐是很难区分的。在阿尔及利亚战争中，叛乱者实际上就被称为"恐怖分子"。但是，正如沙马尤所阐明的，随着西方本土恐怖组织（如德国的红军派①、意大利的

---

① 红军旅（Baader – Meinhof gang，直译为巴德尔 – 迈因霍夫帮，其正式德文名称为 Rote Armee Fraktion，简称 RAF），主要活动于 1970 年至 1998 年。成员以南美的左翼游击队为榜样，策划了多起谋杀、银行抢劫与爆炸案。

红色旅①或美国的地下气象员组织②）的增加，反恐战略开始看起来越来越像国内治安。这些战术朝着一个让个人角色失去用武之地的模式演化。反恐变得与治安和安全更紧密地结合在一起，而非政治和军事。它让自己面对的是那些被视为"危险"乃至"疯狂"，但在政治上没有感染性的个人。"有了这些新的标签，目标就不再是那些要反对的政治对手，而是要逮捕或消灭的罪犯。"沙马尤这样说道。[36]

因此，本土反恐越来越倾向于监禁犯罪的个人。"其治安逻辑在于使问题个人化，并基于一个又一个的个案，逐案地将尽可能多的嫌疑人减少到使整个问题看上去无足轻重。"沙马尤如此解释道。[37]因此，虽然反叛乱更以民众为中心，但主张缩减反恐的人士依然认为，反恐行动应该更多以个人为中心。

但是历史表明，自 20 世纪 60 年代以来，在美国这两种模式更多的是日益趋同，而非接受这种反叛乱和缩减反恐的二分法。反叛乱和本土反恐的努力从一开始就交织在一起，随着时间推移而合并在一起。让个人丧失行为能力的战略完美地融入反叛乱的方法中，并且它无缝地从反叛乱第二环节的本土化进展到第三环节的本土化。

180

---

① 红色旅（Red Brigades），意大利的极左翼军事组织，成立于 1970 年，成员是一些左翼激进的工人和学生。该组织声称它的宗旨是对抗资产阶级，该组织最著名的行动之一是在 1978 年绑架并处决了意大利前总理阿尔多·莫罗。

② 地下气象员组织（Weather Underground），简称地下气象员或气象员，为美国的一个极左翼组织，目标是以秘密暴力革命推翻美国政府。该组织在 20 世纪 70 年代进行过一系列针对美国政府的炸弹袭击，并策划过暴动和劫狱等事件。

第 10 章 分心的美国人

我们当中有许多人不会认识到我们自己，或者说美国，此刻正处于一个糟糕的境况中——在国外，有水刑和海外定点暗杀；在国内，我们警察正在实现军事化，正对清真寺和穆斯林学生团体进行渗透，或持之以恒地收集我们的个人数据。我们中许多人对这些可怕的做法从未有过一手体验。我们当中几乎没人真正读过完整的参议院酷刑报告，而关注无人机袭击的人则更少，有些人甚至不想知道它们的存在。对那些本土或海外的反叛乱实践，我们当中大部分人处于幸福的无知中——至少大多数时候如此——而且沉溺于我们数字时代诱人的消遣中。

而这正是反叛乱应有的方式。随着反叛乱本土化的完成，现在轮到**我们的**心灵与思想每天被平息、被麻木、被安抚——并且被幸福地满足。我们中绝大多数人每天都感到安心：到处都是威胁和各种颜色代号的恐袭警报，但反叛乱战略正在保护 我们，让我们感到一切都在控制之中：威胁是外部的，我们可以延续自己的日常生活。而且更重要的是，这些反叛乱战略会占上风。我们的政府更强大，装备更精良，准备做一切必要之事去赢得胜利，而且将会赢。守护者正在保护我们。

这种赢得美国被动大多数者民心的努力，正是反叛乱做法本土化的第三个环节——或许是所有组成环节中最重要的一个。它通过一种将消遣、娱乐、乐趣、宣传和广告融合在一起的非凡手段来实现——今天，托我们这个丰富多彩的数字世界之福，一切变得更为有效。在罗马共和国之后的帝国时代，这些东西被称为提供给大众的"面包和马戏"①。今天这些更像是脸书和《宝可梦 GO》。

我们之前已经看到，阐明性社会是如何诱使我们分享所有的个人数据，并且这一切是如何流入反叛乱的第一环节——全面信息感知的。这种现象有另一方面的目的：让我们保持分心状态。曝光是如此愉快和令人着迷，以至于我们几乎不需要有关当局自上而下协作努力，就自发地展示我们自己的内容。我们为此着迷，被一个数字化增强现实的梦幻世界吸引，这个世界完全让人消磨，令人沉醉，引人入胜，并且让人神魂颠倒。正如米歇尔·福柯在《规训与惩罚》中所说，我们不再是通过规训而被驯服。我们已经超越驯服的观念。我们是**主动地**被吸引——不是被动，亦非通过驯服的方式，我们是正在主动地点击和滑动，从一个屏幕跳到另一个，检查一个又一个平台——脸书、照片墙、推特、谷歌、油管，等等——搜寻着下一个刺激。

赢得并满足被动大多数的目标可能已经实现——事实上，在过去就业已通过传统的宣传手段，比如通过广播有关反叛少数群体的虚假消息，以及通过自上而下地提供阻止我们思考政治的娱乐等手段得以完成。而我们当下生活的新数字世界，已经让这些旧战略手段变得过时。随着反叛乱的安抚大众的任务已被转向美国人民，现代战争的第三环节无论是看起来还是运行起来，都与其在以前及在其他地方有所不同。

---

①　"面包和马戏"（拉丁语为 panem et circenses）出自罗马诗人尤维纳利斯（Juvenal）的讽刺诗"……人民就放弃了他们对于国家之义务……如今专心致志，只焦急地期盼两样东西：面包和马戏"，后以此比喻用目不暇接的娱乐和眼前利益等实现的愚民政策。

事情发生了改变。就在几年前，我们的政治家还不得不谆谆告诉我们要去购物和享受。"去佛罗里达的迪士尼乐园吧，"小布什总统在"9·11"事件几周后对美国人民这样说，"带着你的家人，以一种我们想要的享受方式去享受生活吧。"[1]几年后，小布什在讨论伊拉克局势后会重申："我鼓励大家多去购物。"[2]现在，我们不再需要领导人来告诉我们这些了。整个数字世界都在促使我们这样做。

安德鲁·沙利文（Andrew Sullivan）① 很好地捕捉到了我们引领的这个狂乱的数字生活的精髓。他在《纽约》杂志上发表了一篇题为《放下你的手机》的精彩文章，讲述了他的数字时代之旅，从他逐渐成瘾开始，到在康复项目中终于得以戒除，以及他的最终的故态复萌为止：

> 15年来，我一直都是网瘾患者，每周7天、每天多次发布我的博客，最终达到在高峰时段每20分钟就召集一个组织和管理网络热点的小组的地步。每天早晨一开始，我就完全沉浸在互联网意识和新闻中，从一个网站跳到另一个网站，从一条推特到另一条推特，从突发新闻故事到热门话题，扫过无数的图片和视频，追逐着诸多的模因②。整整一

---

① 安德鲁·沙利文，保守派政治评论员，曾担任《新共和》（*New Republic*）的编辑。

② 模因（meme），又译媒因、文化基因等，是文化资讯传承时的单位，目前比较公认的定义是"一个想法、行为或风格从一个人到另一个人的传播过程"。这个词来自1976年理查德·道金斯的《自私的基因》。原来意思指生物学中的演化繁殖规则，后引申比拟文化传承的过程，可以近似理解为段子、玩梗，但模因所指含义更为广泛。

天，我都勉强自己对刚刚发生的事情或现在正在发生的事情发表意见、进行争论或抖个机灵。有些时候，事件一件接着一件，我得花数周时间，发狂般地抓取一个正在进行的故事中的所有细节碎片，以便将它们实时地融合到叙事中。我无休止地与读者对话，他们吹毛求疵、大加赞扬、喝倒彩、替我更正。我的大脑还从未如此执着地被这么多不同的主题占据，并且以如此公开的方式，经历如此漫长的时间。[3]

184

这就是我们新的生活方式，被所有数字媒体、应用程序和设备推动和增强着。并非所有人都像沙利文那样是内容生产者或创作者，但我们几乎都是消费者。我们积极参与，我们阅读、点击、分享，我们游戏，我们互动，我们从中获得非同寻常的益处和享受。安德鲁·沙利文指出，"奖励"有"很多"，"事件如流水一般，不断骚扰、启发或激怒我；提供了一个在神经中枢中关于全球性的爆炸性话题的舒适区，以及一种衡量成功的方式——在大而美的数据中——为作为作家的自我提供持久的多巴胺之浴。如果你不得不在互联网时代彻底将自己改造成为写手，那么至少我已经成了顶级写手，我这样宽慰自己"。

可以肯定的是，这种狂热有时可能会给政治行为添油加醋。脸书小组里的网友每天都在互相政治化，分享讽刺性的政治评论，在网络上形成新的联盟。社交媒体可以唤起现实世界的抗议。在一定程度上，"占领华尔街"运动和"阿拉伯之春"都是由社交媒体和互联网推动的——不管你最终是否相信叶夫根尼·莫罗佐夫（Evgeny Morozov）① 的互联网不能有效地促进民

---

① 叶夫根尼·莫罗佐夫，白俄罗斯裔美国作家、研究者，以研究科技的政治和社会影响著称。

主价值观的言论。[4]贝拉克·奥巴马、伯尼·桑德斯和唐纳德·特朗普这样的总统候选人都已在互联网上组建了一整支政治追随者队伍。毫无疑问，数字时代具有重要的政治维度和影响力——不能小觑。

但在大多数情况下，娱乐与奇观才是第一位的。特别的奇观就像古罗马的角斗，这也正是唐纳德·特朗普这种政治家所擅长的。特朗普总统的午夜推特长文吸引了我们的注意。他在社交媒体上的下流语言和极端言论引发了狂热。我们几乎被催眠了。特别是对于年轻一代来说，数字活动主要由娱乐和乐趣向前推动着：油管视频、脸书新闻源①、色拉布（Snapchat）②上的内容、照片墙上的自拍。适合各种口味的约会应用软件，各式各样的 iPhone 应用程序。[5]甚至还有冥想应用程序，如众生（Sattva）、佛性化（Buddhify），或头空间（Headspace），可以帮我们处理当下的数字成瘾问题。

这些新的让人分心的数字产品——以各种方式将信息反馈给监控设备——的范例之一，就是《宝可梦 GO》。《宝可梦GO》是一款增强现实类游戏，于 2016 年夏初上线后，立即就呈病毒式传播流行开来。仅仅几周或几个月，全球数百万年轻人就开始在大街小巷、博物馆和国家纪念碑，甚至在他们的卧室中捕捉虚拟的皮卡丘。玩家们完全专注和沉迷在游戏中，消耗掉他们所有的空闲时间——我注意到甚至是一些课堂时

---

① 原文为 news feeds。Feeds 为一种数据格式，网站可透过它将最新信息传播给用户。这个格式被博客及新闻网站广泛采用。

② 美国一款在年轻人中大热的聊天软件，所有在该软件上传的图片或视频都会在对方看过之后被销毁。

间——来试图追踪和捕捉宝可梦，或四处游荡，或缓慢地骑着自行车，以便让他们的宝可梦蛋孵化。

《宝可梦 GO》如病毒般让人痴迷。2016 年夏天，我曾在纽约——不仅是纽约，在荷兰莱顿（Leidon）和法国巴黎也是如此——反复看到一个场景：一对骑着韦士柏（Vespa）踏板车或摩托车的年轻夫妇，年轻男性骑着摩托，按后面那位双手各拿着一部 iPhone 的年轻女性指点的方向缓慢行驶。她在两部手机屏幕上来回回顾，同时给她的伴侣发出方向指令。指点的路径蜿蜒曲折，可能是因为他们在等待宝可梦孵化或出现在屏幕上让他们捕捉。这对男女经常停下来，一会儿讨论和密谋，一会儿看着屏幕，然后他们再次启动，有时谨慎小心，有时飞快地好去捕捉另一个——或抓住所有宝可梦！

今天《宝可梦 GO》的运营已经进入平稳期，但这是意料中的事。另一个数字迷恋之物将会随之而来。这些平台应该会在一段时间内攫取我们所有的注意力，迷住我们，让我们分心——同时让我们暴露自己以及我们周边的一切。这是一种在本土化反叛乱第三环节和第一环节之间的共生关系：尽管它用像《宝可梦 GO》这样的游戏安抚了我们，但也通过游戏挖掘出我们所有的个人信息，并获取我们所有的数据。首先，游戏要求玩家分享他们的所有个人通讯录。虽然游戏最终会被搁在一边，但它收集了我们所有的 GPS 位置，捕捉了我们周边基于完美的 GPS 编码数据的所有地点的视频①，并且无论我们身处何处，游戏都在跟踪我们。此外，即使游戏本身是免费的，还是会有许多玩家购买附加组件，并在此过程中分享他们的消费

186

———————————

① 因为《宝可梦 GO》需要玩家打开摄像头扫描所处位置。

和财务数据。我们玩得越多，我们被分心的程度和得到的安抚就越多，我们将自己暴露得也更彻底。

一种新的强大的分心方式——对许多人来说，这是一种瘾——已经控制了我们，并且在这个过程中，它促使我们自我曝光，并给国家安全局、谷歌、脸书等的监视机制输送了原料。而且更引人注目的是这一切出现得如此迅速。数字时代有一种新的瞬时性，就好像在模仿模因的病毒天性。如野火一样，这些新毒瘾以闪电般的速度俘获人并传播。正如安德鲁·沙利文提醒我们的：

> 我们几乎忘记了，十年前还没有智能手机，而直至2011年，也只有三分之一的美国人拥有一部智能手机。现在，几乎三分之二的人都拥有了。如果你只统计青年，这个比例则达到了85%。去年，46%的美国人告诉皮尤的调查员一件简单却意义深刻之事：离开手机他们不能生活。不到十年，这种设备就从未知变成了不可或缺。那些为数不多一度无法联网的地方——飞机、地铁、野外——也在飞速减少。现在即使是野外徒步者的旅行背包里，也会被塞进智能手机的外接充电电池。或许，唯一还存在的"安全空间"就是淋浴室。[6]

这些新设备和应用程序上线的速度，以及我们在它们上花费的时间是惊人的。2015年发表的一项深入研究表明，被观测的年轻人每天至少在手机上花费5小时，每天大约有85次独立的互动。单独互动时间可能很短，但它们加在一起相当于这些年轻人清醒时间的三分之一左右。同样引人注目的是，根据研究，这些年轻人对自己消耗的时间毫无意识："年轻人使用智能手机的实际时长大约是他们自己估计的两倍。"[7]

让人分心的事物无处不在：电子邮件通知、短信、必应（Bing）和 Ping 命令①、色拉布和照片墙的新消息。娱乐也无处不在：星巴克和麦当劳，以及现在纽约的大街上都提供免费Wi-Fi，让我们得以播放音乐视频，观看油管视频。当然，广告也无处不在，试图让我们更多地消费，让我们在线购买，让我们订阅，让我们**相信**。不仅仅是让我们相信自己需要购买推荐的书或观看推荐的网飞剧，更是要让我们相信自己是受到保护并且安全的，我们受到最强大的情报机构和最坚忍不拔的军事力量的保护。相信我们可以继续专注于自己的事——全身心沉迷在这个数字世界，被它分散注意力——因为我们的政府正在为我们守望。

事实是，反叛乱本土化恰逢这个数字世界的爆发式发展及其带来的分心作用大行其道。一个真实的本质区别已经横亘在后"9·11"初期与今日之间。这个区别直接为现代战争的第三个战略提供了原材料。

与此同时，对于那些更为脆弱的人而言——就是那些更有可能"误入歧途"以及可能会同情所谓内部敌人的人——同样的数字技术也针对他们加强了宣传。全球参与中心或者其他类似的机构会对他们进行侧写分析，并向他们发送改进得更为温和的内容。这是一种与技术最娴熟的零售电商和数字广告商——谷歌和亚马逊——完善的极其类似的方法，被部署用来预测、识别、增强和针对我们自己的公民。

---

① 必应是微软公司的搜索引擎；Ping 命令是网络故障诊断工具。

188 反叛乱战争本土化的第三环节搭上了这些新数字技术和分心作用的便车，使得我们中绝大多数驯服的消费者被粘在等离子屏幕前。这是一种互联的生活，生活在其中的特权者从他们的 iPhone 移向 iPad，戴着他们的苹果手表，持续不停地彼此发送短信和色拉布的信息，放出自拍，讲述他们那惊心动魄、活力四射的生活，将有关他们隐私和个人信息的风险置于脑后。尤其当这种新的生存方式受到威胁和直接攻击时，它就愈发变得神圣不可侵犯。巴黎恐怖袭击事件①使许多西方年轻人重新意识到恐怖分子对他们这种人构成的威胁。奥兰多恐怖袭击事件②同样让容忍包括同性恋行为在内的自由生活方式的危险成了现实。伴随着每一次这样的袭击，这种新生活方式都遭到威胁。所以为了保护这种新生存方式，许多人便认同了这种看法——下意识地或半意识地——必须由一小撮守卫者来保护我们的安全，而其他人则必须能一如既往地购物、再度消费，乃至更多。

我的看法是，并非我们的同胞比以前更驯服，或是我们正在经历公民和政治参与度减弱的过程。虽然我同意国家和公司监测公民能力的日益增强很可能威胁到私人领域这种看法，但我并不认为是此事在公民中产生了新的冷漠、被动或温顺，甚

---

① 2015 年 11 月 13 日至 14 日凌晨，法国巴黎及其北郊圣但尼发生连续恐怖袭击事件。袭击事件共造成来自 26 个国家的 127 人当场遇难，3 人不治身亡，另有 80 到 99 人重伤，368 人受伤。其中巴塔克兰剧院的观众被恐怖分子挟持为人质，89 人死亡。

② 2016 年 6 月 12 日，美国佛罗里达州奥兰多一家名为"脉冲"（Pulse）的同性恋酒吧发生大规模枪击案，共造成包括枪手在内至少 50 人死亡、53 人受伤，被视为"9·11"事件后第二严重的恐怖攻击。行凶者为 29 岁的美国公民奥马尔·马丁（Omar Mateen）。枪手在袭击前宣称自己响应 ISIS 的伊斯兰圣战号召，ISIS 后来宣称对此事负责，并追封奥马尔为"烈士"。

至新的沉醉形式。关键是，我们曾经以其他方式保持冷漠，但现在则是用数字化的分心事物来保持冷漠。

至少在过去 50 年中，美国登记选民的投票模式一直保持不变——而且他们对此漠不关心。即使在最重要的总统选举中，这个国家的投票率在过去 50 年或更长时间里也差不多就在 50% 到 63% 之间波动。不管以何种方式衡量，长期以来美国的民主一直都相当顺从。事实上，如果从更长期来看，自 20 世纪 20 年代选举权扩大到女性后，投票率在本质上就一直保持稳定。当然，投票率不是衡量民主参与的唯一标准，却是一个可量化的标准。选举投票率是衡量公民参与度较为可靠的纵向衡量标准之一，但我们美国的纪录没给人留下深刻印象。

在其他地方，我曾争论说，我们的民主制度并非选民的民主，而是**潜在选民的民主**。因此这并非真正的民主，倒不如说是一个潜在的或**虚拟的民主**。[8] 它有一种潜力，一种民主统治的能力。正是通过民主的潜力，民主的好处才得以实现。这并非新鲜事物。但新颖之处在于其方法：与其像早先那样在一个严厉管制的社会中被驯服，我们更情愿在新技术中**用数字化的方式来让自己沉迷**。这种精神沉醉并没有压制政治，而是将其变为奇观。如果说，这其中有任何让人对政治产生更多兴趣的话——除了娱乐，别无他物。事实上，2016 年大选的第一次总统辩论，即 2016 年 9 月 26 日希拉里·克林顿和唐纳德·特朗普之间的辩论，创下了总统辩论的电视收视率纪录。据《洛杉矶时报》报道，这场辩论吸引了自有总统辩论以来最多的观众收看，按尼尔森数据的说法，人数达到 8400 万。[9]

为什么收看人数会有这么多？因为唐纳德·特朗普将他的总统选举以及他随后的政府变成了一个奇观；因为，实际上特

189

朗普就是电视真人秀以及后来数字媒体的大师，现在则是总统级的奇观——比如，当他在公共场合处理国际外交危机时，他会在马阿拉戈①度假村的餐厅露台上拍摄合影，旁边是日本首相安倍晋三以及俱乐部成员，然后将照片发在社交媒体上。特朗普之所以能成功吸引人们的注意力，恰恰就是因为他是社交媒体的沟通大神。美国有线电视新闻网（CNN）在一篇文章中，用一段简练的导语很好地总结了问题的精要所在。这篇题为《特朗普：社交媒体总统？》的文章中写道："富兰克林·罗斯福是第一位'电台'总统。约翰·肯尼迪则成为第一位'电视'总统。贝拉克·奥巴马打破常规，成为第一位'互联网'总统。下一位？准备面对唐纳德·特朗普吧，这可能是第一位'社交媒体'和'真人秀'总统。"[10]

在这个意义上，特朗普的总统竞选是独一无二的，他的成功同他对真人秀节目的把控有着直接关系——一如他在《学徒》（*The Apprentice*）和《名人学徒》（*Celebrity Apprentice*）节目以及其他娱乐场所的掌控全场的表演。特朗普成为如此热门的社交媒体现象，以至于即便他缺席了一场共和党初选辩论，当晚在互联网和社交媒体帖子的搜索关键词中，他依然超越其他候选人独占鳌头。[11]

这并不是说，这种新数字化的精神沉醉不过是奇观，或单纯无害。其中很大一部分建立在卑鄙的仇恨形式之上。特朗普不让任何穆斯林进入该国的言论，以及他随后禁止特定伊斯兰国家公民入境的行政令，还有他对墨西哥移民（暗示他们是强奸犯和杀人犯）和妇女的贬损性评论，这一切都是在玩弄种族

---

① 位于佛罗里达州棕榈滩的一个会员制高级俱乐部，是特朗普的私有财产。

和性别偏见、宗教偏见和种族仇恨。同样地，互联网上很多关注热点也都是"过客"（Gawker）① 般的兴趣：关注怪物秀的好奇心和极端的立场。2016 年 2 月，特朗普被抓到在无意中转发了贝尼托·墨索里尼的一段话——这是过客网站给特朗普设下的一个套。然而，特朗普本人经受住了挑战，当被一家新闻网问他是否想与墨索里尼有联系时，特朗普回答说："不，我想与有趣的引用联系在一起。"[12]据报道，特朗普随后补充说："他在自己的社交媒体账号里做'有趣之事'，这给他累积了'近 1400 万'关注者，而且，'嘿，它引起了你的注意，不是吗？'"

"它引起了你的注意"：这就是社交媒体独特的运作方式，而它反映了当今的公民是如何消费政治的。美国有线电视新闻网的范琼斯（Van Jones）用这些话简洁地捕捉了这一现象的意义："特朗普现象让像我这样的权威目瞪口呆。我们以为是这位亿万富翁正离开娱乐的世界，爬过一堵墙，加入我们严肃的政治领域中。但事实上情况正好相反。是'娱乐家特朗普'正确地留在他应在的地方，而他将政治建制拉过墙，进入他的领域。如今，政治阶层正迷失在真人秀节目和社交媒体的世界中。"[13]不仅如此。那些更倾向于会被别人的仇恨或激进主义震惊之人，以及那些被种族或其他形式的仇恨真诚打动的人，也已沦陷，或被俘获。

这种新的生存以及数字消费模式让大多数美国人快乐并分心。今天，老式的电视已经获得增强和提升，被各种样式、各种型号的数字设备上的社交媒体取代——从苹果手表到平板电

① 美国一个博客网站，自称"曼哈顿每日媒体新闻和八卦的来源"。截至 2015 年，该网站每月的访问量超过 2300 万。

脑，从 MacBook Air 和 Mac Pro 到巨屏电视，甚至超大屏幕电视①。所有这一切，都被用于安抚大众，确保他们没有多余的时间或注意力来质疑反叛乱本土化。

之后，这一切都被反馈给全面信息感知。政府机关、社交媒体、硅谷以及大型零售电商和公司携手打造了一个令人着迷的新数字时代，让我们将自己和我们所做的一切暴露在政府监控中，而且它有助于分散我们注意力，为我们提供娱乐。各种社交媒体和真人秀节目消耗和转移着我们的注意力，让我们免费地交出自己的数据。大量让人上瘾的数字平台——从 Gmail 邮箱、脸书和推特，到油管、网飞、亚马逊 Prime 付费会员制、照片墙和色拉布，以及现在的《宝可梦 GO》——让我们分心，暴露所有最私密的信息，目的就是为商业和情报机构的新算法提供素材，同时为了纳入观察名单和投送商业广告而对我们进行侧写。

为了理解美国民众是如何在这个新的数字时代中被安抚的，更深入地分析信息与数据是如何深刻且无意识地塑造我们一事就变得重要起来。事实上，无论是唐纳德·特朗普吸引眼球的狂妄，还是《宝可梦 GO》带来的愉悦，这些新形式的娱乐都塑造了我们的思维和情感。它们以一种深刻的方式塑造了我们更深层次的自我——一种让我们沉醉、容易受骗和顺从的方式。这些新的痴迷钝化了我们的临界危机感。

这里有个很好的例子，能够说明这些新的数字分心方式如何塑造我们。几乎是在不知不觉之间，一个名叫"该死的，丹

---

① 原文为 Jumbotron，多指室外或体育场所的超大显示屏幕。

尼尔!"现象就出现在互联网上。你可能已经将其忘掉了——这
也是这些飞逝而过的病毒式传播事件的奇异性之一。它们消耗
我们所有的注意力,然后突然消失,在下一个流行的咒语中被
人遗忘。"该死的,丹尼尔!"在 2016 年 2 月爆发,并像病毒一
样流传开来。这个视频是用一部 iPhone 上的色拉布应用软件拍
摄的,画面中一个年轻人,丹尼尔·劳拉(Daniel Lara,当时
14 岁)一连几天出现在镜头中,展示着他时尚的鞋子。每天每
次,视频都笼罩在一个趾高气扬的画外音中,说道:"该死的,
丹尼尔!"在某些特定(视频)片段中,丹尼尔穿着特别鞋
子——白色范斯懒人鞋(slip-on Vans)——画外音则说道:
"该死的,丹尼尔!穿着白色范斯鞋再来一次!"

这个只有 30 秒长的短视频公开于 2016 年 2 月 15 日,在几
天内就病毒式地传播开来。2016 年 2 月 24 日,当视频中的两个
男孩——丹尼尔·劳拉和画外音的约书亚·霍尔茨(Joshua
Holtz,当时 15 岁)——受邀参加《艾伦秀》(*The Ellen
Degeneres Show*)时,视频浏览量已达 4500 万次。[14]这两个男孩
因为这个所谓魔性的"该死的,丹尼尔!"模因而一夜成名
(今天你还可以在网络上看到这个视频[15])。几天之内,根据这
个模因而来的歌曲及其混音版都被编写和制作出来了。小壮举
乐队(Little Feat)① 与蒂伊和勒布朗(Teej & LeBlanc)用这个
模因编了一个饶舌音轨,借此提出了种族以及白人特权问
题。[16]另一位艺术家,苏赫梅杜(Suhmeduh)也制作了一个更
受欢迎的技术混音版。[17]就连贾斯汀·比伯、坎耶·维斯特和
金·卡戴珊这样的顶尖名流也开始故意显示自己的白色范斯鞋,

① 原文为 Rappers Little,根据油管视频中相关作者信息,应为 Little Feat
乐队。

192

拿着这个模因即兴发挥地玩梗。[18]2016 年 2 月 25 日的《纽约时报》——是的，就连《纽约时报》都为此撰文——称这个视频"最近在互联网上引起轰动"，并报道丹尼尔"说他去商场或游泳都会有粉丝要求与他合影或向他求婚"。[19]

在视频发布仅仅 12 天后，2016 年 2 月 27 日，人们就很难跟上模因所带来的所有余波了——无论是正面（艾伦为丹尼尔终身供应范斯鞋）还是负面（比如约书亚·霍尔茨就遭到打压）。[20]虽然很容易将其斥为"娱乐性胡说八道"而弃之于不顾——《纽约时报》讲述互联网现象的文章正是如此开场的，将其描述为"从互联网上娱乐性胡说八道的神奇泥潭中诞生的一个模因"——但还有许多事情正在伴随着"该死的，丹尼尔！"这个模因一起发生。

193　　　比如，视频本身就产生了消费价值。在视频中，丹尼尔几乎每天都故意展示一双不同的新鞋，高潮就是他穿着的白色范斯鞋。据《纽约时报》报道，虽然目前还不清楚范斯这家鞋业公司是否插手了这一现象，但它肯定在商业上受益。该公司不可能制造出比这更有效的商业广告了。整个现象就集中在这些白色范斯鞋的消费和商业化之上，仅是伪装在一个流行玩笑的表皮之下。

模因也有着明确的种族维度。这是一部由加州里弗赛德（Riverside）的一所白人高中的白人男孩拍摄的视频，里面有着所有被视为白人特权的元素：阳光、金钱、时尚、金发的白人男孩。饶舌歌手小壮举乐队与蒂伊和勒布朗在他们拍摄的视频中明确了种族层面的问题，暗示黑人小孩可能不会这么容易就侥幸成功，他们围绕此现象的种族与性暗示来说唱。"穿着白范斯鞋再来一次。穿着黑范斯鞋再来一次（……）黑色针线的黑色帆布与白色开衩裙。”对这些说唱歌手来说，白色范斯鞋象征着白人特权。“穿着范斯，他们是洁碧先生（Mr. Clean）。”[21]

但请注意，所有这些种族和消费主义的政治维度都埋藏在娱乐之中，被隐藏起来，尽管与此同时，我们通过令人成瘾的上网、点击和下载的过程而将其内化了。截至 2016 年 2 月 22 日，也就是视频发布 7 天后，这个视频在推特上有 26 万条转推和 33 万个“喜欢”。截至 2016 年 2 月 27 日，油管上正式版本浏览量接近 150 万次，有 13617 个“喜欢”。该模因——包括其所有隐藏的信息和政治寓意——通过一个包括数十万个“喜欢”和数千万“分享”、“关注”和“点击”的过程，秘密地塑造了它的观众。它富有感染力，并且转化为一种生活模式，一种有着游泳池、白色范斯鞋、游泳队和女孩们的生活的格调。

照片中不是如此吗？围绕这些白色范斯鞋是如何被生产出来，并以它们自己的方式抵达里弗赛德高中泳池畔的政治经济，抑或是年轻黑人青少年在他们高中时受到的差别待遇，又或是贫富差距和居住隔离的方式产生的全白人公立高中，又或是与位于市中心学校的日常生活体验形成的对比，所有这些政治问题，都在模因的快乐和吸引中被忽略了。

反叛乱本土化的第三个环节也许是最为重要的，因为它针对的是最有价值的军事和政治目标：普罗大众。而在今天，在这个阐明性社会中，新算法和数字广告推送方法已经将操纵和宣传推动到新的高度。我们正在政府的鼓励下，在跨国公司和社交媒体的诱惑下，尽可能地暴露和表达自己，留下让政府和企业能够用来对我们进行侧写的数字痕迹，然后尝试相应地塑造我们，让模范公民从我们所有人中脱颖而出——这意味着一种顺从的、被吸引的消费者。这里的治理范式是疯狂地鼓励数字化活动——从某种意义上说，这正是俯首听命的反面——以便将这种活动引导到正确的方向：消费、政治被动和规避激进的极端。

我们正在见证的是一种新的数字沉醉形式的出现，它塑造了作为主体的我们，削弱我们的临界危机感，让我们分心并安抚我们。我们在手机和电子设备上花了如此多时间，以至于我们几乎没有任何时间抽身去学校或工作，更不用提政治行动主义了。结果到头来，思考这一切的正确方式并非通过驯服的视角，而是要通过沉醉的框架。用正确的方式来理解这一点至关重要，因为打破这种沉醉是了解反叛乱统治如何更广泛地运作的关键。此外，对驯服的关注——沿用旧的规训风格——很可能导致我们将关注投入过时的自上而下宣传。我们需要考虑到，本土化的反叛乱不仅仅是它对我们做了什么，更重要的是，也让我们选择参与其中了——而我们是可以选择不参与的。

我们已经预见到反叛乱的本土化。事实上，那些在20世纪50年代和60年代发展出现代战争的法国军官很快就意识到，反叛乱的这些原则和教义在处理殖民地冲突外还能有更广泛的应用空间。罗歇·特兰基耶很早就察觉到叛乱战争蕴含的本土化意味。特兰基耶警告说："经过了在印度支那的试验，并在阿尔及利亚得到完善，（革命战争）会导致胆大妄为的行动，甚至是对法国大城市的直接攻击。"他甚至暗示法国共产党可能会助长国内的恐怖主义，可能导致"少数有组织、训练有素的行动人员将在法国大城市实施恐怖统治"。乡村和"丘陵地区，如法国中央高原、阿尔卑斯山，或布列塔尼”将更容易陷入叛乱。“战争将在城市以恐怖主义的方式，在乡村以游击队的方式开始，”特兰基耶如是警告他的法国同胞说，“这是一种现在众所周知，可以在任何时候解放出来对付我们的简单的革命机制。”[22] 现代战争似乎可以从殖民地无缝地流向祖国，因此祖国也需要反叛乱。

历史学家彼得·帕雷特也预见到反叛乱范式的本土化。1964 年，他就告诫他的读者“不要忽视这些革命战争，也不要忽视这些在纯粹军事以外的领域的影响”——他明确提到了政治领域和国内情况。事实上，接下来帕雷特就指出，新战略对“法国从军事层面到政治层面”都造成了影响。[23]

差不多在帕雷特撰写反叛乱著作的同时，米歇尔·福柯于 1971 年到 1972 年在“刑罚理论与制度”的讲座中，发展了他有关国内执法的想法，更概括地说，是公民社会中的权力关系能被映射到内战模式之中。以 1639 年被红衣主教黎塞留和他任命的代理人，首席大法官皮埃尔·塞吉耶血腥镇压的诺曼底农民起义为例，福柯演示了当时如何出现了一种镇压的权力模式，或者说是一种被他称为镇压性的国家司法机器的模式。该模式并非纯军事亦非纯财政——而军事或财政模式正是中世纪的国家机器的一般形态——黎塞留和塞吉耶的镇压战略导致一个新的结合军队和民事的执法机制出现了。这种镇压性的国家司法机器将发布军事命令的权力据为己有，又攫取了民事中给予惩罚的权力。它破坏了军事和民事之间的所有界限，同时将自己置于两者之上。

福柯暗示说，这种新的镇压性统治形式，必须通过内战的本土化和延伸的角度来理解。福柯对战争矩阵（war matrix）的

196

接纳，受到他与"无产阶级左翼"（Gauche prolétarienne）① 的毛主义运动接触的影响。在与毛主义叛乱理论的对话中，福柯情愿推翻克劳塞维茨的著名格言，认为与其说战争是政治另一种手段的延续，不如说政治是战争另一种手段的延续。几乎是在同时，彼得·帕雷特提出："充分认识克劳塞维茨那句关于战争和政治相互作用的著名格言，是现代游击行动成功的关键。游击队的战斗动机至少部分是政治性的——或者用另一种方式说，是意识形态性的。"[24]

反叛乱本土化是战争与政治的结合。这个结合正是我们今天在美国所要面对的。小布什总统在"9·11"事件后立刻宣布全国进入紧急状态，短短几个月后，他便宣称"反恐战争引领了一种新的范式"。[25]在当时，这个新范式还限于军事术语的框架内。然而，它已远远超越了战争法。随着时间的推移，它已发展成为一个成熟的统治范式。

①　法国的一个毛主义左翼组织，存在于 1968 年至 1974 年。

第四部分
从反叛乱到反革命

第 11 章　反革命的诞生

早在 20 世纪 60 年代现代战争肇始时，美国本土就已有将反叛乱战略实践于国内的案例。但直到"9·11"事件以后的岁月里，反叛乱在国内的部署才在系统性和普遍性两方面渐渐达到了一个高潮。这种范式经过完善和系统化，如今已经进入一个新的阶段：对**并无实际叛乱或活跃少数群体**的国内民众进行全面和系统化的本土化反叛乱。这个新阶段也就是我所说的"反革命"。

反革命是统治美国公民的新范式，它模仿了殖民反叛乱战争，尽管在国内并没有任何起义。它针对的不是反叛的少数群体——因为这在美国压根就不存在——而是制造出有一个活跃的少数群体的错觉，然后借此得以部署到特定群体和社区之中，并在反叛乱战争模式的基础上统治着全体美国民众。它通过三个主要的现代战争的核心战略来运作，这些战略适用于美国人民，可以概括如下：

1. **有关全体美国民众的全面信息感知**：在美国，有一个精英群体在收集、监控和挖掘我们所有的个人通信和信息。这些自封的领导人——白宫和五角大楼的高级官员，情报机构和警察部门的头头，国家安全机构和国会情报委员会的成员，社交媒体，私人保安，以及像谷歌、微软或脸书这种科技公司的高级 CEO 们——可谓"反革命的一小撮"了。他们担当起保护人的角色，通过棱镜和溯流、第 215 条和清真寺监控等项目，社交媒体和数据收集等方案，建立了一个针对全体美国民众的全面信息感知系统。通过收集和分析所有国内外数字化痕迹，他们获得了知道所有人和所有设备上的所有内容的能力。

2. ……为了在国内挖掘出一个活跃的少数群体：除了针对阿富汗、伊拉克、也门和其他海外地区有嫌疑的敌人外，这个自封的"反革命一小撮"还试图识别和针对美国境内活跃的少数群体。在这个过程中，它还捏造了一整个无组织、定义不明确的活跃少数群体，根据他们感受到的威胁对该群体进行界定，不过通常包括了美国穆斯林和墨西哥裔美国人、抗议警察者、非裔美国人和拉丁裔社会活动家，以及其他以有色人种为主的主要群体。这些假定的内部敌人进而成为被遏制和可能随时以最有效手段被消灭的目标：通过过度军事化的治安，对清真寺和穆斯林社区的监视，对抗议者的逮捕和预防性拘留、单独监禁、青少年拘留、监禁和驱逐以及对学生团体的渗透等手段。

3. ……以及赢得美国人的民心：同时，这些"反革命一小撮"致力于安抚和平息普通民众，以确保绝大多数美国人得以保持原貌：平凡的美国消费者。他们鼓励并推广着一个丰富的新数字环境，其中充满了油管、网飞、亚马逊 Prime、推特、脸书帖子、照片墙、色拉布和真人秀电视节目。这个环境耗散了人们的注意力，同时数字化地收集个人数据——而且有时给人推送增强的内容。他们直接对易受影响的用户进行数字宣传。他们对恐怖分子嫌疑人实施酷刑或在海外屠戮自己国家公民的意愿让大众感到畏惧和震惊。最后，成功的关键是他们让普通民众娱乐、分心、入迷和得到安抚——给我们提供新式的"面包和马戏"。

这三项关键战略如今成为国内统治的指南，正如它们指导海外的军事和对外事务一般。今天出现的是一种全新迥异的统治艺术。它构成了一个连贯的整体，其核心是一个由白宫、五角大楼和情报官员、国会高级成员、外国情报监控法院法官、安全及互联网领导者、警察情报部门、社交媒体公司、硅谷高管和跨国公司组成的安全机器。这是一个松散的网络，有时相互协作，有时相互竞争，通过收集和挖掘我们的数字数据来施加控制。数据控制已成为主要战场，而数据则是首要资源——可能是当今美国最重要的资源。

这个安全机器通过了解我们所有人的一切而茁壮成长，并通过我们自己的欲望、分心和嗜好而将我们吸引。它执行的是一套简单的指令：用全面监控来实现充分和完美的了解；用单独监禁、青少年拘留、治安军事化和机器人炸弹来消灭激进的少数群体——所有这些都旨在让美国民众感到安全和有保障，并确保我们进行消费而不是去同情那些被针对的人。

在这种新统治模式下涌动的反射和回音，是一种从早期反叛乱理论继承而来的紧张关系，一种存在于残暴性和合法性之间的紧张关系：它存在于实施水刑管理与法律酷刑备忘录之间，存在于针对美国公民的海外暗杀与长达 41 页论证这种杀戮正当性的备忘录之间；存在于对穆斯林社区的人种测绘与法院批准的政治活动调查准则之间；存在于对地下通信网络进行秘密电缆编接窃听与外国情报监视法院之间。这种继承而来的紧张，依然贯穿在我们新的统治风格中，尽管今天它基本上已经通过使残暴性合法而得到解决，而这种解决手法不是依靠创造出一个临时的例外状态，而是通过反叛乱主题的变体来使其了结。

小布什总统在"9·11"事件发生后不久首次宣布的"新范式"，如今已经收获成果。它耐心地挖掘奠基，如今回到了老

202

巢。今天，它构成了统治自己公民的新艺术。无视一切预言，驳回历史进步，就像一只仅在最终准备好推翻旧政权才会露面的历史老鼹鼠①一般存活下来，又钻出地壳。[1]这种新的统治模式没有时间期限，没有日落条款（sunset provision）②。它的特点就是专横的暴力逻辑。在国外，是被电视广泛报道的最极端派别的暴力行为——ISIS 的斩首；在国内，是有选择的关于所谓活跃的少数群体的骚乱和抢劫的视频——无论是在巴尔的摩、密尔沃基、弗格森，还是在伦敦，或巴黎的郊区。这是有针对性的无人机空袭及特别行动、充满折磨的审讯，以及警察和州政府在国内的暴力和军事化反应。这些暴力并非例外或反常，它是将残暴性与合法性相协调的新统治范式中不可或缺的组成部分。

很显然，涉及在国内使用反叛乱技术的事件出现于 20 世纪 60 年代，即针对黑豹党所应用的那些现代战争手法；在 20 世纪 70 年代，出现在监狱骚动的情况中；在 20 世纪 80 年代和 90 年代，则出现在对付诸如"行动"和大卫教派这些各式各样的抵抗运动中。但今天让反革命成为全新且独一无二的，是那些已经被完善和被系统化、适用于全国各地的方法，而且更重要的是，在没有任何国内叛乱或革命的表征之时，它就已经获得主导权。如果再加上新数字技术让更强大的监视形式和远程遥

---

① 老鼹鼠典故出自马克思的《路易·波拿巴的雾月十八》。文中引用《哈姆雷特》的名句"干得好，老鼹鼠！"来讽刺路易·波拿巴。

② 日落条款，又称落日条款，指的是法律或合约中订定部分或全部条文的终止生效日期。通常订定日落条款的目的是在该条文终止其效力前有缓冲期，可先行准备及实施相关的配套措施。与日落条款相对应的是日出款，指的是法律或合约中订定部分或全部条文的开始生效日期。

控军事力量成为可能，还有反叛乱逻辑的系统性和普遍性——当你把这些要素都放在一起时，那么很明显，在早先和如今的反叛乱之间，两者不仅在种类上有差异，在程度上也相去甚远。现在，我们在美国以不同的方式统治自己：不再通过如新政或反贫困战争这样的全面社会项目，而是通过针对一个虚幻对手进行外科手术式反叛乱的策略。本土化的强度是前所未有的。

可以肯定的是，当 ISIS 对外界播放斩首无辜人质的录像时，或宣称对巴黎、贝鲁特和伊斯坦布尔恐袭负责时，或当"基地"组织袭击双子塔造成近 3000 名无辜受害者死亡时，反叛乱方法似乎比以往任何时候都显得更有必要。而当反叛乱战略被用于针对马丁·路德·金博士这样的个人或像学生争取民主社会组织（Students for a Democratic Society，SDS）这种学生社团，或全国律师协会（National Lawyers Guild）这样的组织时，感觉可能就不同了——因为这些人和组织备受他人钦佩。在这种情况下，国内反叛乱的想法似乎根本不恰当，因为其本身就值得被批评。不过今天情况看上去似乎不同：难道仅斩首行动还不能让人要求更积极的反叛乱干预吗？

答案就是，**海外**敌人——意图残酷地杀害美国公民、西方人和其他人的外国敌人——的存在，尚不足以成为在这个国家无中生有地创造出一个活跃的少数群体的理由。它没法保证制造出内部敌人。即便在美国本土之上有极少数男女会造成恐怖主义破坏，这也并不构成叛乱。（这里我指的是在同美国平均每天发生的有 4 名或 4 名以上受害者这种普通的多受害者枪击事件对比之下，还被媒体称为国内恐怖主义袭击事件的那种恐怖主义。）[2] 在过去大部分时间里，这些在美国土地上制造恐怖主义破坏的男男女女都是些不稳定的个人，他们倾向于激进的伊

204

斯兰教——或激进的基督教，或是三 K 党之类的东西——因为
这些思想和组织代表了最前沿和最具威胁的边缘势力。实际上，
某些极端暴力的个人正是用伊斯兰教激进派别（和基督教激进
派别）的话术来表达他们的暴力行为，因为这种话术最能受到
关注，并在公众中最大限度地制造恐惧。但是，少数不稳定、
独狼式、极端暴力的个人与活跃的少数群体之间有着重要的区
别。当然，在字面意义上少数个人也属于少数群体；然而，他
们不会必然地——如同反叛乱理论对他们设想的那样——组成
一个有组织和共同目标的团体。试图将他们定义为叛乱或活跃
少数群体，实际上就是将本不存在的事物强行捏合为一个统一
体——并且是以政治上的危险作为代价。

反叛乱，围绕其三方体系（活跃少数群体、被动大众、反
革命少数）和三方战略（全体感知、消除主动少数、安抚大
众），成了一个有着深刻反效果的自证预言①，它让人激进，进
而反美。当它表现得越残忍时就尤其如此，就像穆斯林禁令、
水刑或关塔那摩的无限期拘禁所做到的那样。来自阿布格莱布
监狱的画面、无人机造成的伤亡、审讯穆斯林时的酷刑等这一
切行为，在海外助长了激进化，并在国内催生了异化。这一
事实，绝非为任何恐怖主义行为或斩首开脱，但的确应迫使
我们采用不同的做法，因为无法逃避的现实告诉我们，我们
每个人都不可避免地被卷入了这个打造我们所处的政治环境
的过程之中。

205

---

① "自证预言"（self-fulfilling prophecy）是美国社会学家罗伯特·默顿
（Robert Merton）提出的概念，是指一个先入为主的判断，无论它的科学性
和准确性如何，都会直接或间接地影响人们的认知和行为。

反叛乱战略播下了冲突的种子。正如前副国务卿理查德·斯滕格尔（Richard Stengel）[1] 在《纽约时报》上所解释的那样："'伊斯兰国'不仅仅是一个恐怖组织，它是一个理念。其号召口号是，西方对伊斯兰教怀有敌意，每个好穆斯林都有义务加入哈里发国[2]。"[3] 因此，助长美国对伊斯兰教的敌意的战略，导致了极其严重的反效果。为了打击海外极端分子和防止国内的叛乱，反其道而行之是有必要的。美国人需要展示他们的真实情况：他们是一个由移民、奴隶以及土著组成的民族，成长于宽容和接纳，并且通过自己的移民同世界的每一个国家、信仰和宗教紧密相连。这种做法不仅在道德上是正确的，也有利于外交政策的实施。正如斯滕格尔所写："为了击败激进的伊斯兰极端主义，我们需要我们的伊斯兰盟友——约旦人、阿联酋人、埃及人、沙特人——并且让他们相信（'激进的伊斯兰恐怖主义'）不公平地贬低整个宗教。"

当然，"9·11"事件确实是由个别来到美国并在此生活的穆斯林所制造的，其中有些人已经被查明并正在被跟踪（尽管有关他们的情报没有被恰当地分享）。仅就这些事实而言，它们的确唤起了对任何被怀疑和恐怖分子有联系者的高度警觉，但这肯定不是要求将所有穆斯林——无论是海外的还是在美国本土的——都当成潜在的活跃的少数群体。反叛乱本土化让成千上万的美国人都成为潜在的敌人。这是在虐待我们的同胞和邻居。这实际上是让人们疏远，而不是让伤口愈合。这是一个错

206

---

① 2004 年至 2006 年担任国家宪法中心的行政长官，2014 年至 2016 年担任奥巴马总统的公共外交和公共事务副国务卿。

② 哈里发国是理论上政教合一的泛穆斯林帝国，由哈里发统治，实施伊斯兰教法。

误的反应。反革命看到的是一个其实压根不存在的活跃的少数群体。

这些困难而微妙的问题，需要被仔细地加以考量。确实，有些人试图在美国本土和海外实施恐怖袭击，还取得了成功。制止这些袭击的努力至关重要，而且完全合法。但是，这肯定扯不上用反叛乱逻辑来统治我们自己以及世界其他广大地区，因为这种逻辑已经被证明弊大于利。事实上，反叛乱的既往战绩可谓一塌糊涂——在所有地方它都失败了：印度支那、阿尔及利亚、马来亚、越南。在伊拉克和阿富汗，我们经常被提醒：除了暂时的大规模增加地面部队之外基本毫无进展。在伊拉克的战争和反叛乱战争中，美国投入了超过 1 万亿美元，失去了近 5000 名美国公民，战争还导致超过 12.5 万人直接伤亡，以及超过 65 万人间接丧生：这是一次失败的反叛乱战争，最终只是让伊朗和私人承包商受益。[4]反叛乱在少数群体激进化、暴行永久化和制造社会分裂方面发挥着自己的作用，成了一种危险的统治模式。从历史上看，反叛乱战争在战略上是无效的，在政治上具有破坏性，在道德上是可怕的。虽然这并不意味着我们无须保持警惕及防范恐怖主义袭击，但这的确意味着我们必须抵制对外事务中的反叛乱做法，以及国内的反革命。

对世界贸易中心的袭击和 ISIS 的斩首是肆无忌惮的暴行。但是，正是因为我们感到如此自以为正义——而且事实恰是如此——所以我们才面临着一个有着过度延伸及接受具有破坏性后果的简单解决方案的最高风险。当我们感到在道义上是如此确凿之时，事情就会失控，我们会忽略对无辜男女和儿童的附带伤害，将整个社区变成内部敌人。这些现代战争战略实际是在给政府试图找到并消灭的那些海外敌人提供帮助，并且在国内制造出一个伤害并离间了数百万美国人的虚幻的叛乱幽灵。[5]
反革命必须终止。

然而，我们正在朝着刚好相反的方向前进。随着特朗普当
选总统，美国接受了最残酷的反叛乱战争。就在竞选过程中，
唐纳德·特朗普发誓要强化酷刑，增加国内监视，并会针对这
个国家的穆斯林、墨西哥裔美国人和其他少数族裔——总而言
之，就是加速和扩大国内外的反叛乱。

在上任的头几个月，特朗普总统就升级并加快了各方面的
反革命步伐。特朗普总统火上浇油地颁布行政命令，禁止来自
伊斯兰国家的美国居民旅行，发誓在南部边境修建隔离墙，并
承诺要让关塔那摩监狱再次塞满犯人——包括美国嫌疑人。其
中穆斯林禁令尤为臭名昭著且适得其反，因为它恰恰将大批人
推向 ISIS 招募策略的怀抱中。正如理查德·斯滕格尔迅速报告
的那样："'伊斯兰国'将其称为'祝福禁令'，因为它支持了
'伊斯兰国'关于美国憎恨伊斯兰教的立场。命令中给予基督
徒优惠待遇的条款将被视为证实了'伊斯兰国'的'启示录'
故事，即伊斯兰教正与基督教十字军进行一场决死之战。穆斯
林游客在美国机场被拒之门外的画面，只会激怒那些企图伤害
我们的人。"[6]

穆斯林旅行禁令代表了特朗普将穆斯林当作一个活跃少数
群体的决心，总统很快在他的内阁中安插了反叛乱斗士。特朗
普将詹姆斯·诺曼·马蒂斯（James Norman Mattis）将军任命为
国防部部长，而后者正是彼得雷乌斯将军那本反叛乱战地手册
的亲密合作者和贡献者。彼得雷乌斯很早就与马蒂斯有接触，
早在伊拉克时，他们就在一些事情上有过交集。在 2003 年领导

对伊拉克的入侵后，马蒂斯作为海军陆战队指挥官，在反叛乱
方面积攒了丰富的经验，对彼得雷乌斯产生了重大影响。[7]2017
年 2 月 20 日，特朗普任命另一位反叛乱支持者来担任他的国家
安全顾问：陆军中将 H. R. 麦克马斯特，一位在现代战争方面
有着专业知识、备受尊敬的军事战略家。[8]麦克马斯特负责过据
称是伊拉克战争中最大的反叛乱胜利之一，即前面提到的 2005
年保卫伊拉克北部泰勒阿费尔之战，彼得雷乌斯将军的战地手
册中曾详细叙述了此战。事实上，正是这次特殊的反叛乱成功
给彼得雷乌斯带来了重量级的影响。他从中汲取经验，一方面
在理论上形成了他的现代战争问题风格；另一方面，2007 年他
在伊拉克负责指挥时又将这些经验用于实践。麦克马斯特将军
出版了题目为《玩忽职守的责任：林登·约翰逊、罗伯特·麦
克纳马拉①、参谋长联席会议以及导致越南战争的谎言》
（*Dereliction of Duty*：*Lyndon Johnson*，*Robert McNamara*，*the Joint
Chiefs of Staff*，*and the Lies that Led to Vietnam*）的博士论文，这
是对参谋长联席会议在越南战争中未能与约翰逊总统和麦克纳
马拉对抗的猛烈批评。他还对小布什总统发动伊拉克战争的方
式持批评态度，称政府没有为"一个符合我们切身利益的可持
续的政治性结果"制订计划，导致"这两场战争都复杂化
了"。[9]对麦克马斯特来说，政治层面而非军事层面才是关键，
这也是反叛乱范式的一种经典反映。2017 年 7 月 28 日，特朗普
总统将另一位反叛乱战士、曾出任数月的国土安全部部长、退
役将军约翰·凯利（John Kelly）提升为白宫幕僚长。这么一

208

---

① 林登·约翰逊（Lyndon Johnson）和罗伯特·麦克纳马拉（Robert
McNamara）为 20 世纪 60 年代美国决定发动越战时的总统和国防部部长。
麦克纳马拉对越战的反思和辩护可见其著作《回顾：越南的悲剧与教训》。

来，一个经过考验和真正反叛乱的专业人士班子正主持着白宫的所有行动。

特朗普总统的第一个预算提案实际上就通过了反叛乱战略，提案将大幅增加非常规军费开支、建造南方边境墙的资金同急剧削减难民和社会开支结合起来——实际上就是说只提供"基本服务"。特朗普提议，在 2018 年国防开支增加 540 亿美元，即提高 10%，并在未来 10 年为国防预算提供 4690 亿美元的可供自由支配资金。用特朗普自己的话说，他试图达成"美国有史以来最大的国防开支增长之一"。他拟定的预算中还包括用于加强边境安全，在与墨西哥接壤的边境动工修建隔离墙，以及阻止移民入境的 26 亿美元款项。特朗普提议砍掉一些社会项目，如医疗补助和医疗保健服务（未来 10 年下降 23.3%）、补充营养协助计划①（即以前被称为食品券计划的项目，下降 25.3%）、难民项目（下降 74.2%）；并大规模取消了其他许多项目，如美国服务队②、老年志愿队③和美国志愿服务队④这样的全国性服务项目——实际上，就是将社会项目和基本服务削减到基本必需水平。[10]

① 补充营养协助计划（supplemental food assistance，SNAP），即食品券计划，该计划每月会提供购买营养食品的补助。符合条件的人可获得一张借记卡，用于购买食品杂货。

② 美国服务队（AmeriCorps）是由美国联邦政府、基金会、公司和其他使成年人参与公共服务工作的捐助者支持的自愿公民社会计划，其目标是"帮助他人并满足社区的紧急需求"。成员承诺担任由非营利性社区组织和公共机构网络提供的全职或兼职职位，以完成教育及公共安全、保健和环境保护领域的任务。

③ 老年志愿队（Senior Corps，又称老年志愿服务计划），克林顿总统任期的政府机构，使命是为社区中的老年人提供援助，同时增强社区意识。

④ 美国志愿服务队（Volunteers in Service to America，常被称为 VISTA），于肯尼迪时代成立，1993 年并入美国志愿队服务网络。

穆斯林禁令、反叛乱内阁、预算提案——还有关于在我们的南部边境修建隔离墙、关于关塔那摩美籍被拘留者以及对清真寺进行更多监视的承诺——完美地符合了反革命框架。这些措施首先有助于在美国制造出一个虚构的活跃少数群体，该群体由那些来自伊斯兰国家的常住居民（尽管迄今为止，美国境内发生的恐怖袭击中，还没有任何一起是由来自这些国家的人发动的）以及我们的南方邻居组成。其次，在制造了活跃少数群体并在普通民众中灌输了恐惧之后，这些措施尝试着将这个少数群体驱逐出国家，以铲除和消灭他们。最后，这些措施还有助于证明谁在负责，谁最有意愿和能力保护我们，以及谁在照顾美国人民。这就是完美的反叛乱战略——除了它其实依赖于一个国内的幻影之敌并且在国外助长真正的敌人之外。

今天最大的悲剧——也是最令人担忧的——之一，就是2016 年 11 月，如此之多的美国人明知故犯地接受了反革命，将他们的选票投给了特朗普。在总统竞选期间，特朗普就明确承诺了那些他要在执政初期做出的事情——甚至更糟。尽管如此，他还是被选为总统。

210 　　在竞选期间，特朗普明确表示他准备恢复酷刑。特朗普曾如是保证："我会带回水刑，我会带回比水刑更糟糕的地狱。"他表示打算再次让关塔那摩监狱被填满，并声称如有必要，他还会为了榨取情报而拷打恐怖分子嫌疑人的家属。他说，他之所以接受酷刑，不仅是因为它"有效"，更是因为"即使它不奏效，他们（恐怖分子）也活该受酷刑"。[11]他甚至说，他会把拥有美国国籍的恐怖主义嫌疑人送到关塔那摩接受军事诉讼。

"我在竞选中明确表示，我将支持并赞同使用增强型审讯技

术，如果使用这些方法能增强国家的保护和安全的话，"在
《今日美国》中特朗普如是写道，"尽管这些方法中有许多的有
效性可能存在争议，但当美国人的生命危若累卵时，就应该保
留一切可能办法和手段。敌人正在切断基督徒的头，把他们淹
死在笼子里，然而我们太讲究政治正确而无法还以一种颜色
（……）我会不惜一切代价保护并捍卫这个国家及其人民
（……）有了他们的支持，我们将让美国再次伟大。"[12]

　　在竞选期间，特朗普就指认了一个美国的活跃的少数群体，
事实上他说的不仅包括所有穆斯林，还有无证居民，特别是那
些有过犯罪记录的，以及非裔美国人团体中相当大一部分人，
尤其是那些参加过"黑人的命也是命"抗议活动的人。他说，
美国穆斯林需要相互揭发，而更多穆斯林涌入美国的现象必须
被叫停。至于墨西哥人，特朗普把他们等同于强奸犯："当墨西
哥将他们的人送过来的时候，他们并没有送来他们最好的
（……）他们将很多有问题的人送了过来，他们将这些问题带
给了我们。他们带来毒品。他们带来犯罪。他们是强奸犯。而
有些人，我猜，是好人。"他发誓要驱逐 1100 万无证居民，然
后他说，这将从 200 万到 300 万有犯罪记录的无证居民开始。
他还发誓将会恢复针对少数群体的法律和秩序措施。他甚至全
力支持国家安全局进行更多的监视。他呼吁有针对性地监视美
国的清真寺。[13]

　　特朗普明确警告美国人："我们必须做那些我们从未做过的
事情。"在竞选期间的一次采访中，他强调说："有些人会为此
而烦恼……从有关敌人的情报和对其了解的角度来看，有些事
情必须去做，而我们从未想过这些事会发生在这个国家。"他
说："我们将不得不做一年前还难以想象的事情。"[14]

211

实际上，特朗普是在威胁着向每一条反叛乱准则提出更多的要求：更多的信息感知，更严厉地对待少数群体，以及给人们更多的推特内容和虚假消息。他尽一切可能让主流媒体失去合法性，捏造事实，还帮助传播虚假信息。他接受了针对一个幽灵般少数群体的残忍言论。他采纳了反叛乱范式的政治逻辑——如果不是明确的理论的话。唐纳德·特朗普甚至以最粗俗的方式再现了前文提到的，在恐怖具有的隐藏功能背景下的残酷性与男子气概之间的联系。特朗普对女性进行贬损和暴力攻击的那些臭名昭著的评论被录了下来，他说："当你是一个明星时，他们会允许你做任何事情。你可以做任何事情。搞她们的私处。① 你可以做任何事情。"在另一起事件中，他在嘲笑阿里安娜·赫芬顿（Arianna Huffington）② 时将厌女症和恐同症结合起来，说她"内外都缺乏吸引力。作为一个男人我完全明白她的前夫为什么离开她③——他做了正确的决定"。[15]这些传统的大男子主义的修辞充斥在他的竞选言论中。

尽管如此，依然有超过 6200 万人投票支持唐纳德·特朗普，导致他赢得了选举人团的胜利。这绝非一次不同寻常的选举。2016 年的选民投票率在这个国家是具有代表性的。在大约 2.31 亿合格选民中，约 60.2% 的人参加了投票，即代表约 1.39 亿张选票。这个数字与这个国家的历史投票率一致，几乎正好位于 2012 年（58.6%）和 2008 年（61.6%）的投票率之间，但仍高于 1972 年以来大多数总统选举年的投票率。[16]在所有类

212

---

① 原文为"Grab them by the pussy"，是一种相当猥亵的性骚扰言论。全文出自一则特朗普 2005 年的录音，当时特朗普正作为嘉宾出演一部肥皂剧。

② 阿里安娜·赫芬顿，希腊裔美国作家，创立了《赫芬顿邮报》网站。

③ 阿里安娜·赫芬顿的前夫迈克尔·赫芬顿（Michael Huffington）在离婚后的一次采访中承认自己是双性恋者。

别的白人选民中，特朗普获胜。

他们拥抱反革命，明知故犯地让唐纳德·特朗普被选为总统，这让人痛苦地回想起汉娜·阿伦特（Hannah Arendt）在《极权主义的起源》（*The Origins of Totalitarianism*）中说过的那些令人难以忘怀的话："很明显，大众对极权主义的支持既不是因为无知，也不是因为被洗脑。"[17]

今天，美国反叛乱的全面化和本土化——甚至在没有国内叛乱的表象之际——赢得了它的新标签：反革命。这更加令人担忧，因为它似乎永无止境，正如法学和历史学家塞缪尔·莫恩（Samuel Moyn）① 警告我们的那样。[18] 我们不是像康德设想的那样走向永久和平，而是伴随尼采永恒轮回副歌的回响，走向无休止的反叛乱战争状态。

既然很明显反革命已经到来，而且可能只会变得更加残酷，我们就需要更仔细地研究它，以充分理解它是如何运作的，进而了解如何抵抗它。

---

① 塞缪尔·莫恩，法学和历史学教授，在哈佛、耶鲁、哥伦比亚等大学任教，在现代欧洲思想史，特别是在法国和德国的政治和法律思想、历史和批判理论上有相当贡献。

第 12 章　合法性状态

　　许多评论员认为，我们如今在美国及更广泛意义上西方国家的生活，是处于一种以暂停合法性为特征的"例外状态"。以这种观点来看，我们的政治领袖们暂时搁置了法治，默契地假定一旦政治形势稳定，他们就会恢复他们对自由合法的价值观的坚守。有些评论员则走得更远，认为我们现在已经进入一个"永久的例外状态"。

　　然而，这种观点对反叛乱中一个针对我们的新政治体制更广泛合理性的特别策略——紧急状态——有所误解。它未能领会到我们新的统治模式的更为宏大的野心。事实是，我们的政府尽一切可能使其反叛乱措施**合法化**，并通过与政府律师进行无休止的磋商、极端技术性的法律论证和冗长的法律备忘录，将它们牢固地置于法治之中。这种思路不是搁置，甚至不是临时地搁置法律。它不是在制造例外，不管是字面上还是比喻上
都是如此。相反，具有生命力的核心思想是将反叛乱模式转变为一个完全合法的策略。因此，统治范式不是一个例外的范式，而是反叛乱和合法性**兼具**的范式。

　　可以肯定的是，诸如紧急状态等法律手段正在被积极部署，并且在反叛乱模式中发挥着重要作用。危机和紧急情况都为现代战争实践提供了辩护。小布什总统在"9·11"事件后立即正式宣布进入紧急状态；2015 年 11 月的巴黎恐怖袭击事件发生后，法国总统弗朗索瓦·奥朗德（François Hollande）根据法

国法律正式启动了紧急状态。不那么正式，但更具隐喻性的是美国国土安全咨询系统，用橙色代表具有高风险的恐袭威胁，用红色代表巨大风险的恐袭威胁；"如果你看到了什么，就举报什么"（if you see something, say something）① 公共运动；地铁及火车站的警告记录；在火车站或机场装备着全自动机枪的军事化巡逻人员——所有这些都被用作重要的应急措施。

　　但是，从更宏大、完全连贯构成的反革命的合理性中，区分出那些特定的例外措施也相当重要。这个框架的逻辑并非在规则和例外中择一，也不是非永久即暂时。这不是一个非此即彼的二元逻辑。相反，它是一种使反叛乱实践**合法化**，使它们**正当化**，从而创造出一种完全连贯的**法律制度**的模式——所有这些都建立在合法的信念之上。反叛乱范式完全被一个由法律咨询备忘录、法律顾问办公室的简报、准司法和真司法审查以及顶级律师组成的大网隐藏起来。不是依赖于规则与例外的二元逻辑，而是让所有这些"特殊策略"完全合法。它并非依赖于例外所蕴含的**非法性**，而是基于一种反复出现的形式，一种我们可称为**合法化**（legalization）或者说**合法性**（legality）——这个术语我将会在后面阐述——的形式。

　　当然，人们可以争辩说，完全合法化的反革命会导致出现一种"永久的例外状态"，但这几乎毫无意义——因为例外需要规则——而且未领会我们新的统治范式的首要逻辑。今天的逻辑是以反叛乱战争模式为基础的，其要点是解决反叛乱模式原有的残暴性和合法性之间的紧张关系核心问题。反革命模式解决了这个继承下来的紧张关系问题，并使暴行合法化。关键

215

---

① 反恐战争以来美国国家安全局面向公众的宣传口号。

就在于，我们必须正确地识别和理解新范式的这一逻辑，否则它将会变得无法抗拒。

"例外状态"这一术语所指范围广泛，涵盖各种不同的法律机制，包括紧急状态或戒严状态、军事管制、必要情况，以及国家安全或"国家至上"（raison d'État）的正当理由。所有这些不同的法律形式都有一个共同点，那就是它们代表了普通法律程序的崩坏，以及传统自由主义范式的暂时解除。在自由民主制度中，它们通常要求暂停某些法律规则的实施。

这正如"9·11"事件发生仅三天后，小布什总统就宣布全国进入紧急状态，并发布了第 7463 号公告，标题为《因某些恐怖袭击而宣布国家进入紧急状态》。根据《全国紧急状态法》，该公告授权征召预备役人员恢复现役，并让部署武装部队人员的官僚手续变得更为简易。[1] 与此类似，法国总统弗朗索瓦·奥朗德在 2015 年 11 月 13 日的巴黎恐怖袭击事件后立即宣布进入紧急状态，从而解除了对警察执行搜查、扣押和逮捕的通常的授权限制。鉴于搜查房屋或软禁通常需要地方法官事先批准，而在紧急状态下，这些行为在内政部长命令下即可以被执行。在 2016 年 7 月 14 日的尼斯袭击事件后，法国国民议会将紧急状态再度延长了数月。法国实行了近两年的紧急状态，直到总统埃马纽埃尔·马克龙（Emmanuel Macron）将这些例外措施整合进一般的习惯法。

然而，关于我们已经进入以例外状态为特征的新政治范式的论述，超越了这些严格的合法手段。该论述表明，我们的统治形式自身已经从根本上发生了改变，并且变成了特殊例外——超出了普通法律的范畴。该论述的要点在于，自新政治

216

范式在后 "9·11" 时代得到应用以来，我们已经接受了一个事实：作为一个身处被诸如 "基地" 组织、塔利班及其他恐怖主义组织，以及现在的 ISIS 等非国家形态的敌人所组成的网络威胁的特殊环境之中的国家，需要暂时中断合法常态。这种中断将使美国及其盟国得以采取特殊的军事和政治措施以重建秩序，并最终恢复正常的法治。

当然，现在有些证据支持这一观点。如前所述，在小布什总统宣布有限的国家紧急状态几个月后，他于 2002 年 2 月 7 日宣布 "反恐战争开创了新范式" 时，还创造了一种法律并未承认的新分类："敌方战斗人员"。[2] 这个法外的 "敌方战斗人员" 的类别，无疑暗示了一些重要的东西，新范式的概念也是如此。但我认为，它比单纯的例外框架更广泛和深远。那种框架过于解构化和简单化了。相反，小布什总统的 "新范式" 概念，预示了一些更为复杂、连贯和系统性的东西。它预示了更大的现代战争和反革命范式。

卡尔·施密特（Carl Schmitt）① 是一位同例外状态的概念关联最为紧密的德国政治理论家，他的著作对这一概念的支持者和批评者都影响甚大。施密特本人是强势行政部门和采取紧急措施以应对危急局势的主要倡导者之一。他曾赞成 1930 年 9 月冯·兴登堡② 总统根据《魏玛宪法》第 48 条宣布拥有紧急权力，并为之辩护——正是基于这项紧急权力，纳粹党得以在帝

---

① 卡尔·施密特，德国著名法学家和政治思想家。他的政治思想对 20 世纪政治哲学、神学思想产生了重大影响，他提出了国家法学上的许多重要概念，例如制度性保障、实质法治国及法律与主权的关系。

② 兴登堡一战时为陆军元帅，魏玛共和国时期任总统。1933 年他任命希特勒为德国总理，导致纳粹党正式上台。

国议会（Reichstag）中发起了直接选举①。1933 年 4 月，施密特加入纳粹党后，为发生在 1934 年 7 月 30 日的血腥清洗（即所谓的长刀之夜）的合法性提供了辩护，当时希特勒杀害了数百名政治对手②。[3] 根据他对紧急权力的辩护以及他著作中关于"政治"和独裁的概念③，施密特以著名——或者说臭名昭著——的言论宣称："在危机时刻，元首保护法律免受最糟的滥用，他在作为元首及最高司法权威的职权范畴内，直接制定了法律。"④[4]

在他 1922 年出版的《政治的神学》（*Political Theology*）中，施密特将**主权**定义为"决断例外状态"[5]，将拥有要求实施例外状态的能力称为主权政治权力的必要条件。⑤ 施密特为实施紧急权力的行政主张辩护的根源，可以从他对独裁的偏爱，以及他的政治的对立观念中找到——也就是说，在他看来，政治关系中的决定性因素是辨别朋友与敌人，并尽一切可能让己

---

① 帝国议会原为 1871 年至 1918 年德意志帝国（第二帝国）的下议院，其延续至魏玛共和国（1919～1933）及纳粹德国（1933～1945）时期，这里提到的选举指 1933 年国会纵火案后的大选，该次选举后议会通过《1933 年授权法》，使希特勒实际拥有了立法权。

② 长刀之夜是希特勒为安抚国防军及除去逐渐脱离其控制的冲锋队高层而发动的一次血腥清洗。该事件中原冲锋队领导人恩斯特·罗姆被处决，不少纳粹政权的政敌也被借机处死。虽然德国法律早已禁止以对政权的忠诚为由进行法外处决，但德国法院及内阁依然通过种种办法消除相关障碍，赋予此次行动法理依据。

③ 原文为 the concept of "the political"，这也是施密特法学名著《政治的概念》（*The Concept of the Political*）书名的双关语。

④ 根据纳粹法学家的理论，第三帝国的法律可直接来源于元首，也就是所谓的元首即法律。

⑤ 卡尔·施密特在《政治的神学：主权学说四论》中，重新在法律技术化时代提出主权概念，并且赋予决断思维以巩固秩序之价值。"主权就是决断例外状态"，他引用存在主义者克尔凯郭尔的话说，正常状态什么也说明不了，而例外状态可以说明一切。

方既获得政治利益，又保护自己不受敌人攻击。[6]朋友和敌人之间的关键性区别——或者更确切地说，保持这种敌我对立，充分理解这种区别，以其为行为指导的能力——在施密特为紧急权力辩护的理论中处于核心位置。这种理论也促使他在后来干出诸如从科隆大学赶走他的对手和同事、法学理论家汉斯·凯尔森（Hans Kelsen），并在科隆的纳粹报纸上撰写关于禁止非雅利安人从事某些职业的新条例的文章之事。文中他说："我们正再次学会区分。最重要的是，我们正在学习区分朋友和敌人。"[7]

　　哲学家吉奥乔·阿甘本在其著作，特别是在 2003 年出版的《例外状态》（*State of Exception*）中，追溯了例外状态这个概念的谱系，将其作为"当代政治中政府的支配范式"链回到主权权力之上，但也将其与许多其他必要概念联系起来。有关广泛的例外概念的变体都与拉丁语格言 necessitas legem non habet（"需求之前无法律"①）有关，但在某种程度上，这些概念在指代时多少都有些混乱或不精确。为了厘清这些概念，阿甘本将德语中的"例外状态"（Ausnahmezustand）和"紧急状态"（Notstand）与法国和意大利的法律范畴中的"紧急状态令"和"真实"或"假想的戒严状态"，以及美英法律范畴的"戒严法"或"紧急权力"，还有暂停美国宪法中有关人身保护权的条款联系起来。通过这个谱系，阿甘本强调："今天，例外状态在全球已经达到最广泛部署的状态。"他随后的分析侧重于例外状态的法律规范问题——鉴于在定义上例外状态已处于法治之外，是否还能说其受规则约束？"如果例外状态的特征是（全部或部分）中止

218

---

① 西方谚语，原文为 necessity has no law，常作 necessity knows no law，大意均指在特殊状态下，可不择手段达成目的。

司法秩序，"他质问道，"这种中止怎么能仍然包含于其中呢？"①[8]

阿甘本突出了这个问题的不容忽视性及紧迫性。他强调了"'在我们生活中'的例外状态的紧迫性"。他将小布什总统于2001年11月13日签署的军事命令（该命令允许无限期拘留恐怖分子嫌疑人）和《美国爱国者法案》描述为具有例外状态特征的案例，即在此状态下，被拘留的敌方战斗人员被置于"与纳粹集中营（Lager）里的犹太人一样的法律状况中，而这些犹太人失去了包括公民身份在内的一切合法身份，但至少保留了他们作为犹太人的身份"。[9]在《神圣人》先头的一卷中，阿甘本将集中营——如关塔那摩——和酷刑的使用解释为例外状态逻辑所产生的实例。阿甘本认为，这种例外状态可以追溯到很早，远在"9·11"事件之前，并且它可能很好地定义西方文明的长期历史。对阿甘本来说，这一历史揭示了一个悖论：例外的模式已经成为规则，我们现在生活在一个永久的例外状态中，而这形成了西方政治思想的基础。

施密特和阿甘本的著作让人们对例外状态迸发出兴趣，许多当代思想家都接受了这种构成我们后"9·11"统治新范式的概念。实际上这个概念在正反两面都成了当代政治理论家们争论的主要议题。"例外状态已经变得永久且普遍，"安东尼奥·奈格里（Antonio Negri）和迈克尔·哈特（Michael Hardt）在2005年出版的《诸众》（*Multitude*）一书中写道，"例外已成为

① 阿甘本的意思是说，按照定义，例外状态本身就是指中止法治秩序的非常状态，那么此时法治、合法性都应该是被取消的、无意义的，但实际上所有政府的法律都允许用"例外状态"来实施一种非常态的法治，并且赋予合法性，这实际是一个悖论，即他的质问：这种中止怎么包含于法治之中？

规则，在对外关系和国内事务中普遍存在。"[10] 早在 2002 年，朱迪斯·巴特勒（Judith Butler）就将关塔那摩拘留营描述为"例外"，认为"当（国防部部长）拉姆斯菲尔德说这不是常规情况时（……）他是在暗示，恐怖的特别性赋予了应对恐怖时暂时中止法律的正当性"。[11] 同样地，斯拉沃热·齐泽克在 2002 年警告说："我们正在进入一个和平状态同时又是紧急状态的时代。"齐泽克也将后"9·11"的自由民主社会话术描述为"反恐斗争中的全球紧急状态，让越来越多的法律及其他权利被中止的行为合法化"。齐泽克使用紧急状态的概念依然存在一些模糊性，但仍是最接近施密特理念及紧急权力理念的："我们多元和宽容的自由民主主义依旧深深植根于施密特：他们继续依靠政治上的想象力（Einbildungskraft）来勾勒出一幅有关无形敌人的合适的可见形象。"[12]

其他批评者也将例外状态的概念作为对我们当前政治状况提出挑战的一种方式——有时卓有成效。关塔那摩的律师、社会批评家托马斯·安东尼·德金一直以向一些被拘留者和其他被控犯有国内恐怖主义罪的被告提供免费辩护的方式积极参与了这场反恐战争，他也接纳了例外正是我们这一时代的合适之框架的看法。在德金看来，我们正在联邦法院建立一种基于例外状况逻辑的双层司法系统，这种逻辑可追溯到禁毒和反犯罪战争，而如今就是反恐战争。借着有掠食者危险的幌子，自《联邦 1984 年保释改革法》首次在联邦系统内允许审前拘留起，使用紧急权力的情况就已开始逐渐增加。德金认为，这种新的双层司法系统，原本是为了搜集犯罪和毒品的情报而设计的，但如今被用于筛选国家安全的情报——并且现在变成了联邦司法程序的永久附属物。同样地，社会学家金·莱恩·谢佩尔（Kim Lane Scheppele）教授也认为："自'9·11'事件以来，小布什政府反复调用其在正常法制之外做例外之事的能力，通过赋予其行动军事性的理由，以在国内政策中应对恐怖主义威胁。"她指出，预防性拘留的做法、对恐怖主义及相关活动进行监视和调查的新准则，以及小布什政府"将反恐战争完全纳入行政部门"以绕过国会和法院的尝试，都违背了对内政策中的正常操作程序。[13]

政治观点与此相反的另一些人，像法学者埃里克·波斯纳（Eric Posner）和阿德里安·维默勒（Adrian Vermeule）等为诸如强化审讯、无限期拘留、关塔那摩监狱或其他无限行政权力做法辩护的人，也广泛借鉴了卡尔·施密特的著作及其政治例外论概念。加州大学伯克利分校教授柳约翰及一些酷刑备忘录的撰写者，同样援引了例外的概念，为行政权力的强化而辩护，当他们为那些被其他人称为酷刑的做法辩护时，则一头转向"紧急状态"的概念。[14]

在这两极之间，有些自由派思想家也接受了例外状态的概念，尽管他们的主要目的是寻求控制它的方法。例如，法律和政治理论家布鲁斯·阿克曼（Bruce Ackerman）就呼吁建立一个宪政体制，可以"允许采取短期紧急措施，但要与永久性限制划清界限"。阿克曼指出，"紧急状态让政府拥有了在生死攸关的斗争中为生存而采取非常措施的能力"。他认为，"我们必须从像卡尔·施密特这样的法西斯思想家中""拯救紧急权力的概念"，并且"将紧急状态视为一种重要的工具，它能在短期内保证公众的安全，又不会对自由和法治的基本承诺造成长期损害"。[15]

例外状态的讨论主导了理论界的对话，也渗透到更为广泛的公众对话中。2012 年，美国有线电视新闻网热门节目《法里德·扎卡利亚的环球公共广场》（*Fareed Zakaria GPS*）主持人、独立公共知识分子法里德·扎卡利亚在《华盛顿邮报》上强调："11 年来，美国一直处于战时紧急权力运作的状态中，而这来源于 2001 年的《军事武力使用授权书》。"他补充说："这已经比美国在内战、一战和二战中的时间总和还要长。"[16]《哈珀斯杂志》（*Harper's Magazine*）撰稿人斯科特·霍顿（Scott Horton）在一篇题为《例外状态：布什对法治的战争》的文章中指出，"'9·11'事件后美国的经历与施密特－本雅明之间的对话颇有一些值得关注的相似之处"，"这一时期的美国行政官员巧妙地利用了施密特的理论"。[17]霍顿指出的事实是，作为施密特批评者的瓦尔特·本雅明（Walter Benjamin）① 在他 1940 年的《历史概念》（*On the Concept of History*）中，试图用一种解放革命的方式来还原紧急状态的这个概念。他和阿甘本一样，也认为"我们生活的'紧急状态'不是例外，而是规则"，但他明确反对施密特，主张将例外状态用于**反纳粹**之中。本雅明写道："我们的任务就是将真正的紧急状态"用在"反法西斯斗争中"。在阿克曼的著作中，人们同样可以感受到这种本雅明式的逆转。② 同样地，还有一些人也把例外的概念作为分析我们当代的主要框架。[18]

　　从例外状态的角度来解释的话，那些全面监视，包括针对美国公民的无人机袭击、酷刑和单独监禁等极端做法，在这一特殊的历史关头都必须作为**例外但必要**的手段而被正当化（或

---

① 瓦尔特·本雅明，德国哲学家、文化评论者、折中主义思想家。
② 指承认紧急状态的危害性，但主张将其用于反法西斯斗争。

不能），它们会因其**必要但临时**的性质而成为恰当的（或不恰当的）做法，但它们被预判为最终会消逝，美国能够回归到更为通常的自由民主的做法上。[19] 阿甘本关于**永久**例外状态的想法让这种想法更进一步，但它一旦成为规则，那么在同时就削弱了例外的定义要素。尽管就大多数情况而言，例外状态以异常且**暂时**的情况呈现。比如，法国解除了通常对警察执行搜查、扣押和软禁的授权限制，被认为是具有正当理由且必要的法外措施，对重建秩序和恢复普通公民自由至关重要——或作为一种最终整合进法治的选择措施。通常来说，这些做法是自由民主的法治规范的暂时例外。从这个角度看，目前还不清楚在国家能回到正轨之前，这场对恐怖主义、"基地"组织、ISIS 以及更普遍的暴力极端主义的战争将会持续多久；但为例外应用国家安全局监视、单独监禁或远程定点暗杀等手段提供正当性的，正是这一事实——这些临时措施是结束自"9·11"袭击以来的戒严状态所必需的措施。由此看来，美国这种长期戒严的做法是符合自由派的法律主义和法治的。而那些理论上接纳但实践中反对例外情形框架的人，基本上不同意其具有必要性的说法，或者认为任何临时窗口都应该更快地关闭，即便不是立即的话。

这种例外状态的观点的问题在于，它误解了我们新统治范式总体逻辑中的策略，并在此过程中，没有察觉到一个更为广泛的反革命框架。例外状态的框架建立在规则与例外之间的二分法的虚幻之上，这是一个关于法治理想化和具体化的神话。问题的关键在于，在中央情报局的黑狱使用酷刑和海量收集美国电话元数据，并非什么法治的例外，而是被完全合法化并被监管的行为——是被牢牢地嵌在用法律备忘录、预授权手续以及司法或准司法监管编织而成的网上。从这个意义上说，几乎没有什么事情是发生在法律之外或是法律的例外，或是不能恢复的。反革命，不同于例外状态，不以规则与例外的二元逻辑方式运作，而是通过一种全面、广泛和永久的连贯一致的反叛乱系统逻辑发挥作用。它没有限制或边界。它不存在于法治之外的空间。它包罗万象，是系统化、合法化的。

　　当然，"例外"的话术对反革命来说极其有用。"紧急状态"经常被用来控制危机，以及加快反叛乱三个环节的部署。在法国，紧急状态允许进行**彻底搜查**——"搜查并扣押"——无须事先获得司法批准或监督。它允许在内政部部长的命令下实施行政软禁。它几乎也能剥夺具有双重国籍的涉嫌恐怖主义国民的国籍。紧急状态是重新调整权力关系的一种快速而有效的方法。同样地，在美国，小布什总统宣布进入紧急状态以调动治安力量和资源。在阿尔及利亚战争中，法国曾在卡斯巴（Casbah）宣布实行军事戒严，用军队控制该城出入，并进行广泛的搜查和扣押。伊拉克战争后，整个伊拉克实际上都处于紧急状态，成为一个被保护国。今天在反叛乱范式下，人们很容易想象得到一种成熟的紧急状态在美国实施的样子。不过，将"例外""紧急状态"这种战略上的花招与全部的统治模式区分开来很重要。对于反革命的总体逻辑和主导理论的合理性来说，这绝不是例外状态。相反，反叛乱战争模式形成了一种连贯、永久和系统性的方法，如今在**任何时候**都适用。正如加吕拉所写，反叛乱理论是"行使政治权力的基本原则"，它"**在任何情况下，无论什么事业**"都适用，而这句话也正是在彼得雷乌斯将军的战地手册中一再重复的。[20]

　　在今天，法律和例外的对立二分法根本不成立。因为所有

223

224 的反革命战略都被正式化和合法化。从臭名昭著的酷刑备忘录到国内的监视，再到长达41页允许在海外处决美国公民的法律备忘录，一切都符合法律框架——或者被量身打造成如此。

米歇尔·福柯在1973年被他叫作"惩罚性社会"的系列讲座中，提出了一个他称为"illégalismes"的概念。在英语中，这个术语经常被翻译为"非法行为"（illegality），但这忽略了它的主旨——如此多的社会权力关系的磋商是以挤压法律边界，游离于既不明显合法也不明显违法的空间之中的方式进行的。尽管很尴尬，但更好的翻译应该是"非法主义"（illegalism）。福柯认为，权力的终极运用，恰恰是将关于"非法主义"原本在合法性问题上的模棱两可转为定义该行为是"非法"的。如果将"illégalismes"翻译为"非法行为"，就会过早地得出结论，并且错失这场社会关系核心的斗争：为法律本身划界的竞赛。"非法主义"的理念为，法律本身就是一场斗争、一场谈判、一次对抗性的战斗、一次对如何定义非法界限这个直截了当的问题的竞争——而正是这条界限将偏差、无序、破坏规则、解读规则同非法和惩罚性制裁分开。

在1973年的系列讲座中，福柯展示了在19世纪早期，社会冲突是如何体现在特权阶层将通俗"非法主义"——酗酒、节日狂欢、享乐、无所事事、纵情声色——转化为非法行为这个过程之中的。福柯认为，能够将法律上模棱两可的行为转化为一种违背法律的行为，展现了法律的最终力量。在一份详细的历史分析中，福柯记录了处理"非法主义"的政治性转变。

福柯认为，在"旧制度"时期，大众和特权阶层一起努力逃避皇室的管理、开销和征税。在整个18世纪，"非法主义"一直相当普遍，并且广泛分布于社会各阶层：不仅有通俗非法主义（流行于大众阶层的非法主义），还有流行于商人阶层的非法主义，甚至还有特权阶层和权力者的非法主义——供警务专员（lieutenant de police）①、高级警察（commissaire）等专享。在很大程度上，特权阶层容忍通俗非法主义，是因为他们也正是通过践行自己的离经叛道行为来反对君主制，而这种关系则以某种方式"起作用"：他们相互合作以对付行政法规。例如，在 18 世纪 50 年代的纺织工运动中，就连警察和当地政府的代表也会参与非法主义的活动以逃避王室课税。又或者在伦敦港口，工人和当地居民会合作以规避严格规范的商业法。在这里，法律模型是一种近乎流动的介质。福柯解释说："在通俗非法主义和法律之间有一种相互作用。几乎可以说，尊重合法性仅仅是这场非法主义游戏中的一种策略。"[21]

随着法国大革命后财富变得更富有流动性，新的财富——可移动的商品、股票和供应品，而不是土地财富——积累形式将大量动产的情况暴露给那些直接接触新商业财富的工人。财富的积累开始让通俗非法主义对特权阶层利益来说不再那么有用——甚至带来危险。商人阶层攫取了刑事司法机制以终止这些通俗非法主义——不仅掠夺物质和私人财富，还"耗散"他们的时间和身体、工人自己的力量、他们的人力资本（恰恰是通过缺勤、延误或懒惰的形式加以耗散）。特权阶层掌握了 18 世纪末期的行政和警察机构，用以打压通俗非法主义。

就这样，有产阶级控制了司法机构，以执法对付大众阶层的非法主义，来惩戒和规范他们。他们有效地将通俗非法主义变成了**非法行为**，并在此过程中创造了将罪犯当作社会敌人的

①　该职位为路易十四于 1667 年在巴黎设置，后推广到法国各大城市，实际上就是王室秘密警察。

理念——在此福柯甚至说是制造"内部敌人"。[22]正是通过这种

226　做法，他们转向了使用监狱和拘留所的形式，这与其说是一种对违反法令实施监禁的模式，倒不如说是对行为不端实施关押。在这个模式下，夺取司法权的过程依赖于非法主义的概念。

　　在反革命中——这种称呼是同 19 世纪初资产阶级的革命相对比——这一进程完全被颠倒。非法主义和非法行为被掉转过来。不是特权者将通俗非法主义变成非法行为，而是这些保护者把自己的非法主义变成**合法行为**。反革命，包括全面监视、拘留和无人机打击，将法律上围绕着窃听权、自卫权，甚至酷刑定义的分歧和含糊不清之处变成获得**合法**批准或获得**合法性**，来精确地运行。这里提到的策略，通过为使用强化审讯或海外暗杀美国公民来辩护的精心设计的备忘录和咨询意见，以成文方式进入了法律领域。这一策略不仅仅体现在好几打为过度的反叛乱行为辩护的法律备忘录中，也体现在诸如加内什·西塔拉曼（Ganesh Sitaraman）①那本引人入胜的《反叛乱的宪法：小型战争时代的法律》（*The Counterinsurgent's Constitution：Law in the Age of Small Wars*）的书中，抑或是彼得雷乌斯将军的战地手册附录 D"法律考量"中。这两本书都勾勒了反叛乱做法中适用的法律框架。

　　反革命把非法主义变成合法行为。它在大量的备忘录、简报和程序的掩护下，抹杀了潜在的问题情况。它通过形式主义和官僚主义来制造合法性。大卫·巴伦长达 41 页的为针对性地在海外杀害美国公民辩护的备忘录，就是一个完美的例证。备

---

　　①　加内什·西塔拉曼，美国法学者、范德堡大学法学院教授。

忘录读起来就像法学院的考试问题：所有的事实都必须被假定，以便将其看成必须狭义回答的单个的离散法律问题。在海外暗杀一个美国公民会违反《美国法典》的第 18 章第 1119 条吗？这属于公共权力的正当理由吗？它会违反任何其他关于谋杀或发动战争的联邦禁令吗？它会违反宪法的正当程序吗？

通过运用令人迷惑的关于合理化的法律论证，巴伦的备忘录用联邦刑法来暗示那些并未明确缜密论证的行为的正当性，为那些现在隐含但实际得到满足的正当性创造了新的法律规范。这个备忘录高度法律化和技术化。那些专业单词和短语被娴熟精巧地拼凑在一起，证明了想要的结论并创造出"合法性"。这份备忘录用它的官僚主义和学者般精明的荣耀，完美地说明了这一**合法化**的过程。

一方面，这里有着严格的责任划分：情报机构和军方决定了法律备忘录范围之外的所有事实。这些事实都被认为是真的。巴伦的备忘录只能决定狭义的法律问题。所有事情都被划分得一清二楚。法律与事实是分开的。但现实证明，事实是如此极端，以至于反而是它们在对法律做出解释。尽管如此，事实从未被审查或质疑。它们不被干扰，因为担心它们被禁用。这之中每一方都有其功效。律师们只是决定提出那些狭义的法律问题。

另一方面，备忘录进行了授权：它允许政治当局在法律范围内运作。它净化了政治决定。它洗白了军方和政治领导人的手。它创造了**合法性**。由于事实之极端，它甚至让杀人的决定在道德上都变得令人信服：这是一个将拯救许多生命的行动，一种正当的、不违背法律秩序的杀人行为。有鉴于此，我们几乎是有义务杀人。如果它能防止以后更多的死亡，那么这些针

227

对目标的暗杀，实际上便是道义之必需了。[23]

2010 年 12 月，就在巴伦撰写备忘录几个月后，美国哥伦比亚特区地方法院联邦法官约翰·D. 贝茨（John D. Bates）法官不顾一切地裁定，不会对此类决定进行司法审查，因为此类决定被委托给了政治性部门："在某些情况下，行政部门单方面决定在海外杀死美国公民，是'宪法上对政治性部门的承诺'，而且在司法上是不可审查的。"联邦法院宣布，奥拉基案就"正好呈现为这种情况"。[24]这份长达 41 页的备忘录将在海外杀害美国公民的行为完全合法化，以至于无人机空袭在司法上变成不可审查。

如人所知，法律能充当拐杖。罗伯特·科弗（Robert Cover）① 用一桩发生在内战前一位支持 1850 年《逃亡奴隶法案》（Fugitive Slave Act）的法官的判例绝佳地证明了这一点。[25]罗伯特·韦斯伯格（Robert Weisberg）② 对死刑的案例研究也展示了这一点。[26]同样，在反革命的背景下，我们目睹了这种法律拐杖的痛苦应用——冗长的法律备忘录错综复杂地、官僚化地、精明地帮助洗白未经审判或以正当程序杀害美国公民的政治决定，并使其合法。法律的许诺让难以想象之事成为可能：在没有任何审判的表象之下，就给一位公民"标记死亡"。

在这方面，任何反革命的例外论都不是说它准备在海外杀害一个公民。许多国家都准备这样做——而且已经做了。它的

---

① 罗伯特·科弗，法学者、活动家，从 1972 年开始在耶鲁大学法学院任教，直到 1986 年去世。他最著名的作品包括《被指控的正义：反奴隶制和司法程序》、《暴力与话语》和《规范与叙述》。

② 罗伯特·韦斯伯格，律师，斯坦福大学法学院法学教授，刑法、刑事诉讼专家。

独特和例外之处在于遵守法规和程序层面，以及我们为了使这些行为具有合理性、正当性和合法性所准备付出的努力，还有保护我们的政治领导人免遭可能的后续刑事或人权起诉的后果。我们甚至准备通过例外的概念来创建这些**合法性**——如那些律师部分依赖于必要原则来为酷刑或定点暗杀辩护一般。这让我们回想起中央情报局的法律顾问最初为实施酷刑的军官提供潜在的"新颖"的法律辩护时，就是以必要性作为辩护借口。[27] 最终他们不再需要这些借口，因为白宫的律师们重新定义了酷刑，但这也符合正式的法律框架。事实上，只要能使反叛乱范式**合法**，最终任何事情都会变成如此。

　　针对小布什政府和奥巴马政府"反恐战争"的法律之争，历史学家卡伦·格林伯格（Karen Greenberg）① 在她引人入胜和细致的叙述中，认为小布什政府中的大多数以及奥巴马政府中相当数量的决定，最终都偏离了那些我们认为的正当程序的传统。格林伯格写道，我们没有"坚持法治及其所体现的宪法原则"。相反，我们允许这些宪法原则被淡化和被玷污。格林伯格总结道："卷入反恐战争的司法机构已经变成了流氓。"[28]

　　然而，正如历史所揭示的那样，与其说是我们背离了法治，毋宁说是总统的行政机构和国会中的律师尽其所能，让反叛乱战略符合法律，并在此过程中让法律符合反叛乱。它们的合法化正是通过程序正当规则重塑了正当程序。

　　格林伯格提供的第一个案例具有说明性。当奥巴马总统就职时，他的新任司法部部长埃里克·霍尔德（Eric Holder）宣

<small>229</small>

① 卡伦·格林伯格，美国历史学家、教授和作家，纽约市福特汉姆大学法学院国家安全中心主任。

布，他决心在纽约的联邦法院审判哈立德·谢赫·穆罕默德及其他四名"9·11"事件同谋。霍尔德坚持认为，他们应当在民事法庭受审，而非接受特别军事委员会的审判。此事意义重大。这相当于宣布美国政府在对"9·11"事件嫌疑人处理方式上发生了根本性的转变：将按照刑法而不是战争模式来处理。但国会妨碍了此事。在年度军事授权，即《国防授权法案》（National Defense Authorization Act, NDAA）① 中，国会插入了几段，明确禁止国防部资金被用于"转移、释放，或协助将哈立德·谢赫·穆罕默德或任何其他被拘留者转移、释放或置于美国领土或领地内"②。[29] 2011 年 12 月，国会通过了该版本的《国防授权法案》。奥巴马于次月签署了该法案。[30]

可能有人会争辩说，禁止在联邦法院审判穆罕默德不符合我们正当程序和法治的理想。[31] 我认为禁令十分令人震惊，并完全同意霍尔德的看法，即国会将"美国最久经考验的反恐工具之一从桌面撤下"，并在此过程中阻止政府"坚持我们法律的根本传统和价值观"。[32] 但奥巴马总统还是签署了这项法案，使之成为国家法律。实际上，法治取得了胜利：一项由美国总统签署、恰当通过的法案成了法律，并一直被遵守。这一切都没有违反法治，也没有越过法律自由主义的界限。相反，改变被渲染为"合法"。如果这感觉像循环论证，那是因为事实正是**如此**：在此玩弄的就是一个恒定反馈效果。反叛乱做法被呈现为合法，与此同时司法被用以符合反叛乱范式。这种循环反馈的结果，就是程序正当的崭新和不断发展的手法。无论它们

---

① 《国防授权法案》，指美国发布的财年国防预算的授权法案。

② 这里的意思是说，因为这些嫌疑人不能被送到美国管辖的领地上，程序上就无法用美国刑法对他们提起诉讼。

看上去多么流氓，它们都通过了程序正当的正确程序步骤，以使它们完全合法，并且完全符合法治。

合法性，就像恐怖一样，服务于许多主人。它让总司令远离杀戮的行为。如果不是道义要求的话，它也通过在法律上为其行为辩护的做法起到了剥离决策者责任的作用。这种**去责任化**净化了政治决策。它洗白了所有人的手。律师们当然不会承担他们的决策所带来的重负。从技术上讲，他们只是在运用法律。情报人员也得到了赦免，因为法律决定是在其他地方做出的。无人机和导弹则进行了所有的杀戮：无人，并且远程遥控。这几乎就像在岗位的每个人都认为自己是步枪中携带着空包弹的那个一样：每个人都被允许相信他们没有责任，只是在做着他们毫无意义的小工作。[①] 与此同时，美国联邦最高法院以它的准豁免的教条和超形式主义来让这些神话永恒。所以，军事化的警官不用为过度使用武力或侵犯公民权利负责，因为最高法院没有明确对这种情况加以事先解释——这就是用来保护警察的"第二十二条军规"（Catch-22）。在这方面，超法律主义和程序主义也使最高法院本身能够与过度使用武力的问题保持距离，哪怕这些问题正在全国各地肆虐。

这种去责任化正是让小布什政府能向奥巴马政府及特朗普政府无缝过渡的原因——尽管他们在政策上有分歧。《纽约时报》的国家安全专栏作家查理·萨维奇（Charlie Savage）令人

231

---

① 西方传统中，在执行枪决时为减轻执行者的心理压力，会让若干行刑者同时向犯人射击，其中只有一发是实弹，其余人均为空包弹，因此行刑者不会知道具体是谁击中了犯人。类似的做法还有在电椅、毒气、绞刑行刑时设置复数按键，但只有其中一个实际起到作用。

信服地指出，奥巴马总统在 2008 年竞选期间关于缩减小布什政府反恐计划的说辞与他在任期间保留该计划中大部分之间存在矛盾，这种矛盾只能通过理解奥巴马政府彻头彻尾的律师作风才能得以调和。[33]奥巴马不仅保留了小布什政府反恐措施的实质内容，还增加了用备忘录使其合法等做法。

卡伦·格林伯格指出，小布什的备忘录坚持"有权实施'反抵抗战略'"。一份标注日期为 2002 年 10 月 25 日、由詹姆斯·T. 希尔（James T. Hill）撰写的备忘录特别指出，小布什政府一直在"试图确定我们可以合法使用的反抵抗技术"。[34]反叛乱理论与这些"反抵抗技术"之间有着密切联系。出于该原理，由于少数抵抗者的反抗，野蛮方法变得必要。法律备忘录自身也说明了很多问题。例如，关塔那摩的军法官黛安·E. 比弗（Diane E. Beaver）就特别指出，根据《日内瓦公约》而采用的传统方式通常不适用于被拘留者，"因为被拘留者能够相互沟通并相互询问各自的审讯"。比弗强调，他们的"审讯抵抗策略已经变得更为老到"。[35]对付他们的抵抗就需要开发和使用反抵抗技术。而它最终为反革命的**合法性**提供了辩护。正如加内什·西塔拉曼指出的，法律本身"不可避免地成了反叛乱的工具——正如军事上、政治上、经济上、社会上以及其他领域的行动一样"。[36]

法律上的漏洞和模棱两可是可生成的。不同法律逻辑或政治逻辑之间的相互违背能让新的范式产生。1975 年，福柯在他的讲座"异常"中探讨了司法的惩罚权力与对认识的精神病式的渴求，两者之间的冲突是如何制造出新的医学临床症状及其随后的运作。他展示了 19 世纪的**单一躁狂症**的精神病类别——一种与没有任何动机或解释的暴力犯罪的发生有直接对应关系的精神疾病——是如何用来填补法律的空白和证明惩罚正当性的。在他 1978 年有关发明法国精神病学中**危险**概念的讲座中，福柯展示了未来危险的概念是如何从 19 世纪法律中的空白和紧张关系中产生的。[37]

在反革命中肯定同样存在着鸿沟——一方是规则边界，另一方是暴力战争模式，两者之间存在着紧张关系。这些紧张关系给残暴性的钟摆提供了摆动动量，然后通过官僚主义的法律备忘录加以解决。今天，这些法律文件证明在没有表面的审判或裁决的情况下杀害自己同胞的行为是正当的。这是一次对正当程序最大的违反事件：确实需要我们最有才华的律师提供一份精心制作的法律备忘录。在战争中杀死别人要容易得多，这很自然。但在未经审判的情况下杀死自己国家的公民就是另一码事了。将自己国家的公民打上死亡标记是激进行为。在英国和美国，避免这种现象原本是人身保护令出台的动机，并且催生了程序正当条款。而在法律顾问办公室，在我们最优秀、最聪明的律师的最能干的手中，这种行为变得**合法**。最终，当反革命完全合法化时，就没有必要通过例外进行统治了。

第 13 章　新系统

　　既非例外，亦非临时，反革命也不零散或一片混沌。它不是权宜之计，而是系统性且连贯一致的范式。反叛乱方法采用了一种严格的方法，即所谓的"系统分析"（systems analysis）。因此，反革命是以严密的逻辑为特点的，它理性地协调了看上去不协调的策略，以追寻精确的目标。

　　反叛乱的表现形式乍看上去往往显得即兴、有些无组织、没有经过深思熟虑——比如，小布什执政期间的酷刑行为，或特朗普总统任期头几个月穆斯林禁令的推行。但这些起初可能会被视为彼此不一致的随机策略，实际上正是一套通过系统分析方法筛选过的连贯政策。事实上，反革命是一种完全一体化、协调而且系统化的统治方法。

　　兰德公司在美国反叛乱做法的发展中扮演了一个开创性的角色，并且几十年如一日地支持——现今依然如此——系统分析
方法，正是这种方法主宰了军事战略。在其影响下，反革命已经进化为一个有逻辑和连贯性、能够自我调节和校正的系统，成为一个完全合理和全面的方法。理解系统分析及其潜在逻辑，对于理解反革命的系统性质——以及学会抵制它——至关重要。

　　系统分析方法源自运筹学，这门学问发轫于二战中，是一种为了优化武器系统操作而被扩展至军事决策领域的定量分析方法。早期运筹学著名的应用就包括研究如何部署探测飞机的

雷达装置以优化防空效率，以及在二战初期如何利用深水炸弹爆炸来最大程度地发挥反潜威力等问题。[1]英国运筹学会在 20 世纪 60 年代初期发表的一份报告称，运筹学的"独特方法"应用于"开发系统的科学模型，将诸如变化和风险等因素纳入测量，利用其来预测和比较供选择的决策、战略或控制的结果"。[2]

最终，运筹学将相同的数学算法和模型应用于更大的管理问题，例如确定高效的运输交付路线或仓库库存控制。从这个更大的角度来看，运筹学被理解为——不妨再次引用英国运筹学会的话——"在工业、商业、政府和防务方面，现代科学对人员、机器、材料和资金等大规模系统的指导及管理上出现的复杂问题的解决方法……其目的是帮助管理层科学地制定政策并采取行动"。[3]它所处理的问题是，在明确定义效率衡量标准的情况下如何优化效能，或者正如兰德公司的爱德华·S. 奎德（Edward S. Quade）于 1966 年所解释的那样，"在清楚什么叫作'更加高效'的情况下，如何提高人机系统的效率"。[4]

20 世纪 50 年代，奎德、阿兰·恩托文（Alain Enthoven）、查尔斯·希契（Charles Hitch）和兰德公司其他的一些人，将这种分析方法从狭窄的运筹学领域扩展到更广泛的防御战略当中——例如从决策飞机执行轰炸任务时的最佳高度到确定更广泛的核战争政策①。这种更广泛的应用因演变成系统分析（简称 SA）而为人熟知。系统分析常常被人与运筹学相混淆，但两者在几个方面截然不同。运筹学倾向于更为细致的数学模型分析，并解决低层次问题；相反，在系统分析中，纯数学计算通常只被应用在整体问题的子部分之上。此外，系统分析还承担

235

---

① 指冷战时代美国对苏联的核威慑战略。

了在主要政策选项之间对战略问题进行决策之类的更重责任。从这个意义上而言，用一项研究的话来说，系统分析从一开始，就是"定量方法少，而更多是以广泛的战略和政策问题的分析为导向，（……）特别是（……）寻求在巨大的不确定性条件下做出明确的选择"。[5]

新兴的系统分析逻辑很简单。它涉及一种分析决策方法，该方法特别注重量化、建模、统计分析和成本效益方面。决策者首先必须在特定的社会领域——或称之为"系统"　内确定待处理的特定问题，并对此系统的目标对象有清晰的概念。例如，考虑到公共住房制度的总体目标是提供安全且负担得起的住房，参与公共住房管理的决策者就可能将犯罪确定为一个待处理的问题，并可能将降低犯罪作为一个可承担的目标。有了明确的目标，决策者将会设定适当的标准来评估不同的期望政策选择项。例如，在我们的示例中，评估指标可能涉及犯罪率以及与任何政策相关的成本。然后，系统分析过程将分五个步骤进行。

第一步是输入。这是提供一套期望政策的备选项，每个方案都有可能促成系统目标实现；然后，在第二步通过一组模型对每个备选政策进行筛选，从维护成本、人力需求、沟通能力等方面对其进行评估；由此在第三步中生成每项政策的有效性和成本水平，在第四步中可以用指标，即"标准"，对政策的这些方面进行比较；根据所选标准对每个期望的政策备选项进行这种比较后，作为输出，将产出每项政策与其他政策相比的相对排名。第五步，就是将这个输出结果当作政策备选项的正确等级排序。[6]

如图 2 所示，从 1966 年 3 月起，在爱德华·奎德提交的

《规划－编程－预算的系统分析技术》兰德 P－3322 报告中，兰德公司就在模型中描述了该五步过程。奎德的示意图很好地捕捉了发展于 20 世纪 50 年代和 60 年代，被称为**系统分析**的分析决策方法的五个关键步骤。

为了完善这种方法，操作会被重复多次，测试灵敏度，质疑假设，重新审查目标，探索新的替代方法，以及反复调整模型。这个反复的过程也可见于奎德的报告（图 3）。[7]

1966 年，奎德向联邦官员介绍了这一模型，提出了系统分析的简明定义：

> 系统分析是一项分析性研究，旨在帮助决策者在可能的替代选择中进行优先选择。它的特点是采取系统和理性的办法，做出明确的、目标和标准被清晰定义的假设，并结合其可能产生的后果，对可采取的替代行动方案进行比较。该分析使用定量方法，但电脑并非必需。至关重要的是一个让专家的直觉和判断得以有效应用的模型。[8]

这个定义明确指出，**系统**这个术语在系统分析中有两层含义。第一，世界是由有内在目标的系统组成的，该系统需要被单独分析以最大限度地提高其效率。按照这个含义，分析将侧重于一个特定的比喻或隐喻性的系统，诸如武器系统、社会系统，或者是在早期反叛乱背景下的殖民体系。第二，存在一种系统性的理念，其涉及一种特定类型的方法——该方法首先收集一组期望备选项，构建模型并使用一种已定义的标准。该方法使用量化、算法和指标，以对不同策略进行系统比较分析。虽然这两层含义可被区别开，但两者都是系统分析方法的必要

238

组成部分：中心思想就是系统性地选择和比较一套改进系统的政策，并选出让该系统功能最大化的策略。

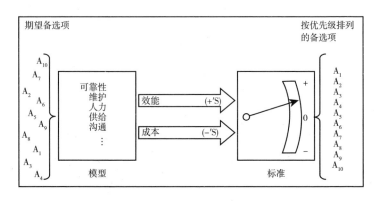

图2 分析结构（出自爱德华·奎德的兰德 P – 3322 报告）

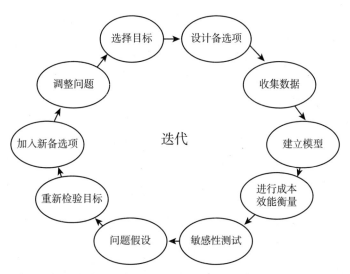

图3 分析的关键（出自爱德华·奎德的兰德 P – 3322 报告）

这种系统分析方法在政府中产生了影响，并最终从 1961 年罗伯特·麦克纳马拉在约翰·肯尼迪总统手下入主五角大楼起，开始主导统治上的逻辑。麦克纳马拉的个人履历背景就包括了统计分析——在太平洋战争期间，他是美国空军中一位年轻统计控制军官，然后作为系统分析的倡导者升到福特公司的顶层——之后他亲自将其带到了五角大楼，以推动系统逻辑。系统分析是一种更广泛的成本效益分析的始祖，一种今天在美国行政国家①中广泛流传的分析手段。[9]

　　麦克纳马拉在 1961 年就职后，立即以"规划－编制－预算系统（PPBS）分析"对军事采购和防务战略进行系统分析。这种分析第一轮的发展——从武器系统的狭义的运筹学应用到对防务战略的广泛系统分析应用——在军事机构内部遇到了许多阻力，其中相当一部分阻力主要就是针对争议人物，即麦克纳马拉本人。但在奎德看来，到 1966 年，"已经取得实质性进展，并且自 1961 年以后的几年里，这种方法在政策和战略分析应用上有了显著的发展，从而影响了在最广泛国防事务中拥有决策权的那些人"。[10]

　　约翰逊总统甚至将系统分析的应用范围扩展得更广，在 1965 年向内阁成员和联邦行政机构首脑发出的一份声明中，他宣称他已经指示预算主管查尔斯·舒尔策（Charles Schultze）将新的 PPBS 方法应用于所有联邦机构之中。约翰逊强调，新方法将"在可持续的基础上精确地确定国家目标"，"以最低的成本"帮助"找到最有效地实现这些目标的备选方案"，并精准地"衡量项目绩效，确保每一美元都收获了一美元的功效"。

239

————————

①　"行政国家"（administrative state）出自美国行政学者德怀特·沃尔多（Dwight Waldo）1948 年的著作《行政国家：美国公共行政的政治理论研究》（*The Administrative State: A Study of the Political Theory of American Public Administration*）。"行政国家"描述了国家政府在行政职能方面大幅扩张，使人民逐渐依赖政府，甚至受政府行政部门不当压迫之现象。

约翰逊总统强调，为了让一切发挥作用，就要"找出好人，那些眼下你所拥有的最好的人以及你能找到的最好的人"。[11]［这些人后来就得到了一个"最优秀和最聪明的小子"（出类拔萃之辈）的绰号。]

系统分析的第二轮扩张——从防务战略到所有政府决策——带来了可能是最主要的影响，或者用爱德华·奎德的话说，与早期发展相比"可能更激进"的影响。[12] 按其支持者的说法，系统分析将会让决策者将党派政治、个人偏好和主观价值抛在一边。这种方法将铺平一条通往客观和真理之路。正如兰德专家、后来的国防部部长詹姆斯·R. 施莱辛格（James R. Schlesinger）① 所解释的那样："（系统分析）消除了项目狂热爱好者的纯主观方法，并迫使他们改变自己的论点。他们必须谈论现实而不是道德。"[13] 施莱辛格认为，通过系统分析决策就不再需要政治或价值判断。正确答案将会从可独立评估成本和有效性的机器模型中自动浮现出来，所需的仅仅是一个狭义和精确的目标以及良好标准，然后这个模型就会自动吐出最有效的策略。

自那时起，系统分析就持续在联邦政策制定中产生影响，现在则往往打着所谓的"经济影响分析"的幌子。在约翰逊总统将"规划－编制－预算系统"引入他的整个政府十年后，卡特总统发布第 12044 号行政令，责成所有行政机构对所有主要政府规章进行经济影响研究。里根总统的第 12291 号行政令将这个责任安排给管理和预算办公室，该办公室现在负责监督和

---

① 詹姆斯·施莱辛格，1973 年至 1975 年在尼克松和福特内阁中任国防部部长，后在卡特内阁中担任美国首任能源部部长。

协调政府的经济影响分析。[14]比尔·克林顿总统则继续发扬这一传统，颁发第 12866 号行政令，要求对所有重要法规进行影响分析。[15]最近的一份关于国家安全局监视的独立委员会报告（提交给了时任总统奥巴马），简明扼要地叙述了成本效益分析从最初到现在的整个历史。[16]正如报告所表明的那样，尽管方法本身在不断被修订，但系统分析持续影响着公共政策。

正是在系统分析在兰德公司的支持下于五角大楼和白宫获得影响力的同时，反叛乱理论也大行其道。历史学家彼得·帕雷特指出，事实上，正是在肯尼迪政府上台的第一年，即"1961 年，由于古巴革命，加上西方势力在东南亚地位的恶化，（肯尼迪）将注意力转到了各种所谓的游击战、颠覆战、升华战、局部战争和非常规战争"。[17]1961 年 1 月 18 日，肯尼迪在就任总统两天前便设立了一个新的特别小组：反叛乱特别小组（Special Group Counterinsurgency，SGCI），以推动军队迈向现代战争。[18]帕雷特告诉我们，1961 年 4 月，麦克纳马拉"要求'将反游击部队的规模增加 150%'"。肯尼迪重视非常规战争的新方向，并将很快任命一位专门负责特种战争的将军。新修订和扩展的非常规战争战地手册也在 1961 年出炉。用帕雷特的话来说，"一个新的武器系统正在制造中"——反叛乱的武器系统。[19]在肯尼迪执政期间，围绕反叛乱的狂热行动也如影随形。

当然，兰德公司一直在制定各种不同的军事战略——包括核武器战略和政策，以及对常规行动的研究。但它也很早就开始从事反叛乱研究，并成为其最热心的倡导者之一。正如前面提到的那样，它在 1962 年 4 月就召开了具有开创意义的反叛乱研讨会，会上兰德的分析员发现了大卫·加吕拉，并委托他撰写回忆录。1963 年，兰德公司以《阿尔及利亚的平定，1956～1958》为名，将他的回忆录作为绝密报告出版。[20]（2006 年，兰德公司向公众再版了该回忆录——这份报告直到 2005 年才解密[21]——巧合的是，彼得雷乌斯将军的战地手册也在该年出版。）马丁·李（Martin Lee）和布鲁斯·什兰（Bruce Shlain）在他们的著作《酸梦》（Acid Dreams）中记录了兰德公司在协助中央情报局发展反叛乱策略中所扮演的重要角色，包括"在越南实施的反革命和平定战略"。[22]

附带一提，兰德公司通过不断的研究和报告，持续打造着反叛乱理论，就像兰德的分析师大卫·冈珀特（David Gompert）和约翰·戈登（John Gordon）在 2008 年以《其他的战争手段：建立完整和平衡的反叛乱能力》（War by Other Means：Building Complete and Balanced Capabilities for Counterinsurgency）为题做出的研究报告一样。这份受国防部部长的委托而成、长达 518 页的报告是一份全面综合性的研究，如果援引报告自己的话来说，就是"基于兰德公司对叛乱和反叛乱的特定案例、问题和特性研究之上的许多论文"，"审视了二战以来 89 场叛乱，了解其是为何以及怎样发生、蔓延并解决的"。[23]这项研究由国防部赞助，在兰德的国防研究所下属的国际安全和国防政策中心（International Security and Defense Policy Center）内进行，而这个中心则被人描述为"一个由国防部部长办公厅、参谋长联席会议、联合作战司令部、海军部、海军陆战队、国防机构和国防情报部门赞助，一个接受联邦资助的研发中心"。[24]（因此当有人批评兰德就是五角大楼或中央情报局的一个分支时，不用对此感到惊奇。[25]）

反叛乱理论——其主要是在兰德公司孵化出来的——直接应用了系统分析方法的核心观点。因此，今天仍明显可以看到其中的协同效应。举例来说，彼得雷乌斯将军的战地手册就将系统分析列为计划一次成功行动的主要考量要素之一。在这本手册中，他用这样的语句描述了系统分析的注意事项：

> **系统思维**涉及形成一种对叛乱和环境内在关系的理解（思维）。它还涉及行动的多逻辑线程间的内在关系。该要素基于系统科学的角度，寻求对系统之中各要素间的互联性、复杂性和整体性的理解。[26]

战地手册中关键的设计考虑要素包括"建立模型"和"持续评估"，这两个核心的系统分析要素均出现在爱德华·奎德为兰德编写的报告的图表中。战地手册的系统术语是这样描述的：[27]

> **建立模型**时，模型……包括具有可操作性的参考和概念术语，用以塑造行动中规范行为（计划、准备、执行和评估）的语言。
>
> 由于反叛乱行动固有的复杂性，随着行动展开，对其进行**持续评估**至关重要。没有任何设计或模型能完全匹配现实。持续评估的目的，就是确定设计有效或失败之处及失败的缘由，并且考虑对设计和操作进行调整。[28]

正是通过这些设计考量事项，反叛乱模型将不同的战略视

242

为可替换的备选方案，需要对其进行评估和比较，以供理智地选出其中最有效率的方案。监测清真寺、收集美国电话元数据或强化审讯都仅仅成了一套最有希望的备选方案，它们的有效性和成本都需要依据通用的标准进行建模和评估，以确定整个可选范围内的选择偏好。反叛乱理论将海外社会或本土人民视为单调关联系统①，并将其安全设定为所谓的目标。不同的反叛乱策略——从机器人炸弹到数字化宣传——都随之成为可以通过系统分析而筛选出的期望替代方案。

以反叛乱的视角来看，安全目标被细分为若干更明确的目标，如保护平民大众安全的军事行动，促进经济发展、维护治安或搜集情报的行政部门。之后，这其中每一个目标都会成为策略的系统性对比的基础。这些策略可能包括部署特警队或狙击手，使用机器人炸弹，对海底电缆进行编接或与电信公司合作进行监听，用特种部队或无人机发动攻击。策略可交替使用，并且需要根据成本、伤亡、附带损害以及声誉等标准进行评估和比较。一切都通过系统的角度来进行评估，并且随后不断地持续评估。

图表再一次说明了一切。彼得雷乌斯将军的战地手册所阐述的设计和迭代过程实际上就是前述的兰德系统分析模型的一个镜像。它只是简单地将两幅图（图2和图3）合并到战地手册的一幅图中，如图4。

正是在这里，我们可以找到反叛乱的核心逻辑：这是一种系统分析方法。它是一个综合的单调关联系统。它既非零敲碎打，亦非临时凑合，也不是——正如我们在上一章中所看到的——基

---

① 系统分析中的术语，指不存在与系统可靠件无关的部件的单调系统。

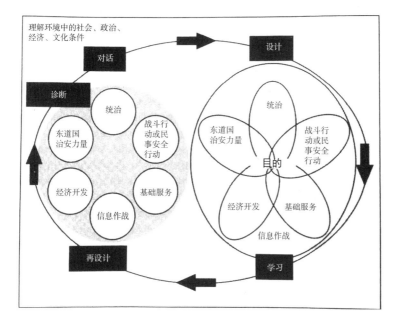

图 4　迭代反叛乱作战设计（出自彼得雷乌斯将军的战地手册）

于规则与例外的二元模型，它是完全**合法化**和**系统化**的。

　　反叛乱的大部分行为逻辑还处于保密之中，因此往往难以被记录下来。然而，每当关于反叛乱战略的信息有所泄露时，人们就能强烈地感受到其中系统性的方法。最近一桩关于审讯方法的事件就有所展现。它涉及对从线人那里获得信息的不同策略的评估，范围从吐真剂①到感官超载的酷刑。这些备选方案显然是在兰德公司、中央情报局和美国心理协会（APA）召开的一次研讨会上用系统分析方法进行了对比和评估。不妨再

244

———————

①　原文为"真相血清"（truth serums），多指硫喷妥钠，又称戊硫代巴比妥，是巴比妥酸盐类药物，是一种快速起效的短效全身麻醉剂。原为麻醉、治疗恐慌症的药剂，据披露其被中央情报局用在刑讯之中，作为诱供的注射药剂。

强调一遍，细节很难完全确定，但这种方法看上去进行过高度系统分析。

对这次研讨会，我们所了解的信息主要来自兰德公司的政策分析师斯科特·格韦尔（Scott Gerwehr），他是兰德公司专门从事"欺骗检测"（deception detection）①研究的行为科学家，换言之，就是研究人们何时会撒谎的学问。格韦尔还为中央情报局从事某些方面的工作。[29] 2003 年 7 月，格韦尔协助中央情报局和美国心理协会的资深科学家及科学政策的主管组织了一系列研讨班，研讨班由这三个组织发起，主题为"欺骗的科学"。据某一消息来源称，研讨班分析了获取情报的不同策略，包括"已知显著影响吐露实情行为"的药物，"使用'感官超载'来'压垮感知并观测其如何影响欺骗行为'"，以及不同形式的酷刑。[30]

根据这一消息来源，更具体的情况是，研讨班调查和比较了获取情报的不同策略。系统分析方法反映在与会者所提出的一系列问题中：证人和官员之间的权力和地位差别能有多重要？哪些已知药物会显著影响吐露真话行为？什么是保持欺骗行为方面的感官超载？我们怎么能使系统超载或压垮感知，并察看其如何影响欺骗行为？这些问题被放在诸多科目的角度中进行了探讨。参加研讨班的有"研究欺骗的各个方面的心理学者、精神病学家、神经学家，以及来自中央情报局、联邦调查局和国防部，对情报行动感兴趣的代表。此外，来自白宫的科学技术政策办公室和国土安全部科技司的代表也出席了会议"。[31]

---

① 指通过评估消息内容以及非语言提示来检测欺骗的认知过程。它还可能指与配合检查生理反应技术一起使用的询问技术，后者通常在美国的执法机构中使用，但由于其原理尚有争议，因此在其他国家或地区很少使用。

实际上，从反叛乱的视点来看，这些不同的策略——吐真剂、感官超载、酷刑——只是期望的选择之一，它们需要被研究、被建模并进行对比，以确定哪种策略在实现安全系统的目标时更为出色。没有什么是禁区。一切都是可转换的，唯一的问题就是系统效率。这正是系统分析方法：不要零敲碎打，而要系统化。

顺带一提，几年后，格韦尔显然是去了关塔那摩，但他拒绝参与任何审讯，因为中央情报局没有对审讯过程录像。此后，从 2006 年秋季到 2007 年，格韦尔多次打电话给人权促进团体和记者讲述他所知道的情况。几个月后，2008 年，格韦尔在日落大道上死于摩托车事故。[32] 逝世时他四十岁。

最后还要强调一遍的是，这一切很难记录，但显而易见的是，系统分析对反革命的发展产生了直接和重大的影响。[33]

反叛乱是从系统分析方法中诞生的，随着这种方法被改进、扩展和驯化，如今它形成了一个闭合、连贯的系统。系统分析的逻辑渗透到实践和修辞中，而且几乎是在潜意识里就充斥在许多有关一线经验的总结内容中——比如，在伊拉克和阿富汗的军官和士兵经常随意地提及"系统"、"军事社会系统"，或简单说就是"系统"。[34]

即便是可能让我们觉得已经脱轨的暴力——水刑、无人机袭击、清真寺监控——也精巧地适用于系统分析逻辑。反叛乱方法鼓励任何有效的战略——任何有希望的替代方案——以实现其政治目标。从一开始，他们就对有希望的战略进行了对比分析。根据执行者的不同，有时分析结论倾向于酷刑或就地处决；其他时候，它就倾向于更"体面"的战术。然而，这些不

246

同变体现在也必须被理解为系统**内部**问题。在小布什总统执政期间，重点是酷刑、无限期拘留和非法窃听；在奥巴马总统时代，则是无人机打击和全面监视；而在特朗普总统任期的头几个月，则是特种作战、无人机、穆斯林禁令和修建隔离墙。让这些不同战略联合起来的，是反叛乱作为一个系统的一致性——一个以残酷的暴力为核心的系统。这种暴力绝非异常或恶劣行为。这是意料之中的事情。这是系统的**内在本质**。即便酷刑和暗杀也只是反叛乱逻辑的变体。

247

　　海内外反叛乱已完成合法化和系统化。它已成为我们"在任何情况下"的统治范式，如今"简明地表达了行使政治权力的基本原则"。它没有日落条款。它无情、理论博弈化、系统化——并且合法。由于政府掌握着所有可能策略——从全面监视到无限期拘留和单独监禁，再到无人机和机器人炸弹，甚至到例外状态和紧急权力——新统治模式变得前所未有地危险。

　　总之，反革命就是我们新的暴政形式。

奥卡姆的剃刀，或，抵制反革命

1318 年，在教会宗教裁判所鼎盛时期，方济各会修士奥卡姆的威廉①被传唤到阿维尼翁教廷②，要求他对自己著作中所写的某些神学和政治思想做出解释。由于被怀疑发表异端邪说，奥卡姆以托钵僧的身份一路从英格兰走到了阿维尼翁以直面指控——这对于他来说是冒着极大风险的。虽然此次他被宣告所有指控均无效，但几年之后他又卷入了另一场教宗针对方济各会财产问题的争论。最终，奥卡姆只能在巴伐利亚国王路易四世的法院上寻求庇护，并在那里写了一篇简短的论文以作为对阿维尼翁教宗权的越权、审问行为、主权权力问题的回应——但不像以前还在阿维尼翁那些断断续续发表的作品，文章中充满了毫不畏惧之情，还带有一种让人回想起那些古代愤世嫉俗者的犀利论调。在评论有关财产的教宗训谕和教会财产的一系列论文中充斥着诸如 "haereticalia、erronea、stulta、ridiculosa、fantastica、insana et diffamatoria" 这样的拉丁词语，即 "异端邪说、错误、愚蠢、荒谬、异想天开、疯狂和诽谤"。[1]

---

① 奥卡姆的威廉（William of Ockham/Occam，约 1285～1349 年），又译为奥坎、奥康，出生于英格兰的萨里郡奥卡姆（Ockham），在大学注册为奥卡姆的威廉。14 世纪的逻辑学家、方济各会修士，奥卡姆的剃刀即出自他。

② 阿维尼翁教廷时期（拉丁语 Papae Avenionenses，英文 Avignon Papacy），指天主教教廷 1309～1378 年从罗马迁移到法国阿维尼翁的时期，其间 7 任教宗和大部分枢机主教均为法国人。

250　　　　在随后的讨论专制政府的简短专著——《僭主政体短论》（*Breviloquium de principatu tyrannico*）——中，奥卡姆无畏地抨击了教宗在神学和世俗事务上宣称的绝对权力。在这位方济各会修士大胆的论述中，那种坦率但倨傲的论调，再次让人回想起愤世嫉俗的直言者（Parrhesiast）①，他宣称"臣民应被警告，不可服从超过严格必需的限度"。[2]奥卡姆抗议说，接受教宗世俗事务上的全权代表权力，就相当于接受一种奴役方式，是"真正可怕并且不能与古代法律相比拟之事"。奥卡姆宣称，如果不能积极抵抗——在他生命面临危险的情况下——结果将不会是"自由之领域"，而是**"不可容忍的奴役法则"**。[3]

　　不被这种专制的方式统治。不臣服于这种不能容忍的奴役体制。这正是拒绝古代法律并走上崭新之路的原因，奥卡姆坚定地认为，这条新路"代表的不是更多的奴役，而恰恰是少一些奴役"。"很明显，"奥卡姆写道，"把同样沉重的轭加在肩上，或者找到和我们祖先法律一样的束缚来约束我们，这就是错误的。"[4]

　　奥卡姆勇敢地呼吁减少对专制的服从：对一个以最高权力形式表现的政治王国来说——尽管这个形式可能无法避免，但在某些特定领域这必然是永恒循环的——这意味着要尽一切可能让权力被控制、限制和得到惩罚。他呼吁的不是一个缺乏服从的世界——这是不可能的——而是一个能让专制得到尽可能多的约束和限制的世界。正如米歇尔·福柯在 500 多年后提醒我们的那样，不是一个没有政府的世界，而是一个我们"并非

① 直言者为福柯所引入的概念，他引用古希腊修辞学术语，将 Parrhesia 定义为自由地演讲，其动词形式为 Parrhesiazomai，使用 Parrhesia 者为 Parrhesiast。

被**如此统治**"的世界——如此统治指的恰恰就是那些有关政治暴政、压迫和控制的要素，就是 20 世纪 70 年代初福柯在法国总统乔治·蓬皮杜（Georges Pompidou）的安全措施中所目睹的要素，就是那些他在分析红衣主教黎塞留镇压 1639 年"赤足党起义"案例中所提到的要素。[5] 在这个方向上迈出的第一步就是理解，正如奥卡姆所强调的："除非国民知道他们被施加了何种以及多大的权力，否则他们就无法保护自己，反抗过度统治。"[6]

251

新形式的不可容忍的奴役和随之而来的新形式的反抗，这种无尽的轮回揭示了人类的历史——不是向绝对知识、国家消亡或历史终结的逐步进军——是我们对我们自身服从的永恒斗争，是一场针对塑造我们自身臣服性、将我们作为臣服者之物的反复战斗。一旦我们认识到这场斗争是无限的重复，如此并且只有如此，我们才能知晓我们此刻和未来的任务：抵制不断侵蚀的专制权力形式，抵抗那些渴望征服的暴力欲望，抵抗那些持续和反复通过恐惧、恐怖和绝对控制来统治的企图。

今天，我们面对的不是奥卡姆那个时代宗教审判的神权专制，尽管审判的空间并未完全消逝。不，今天我们在西方——在美国及其某些盟国——面对的是一种根植于反革命战争军事范式的新统治模式。正是那些我们开发来控制其他被殖民者的方法和战略，如今已经转回来改变我们政府统治我们的方式。如今，我们这些西方人，在国内同其他反叛者——**我们自己**——肩并肩地一起生活，并开始在国内和海外统治我们自己，就像我们残酷且错误地学会了统治其他被殖民者那样。

野蛮暴行、恐怖和专制权力主导着更为广泛的政治和社会领域——无论是以阿布格莱布的性羞辱、关塔那摩的无限期拘

留、监狱中的单独监禁、监视全美清真寺的形式，还是以截至
2017 年 4 月我们的精确无人机打击已造成 200 多名战区外的无
辜儿童死亡的事实的形式。[7]美国无人机杀害的平民远多于高价
值目标的事实，以及我们国内的治安现在变得高度军事化的事
实，恰恰反映了专制性权力的规则。当现任总统赦免这种恐吓
性的"附带损害"时，当我们的最顶层公职人员为其辩护并使
其合法时，当总统竞选人提高赌注——看上去似乎没有下
文——确实呼吁对恐怖分子嫌疑人无辜的家庭成员实行暴力酷
刑或彻底禁止穆斯林时，我们就需要提防了。正如我们必须在
贝鲁特、巴黎、伊斯坦布尔、奥兰多或巴格达，提防有人将炸
弹绑在自己身上或无情地杀害无辜平民一样。

这种当代的恐吓性专制权力并非例外，正如我们从 20 世纪
极权主义的悲惨历史、19 世纪奴隶制的可怕记录、18 世纪的残
忍的酷刑①，以及更早的异端审判之中所见识到的那样。就像
酷刑在宗教裁判所中被立为法律并实现合法化一样，旧制度②
时期的神判③以及 20 世纪的大屠杀也是如此，反革命牢固地存
在于法治结构的内部。如果我们不能认识到法治有多容易被操
纵，我们就不能了解到合法性的黑暗一面。

最后，虽然我们面对的不是一个绝对的例外状况，而更多
的是一个完全连贯和系统化的范式，但这一事实既不能让我们
自满更不能让我们听天由命，相反，我们更要像奥卡姆的威廉
一般，用当权者无法忍受的倨傲态度去还击。

---

① 原文为法语 supplices。
② 原文为法语 ancien régime。
③ 神判（ordeal）为古代和中世纪的一种审讯方式，在某些地方甚至延续到
了近世。欧洲中世纪猎巫时，将嫌疑人捆绑扔入水中以判定其是否为巫师
或魔女的方法，就是典型的神判审讯。

绝不放任自流，当然，另一方面也不能过于雄心勃勃或傲慢：不要过于自信或优越感十足地相信我们能逆转社会冲突的真实性；幻想我们这些凡人能在此时此地终结标记于所有人世间和所有人类历史中的暴力现象。不，我们也会因为追求过多而失败。

这只是无休止的斗争中的又一场战斗——这就是我们所面对的。

奥卡姆的威廉很明白这一点，并且许许多多的男女追随着他的脚步，在漫长的岁月中抵抗政府新的暴政形式。这些人对奴役制度提出抗议，不管其表现为宗教审判还是奴隶制，是法西斯主义还是大规模监禁，是殖民主义还是反叛乱实践中的酷刑、就地处决和全面信息感知。

253

在阿尔及利亚战争期间，像西蒙娜·德·波伏娃、弗朗茨·法农（Frantz Fanon）、艾哈迈德·本·贝拉（Ahmed Ben Bella）这样的男男女女，或其他冒着生命危险的许多人谴责了恐怖和失踪——就如波伏娃提醒我们的那样："丑闻中最可耻的就是习惯了它。"[8]像皮埃尔·维达尔-纳凯（Pierre Vidal-Naquet）这样的学者和历史学家则用笔和讲坛谴责了反革命方法。[9]如弗朗索瓦·莫里亚克（François Mauriac）这样的诺贝尔文学奖获得者、保守派思想家，则以谴责法国军队的审讯策略而闻名。[10]就连雅克·帕里斯·德·博拉迪埃（Jacques Pâris de Bollardière，他本人是盖世太保手下的酷刑受害者）将军等政府官员，当他在1957年3月得知酷刑的使用后，也要求解除他在驻阿尔及利亚法军中的职务，为此他入狱60天；1957年9月，阿尔及尔警察局秘书长保罗·泰特让（Paul Teitgen）辞职，以抗议3000人的失踪。[11]

在这个国家，像安吉拉·戴维斯（Angela Davis）、詹姆斯·鲍德温、丹尼尔·埃尔斯伯格（Daniel Ellsberg）这样的男男女女，以及无数以极大的勇气、冒着给自己带来的风险的其他人，对海外的反叛乱做法及其国内的本土化版本提出了挑战。在我们之前，许多美国人针对反叛乱政策、对黑豹党的残酷镇压、在阿提卡和其他地方发生的暴虐行为提出质疑。今天，许多人继续对过度的反叛乱战争和反叛乱本地化提出了挑战——像琳达·萨苏尔（Linda Sarsour）、艾丽西亚·加尔扎（Alicia Garza）、雷切尔·赫辛（Rachel Herzing）、爱德华·斯诺登、劳拉·波伊斯特拉斯（Laura Poitras）、格伦·格林沃尔德等许多人（以及许多没有透露姓名的人）和集体，他们公然违抗这些新形式的暴政。

抵抗在继续。"黑人的命也是命"运动、黑人青年计划100（Black Youth Project 100）[①]、关键抵抗（Critical Resistance）[②]和其他团体对警察的军事化和使用致命武器提出了挑战。联合我们的梦想（United We Dream）、纽约市新避难所联盟（New Sanctuary Coalition NYC）、各大都市，甚至整个加利福尼亚州都积极地挑战妖魔化无证移民问题。美国－伊斯兰关系委员会、美国公民自由联盟，甚至华盛顿和夏威夷等州也对穆斯林禁令提出质疑。

但是，现在是时候看看我们所面临的更大天幕了。了解我

---

① 黑人青年计划100是美国的一个非裔美国人青年组织，活动包括社区组织、选民动员，以及其他针对黑人、女权主义者和同性恋者问题的社会正义运动。该运动成立于2013年，作为对乔治·齐默曼无罪判决的回应。

② 关键抵抗，美国一致力于开展大规模运动，以拆除监狱－工业联合体为宗旨的组织。总部位于加利福尼亚州奥克兰，在纽约、洛杉矶和波特兰设有三个分会。

们到底在面对什么，这一点至关重要。军事化的治安、对穆斯林和墨西哥人的妖魔化、全面信息感知——这些都是一个更大的现象中紧密相扣的环节，而这个现象就是反革命。我们现在需要将整体形象化，看到统治范式，以便将我们的行动转化为真正有效的动员。

在抵制反革命时，我唯一的希望是，我们和我们的孩子会记住这些言语和勇气，并注意奥卡姆的教诲。

致　谢

本书内容得到了许多朋友和同事以探讨和交流的方式给予的丰富和启发。对此我唯一希望的就是，能够亲自向他们表达我深深的谢意和感激之情：米娅·鲁伊特（Mia Ruyter）一直是我珍贵的对话者；赫苏斯·R. 贝拉斯科，一位杰出的知识分子和批评家；赛拉·班哈波柏（Seyla Benhabib），一位鼓舞人心和慷慨的导师；迪迪埃·法桑（Didier Fassin），一位不同寻常的重要同伴；弗朗索瓦·埃瓦尔德（François Ewald），一个持续的思想力量；史蒂夫·布莱特（Steve Bright），道德指针；汤姆·德金，一位不屈不挠的伙伴。

很荣幸能与 Basic Books 的布赖恩·迪斯特伯格（Brian Distelberg）就这个项目密切合作。布赖恩一直是我最杰出的读者和批评家，并一直提供出色的指导和建议，对此我深表感谢。我也有幸收到爱德华·卡斯滕迈耶（Edward Kastenmeier）十分慷慨的忠告、反馈和建议，对此我非常感激。

我有幸在普林斯顿高级研究所（IAS）度过了 2016～2017 学年，并在这一整年中研讨了书中这些想法。对我来说，能和迪迪埃·法桑、琼·斯科特（Joan Scott）、迈克尔·沃尔策（Michael Waltzer）、马尔科姆·布尔（Malcolm Bull）、安德鲁·迪尔茨（Andrew Dilts）、托马斯·多德曼（Thomas Dodman）、卡伦·恩格尔（Karen Engle）、彼得·戈达德（Peter Goddard）、胡安·奥瓦里奥（Juan Obarrio）、马西米利亚诺·托姆巴

（Massimiliano Tomba）、琳达·泽里利（Linda Zerilli），以及洛里·艾伦（Lori Allen）、法迪·巴尔达维尔（Fadi Bardawil）、尼克·切斯曼（Nick Cheesman）、马塞洛·迪·贝洛（Marcello Di Bello）、阿莱格拉·麦克劳德（Allegra McLeod）、鲁本·米勒（Reuben Miller）、阿姆尔·沙拉凯尼（Amr Shalakany）等许多优秀的同事在学院中共事，度过难忘的一年，这是一种不敢想象的奢侈。在从事这个项目时，我还非常幸运地得到了另外两所机构良好的支持和鼓励：纽约市的哥伦比亚大学和法国社会科学高等研究院（EHESS, École des hautes études en sciences sociales）。我深深感谢所有热情且慷慨地支持我工作的人，特别是李·布林格（Lee Bollinger）、皮埃尔－西里尔·奥克尔（Pierre－Cyrille Hautcoeur）、吉莉安·莱斯特（Gillian Lester）和大卫·马迪根（David Madigan）。

我在哥伦比亚大学的同事，特别是大卫·波森（David Pozen）、杰里米·凯斯勒（Jeremy Kessler）、娜迪亚·乌尔比纳蒂（Nadia Urbinati）、莎拉·克努基（Sarah Knuckey）、帕特里夏·威廉姆斯（Patricia Williams）、罗莎琳德·莫里斯（Rosalind Morris）、杰西卡·布尔曼－波森（Jessica Bulman－Pozen）、贾米尔·贾弗（Jameel Jaffer）、莎拉·克利夫兰（Sarah Cleveland）、利兹·埃门斯（Liz Emens）、杰夫·费根（Jeff Fagan）、凯瑟琳·弗兰克（Katherine Franke）、卡罗尔·桑格（Carol Sanger）和肯德尔·托马斯（Kendall Thomas），以及其他学校中的优秀同事和所有出席2015年9月教师研讨会并提出批评意见的同事，他们都是我写作的激励和指引。在哥大由赫苏斯·贝拉斯科和我主持的研讨班"从宗教审判到关塔那摩"（From the Inquisition to Guantánamo），我们的学生，特别是卡琳卡·阿尔瓦雷斯（Kalinka Alvarez）、拉斐尔·伯恩斯（Raphaëlle Burns）、克拉瓦·布罗德斯基（Clava Brodsky）、亚历山德拉·库克（Alexandra Cook）、吉勒斯·格雷萨尼（Gilles Gressani）、约瑟夫·劳利斯（Joseph Lawless）、马修·毛塔瑞利（Matthew Mautarelli）、大卫·拉加佐尼（David Ragazzoni）等，也深深地启发了我的思维，对此我深表感激。我要特别感谢约瑟夫·劳利斯和安娜·克劳塔默（Anna Krauthamer）的合作和支持，特别是他们将手稿汇总在一起。与你们在这个项目上合作是一种荣誉和荣幸。

我要用这项工作纪念我那鼓舞人心的老师、伟大的批判思想家和杰出的导师谢尔顿·S. 沃林（Sheldon S. Wolin），是他激励了我钻研理论的兴趣，并引导我踏上知识之旅的最初征途。他是一个非凡的人，一位鼓舞人心的教授，也是一位非常慷慨的顾问。他早早地鼓励我说出真相（dire vrai）。我还愿意将这项工作归功于多年来有幸与其共同努力抵制各种过度行为的许多人，特别是布莱恩·史蒂文森（Bryan Stevenson）、乔治·肯德尔（George Kendall）、兰迪·苏斯金德（Randy Susskind）、拉朱安娜·戴维斯（LaJuana Davis）、布雷特·迪格南（Brett Dignam）、露丝·弗里德曼（Ruth Friedman）、吉姆·利伯曼（Jim Liebman）、凯瑟琳·普莱斯（Cathleen Price）、阿齐姆·拉梅莱泽（Azim Ramelize）和我们的许多同事；归功于多年来的许多知识分子同志，特别是已故的艾蒂安·巴利巴尔（Etienne Balibar）、帕特里夏·戴利（Patricia Dailey）、丹尼尔·德弗特（Daniel Defert）、鲍勃·古丁－威廉姆斯（Bob Gooding–Williams）、达妮埃尔·洛伦齐尼（Daniele Lorenzini）、W. J. T. 米切尔（W. J. T. Mitchell）、约翰·赖赫曼（John

Rajchman）、朱迪思·雷韦尔（Judith Revel）、安·斯托莱（Ann Stoler）、迈克尔·陶西格（Michael Taussig）、布兰登·特里（Brandon Terry）和亚当·托泽（Adam Tooze）；以及其他优秀的学生，他们对公共服务的奉献精神对我来说是真正的灵感来源，这还包括了劳拉·巴伦（Laura Baron）、尼卡·科恩（Nika Cohen）、迈克尔·卡塞尔（Michael Cassel）、玛丽亚·特雷莎·拉古米纳（Maria Teresa LaGumina）、帕特里西奥·马丁内斯－利翁巴特（Patricio Martinez–Llompart）、金杜·奥比奥福马（Jindu Obiofuma）、埃贡·冯·康韦（Egon Von Conway）、菲比·沃尔夫（Phoebe Wolfe），等等。

我把这本书献给我真正的老师、导师和英雄，伊莎多拉·吕泰尔－哈考特（Isadora Ruyter-Harcourt）和莱昂纳尔·吕泰尔－哈考特（Léonard Ruyter-Harcourt），我真诚地相信，你们和你们的后代现在和未来将继续听从奥卡姆的召唤。

> "镇压的解药，简单地说，**是更多的抵抗**。"
> ——克里斯蒂安·威廉姆斯（Kristian Williams），《战时生活：抵抗反叛乱》（*Life During Wartime：Resisting Counterinsurgency*，2013 年）

尾　注

反革命的诞生

[1] Senate Select Committee on Intelligence, *Committee Study of the Central Intelligence Agency's Detention and Interrogation Program*, approved December 13, 2012; updated for release April 3, 2014, declassification revisions December 3, 2014（以下简称"Senate Report"）, pp. 85 and 87。

[2] 参议院报告第 90、40、42 页和"立即处决"章节第 43、44 页指出，关于最后一次事件，在酷刑的第 6 天，中央情报局的审讯人员相信被拘留者已没有任何有用的情报，也没有获得任何情报。参见参议院报告中"立即处决"章节第 22、45、46 页。

[3] Senate Report, pp. 3, 10, 19n 4 of "Findings and Conclusions," and pp. 44 and 56 of "Executive Summary"; see Anthony Lewis, introduction to *The Torture Papers: The Road to Abu Ghraib*, eds. Karen J. Greenberg and Joshua L. Dratel（New York: Cambridge University Press, 2005）, xiii – xvi.

[4] The Bureau of Investigative Journalism, "YEM178, December 6, 2014," https://www.thebureauinvestigates.com/2014/01/06/yemen – reported – us – covert – actions – 2014/#YEM178; and see embedded video here: https://www.thebureauinvestigates.com/2014/01/06/yemen – reported – us – covert – actions – 2014/#YEM178.

[5] Charlie Savage and Scott Shane, "US Reveals Death Toll from Airstrikes Outside War Zones," *New York Times*, July 1, 2016, http://www.nytimes.com/interactive/2016/07/01/world/document – airstrike – death – toll – executive – order. html；关于无人机战争的完整档案，参见 *The Drone Memos: Targeted Killing, Secrecy, and the Law*, ed. Jameel Jaffer（New York: The New Press, 2016）；有关无人机和空中力量理论观点的研究，参见 Derek Gregory, "From a View to a Kill: Drones and Late Modern War," *Theory,*

Culture, *and Society* 28, no. 7 - 8 (2011): 188 - 215; 以及 Sven Lindqvist, *A History of Bombing*, trans. Linda Haverty Rugg (New York: The New Press, 2001); 关于无人机牺牲者, 参见调查新闻局 2015 年 4 月 23 日发表的统计数据, 详见 https://www. thebureauinvestigates. com/2015/04/23/hostage - deaths - mean - 38 - westerners - killed - us - drone - strikes/。

[6] The Bureau of Investigative Journalism, "Drone Warfare," accessed April 23, 2017, https://www. thebureauinvestigates. com/projects/drone - war.

[7] Grégoire Chamayou, *A Theory of the Drone*, trans. Janet Lloyd (New York: The New Press, 2015), 14.

[8] John Ribeiro, "Secret Court Extends NSA Surveillance Rules with No Changes," *IDG News Service*, December 9, 2014, http://www. pcworld. com/article/2857352/us - court - extends - nsa - surveillance - rules - in - current - form. html; and Office of the Director of National Intelligence, "Joint Statement from the Office of the Director of National Intelligence and the Office of the Attorney General on the Declassification of Renewal of Collection Under Section 501 of the Foreign Intelligence Surveillance Act," IC on the Record, December 8, 2014 http://icontherecord. tumblr. com/post/104686605978/joint - statement - from - the - office - of - the - director - of.

[9] Klayman v. Obama, 957 F. Supp. 2d 1, at p. 33 (DDC 2013), reversed in Obama v. Klayman, 800 F. 3d 559(DC Cir. 2015).

[10] 在绝大多数情况下, 国家安全局的这些监控项目依然有增无减。2015 年 6 月, 第 215 条大规模收集项目自身根据《美国自由法案》得到了修正, 使得电信公司而不是国家安全局将持有我们的个人数据, 并根据要求向政府提供。段中的引用, 参见 Glenn Greenwald, "XKeyscore: NSA Tool Collects 'Nearly Everything a User Does on the Internet,'" *Guardian*, July 31, 2013, http://www. theguardian. com/world/2013/jul/31/nsa - top - secret - program - online - data; Glenn Greenwald and Ewen MacAskill, "NSA Prism Program Taps into User Data of Apple, Google and Others," *Guardian*, June 6, 2013, http://www. theguardian. com/world/2013/jun/06/us - tech - giants - nsa - data; Glenn Greenwald, *No Place to Hide: Edward Snowden, the NSA, and the U. S. Surveillance State* (New

York: Henry Holt, 2014), 153 - 157。

［11］DOI's Inspector General for NYPD, "An Investigation of NYPD's Compliance with Rules Governing Investigations of Political Activity—August 23, 2016," http: //www1. nyc. gov/site/oignypd/reports/reports. page.

［12］Matt Apuzzo and Adam Goldman, "With CIA help, NYPD Moves Covertly in Muslim Areas," Associated Press, August 23, 2011, https: // web. archive. org/web/20120309020234/https: //www. ap. org/pages/about/ whatsnew/wn _ 082511a. html; and "Highlights of AP's Pulitzer Prize - Winning Probe into NYPD Intelligence Operations," Associated Press (with links to stories and documents), https: //www. ap. org/about/awards - and - recognition/highlights - of - aps - pulitzer - prize - winning - probe - into - nypd - intelligence - operations.

［13］Intelligence Divisions, Demographics Unit, "Newark, New Jersey Demographics Report," https: //hosted. ap. org/specials/interactives/document/ nypd/nypd - newark, pdf.

［14］正如 Ganesh Sitaraman 在其著作 The Counterinsurgent's Constitution: Law in the Age of Small Wars (New York: Oxford University Press, 2013) 第 3 页所讲："我们生活在一个小规模战争的时代。在这个世界内，战争不再以战场上的军队集结为特征，甚至不再有坦克大军为突破敌方防线而进行的机动作战。相反，叛乱分子蛰伏在暗处，只有在准备好发动毁灭性攻击时才会出现。"

［15］See generally Joshua Bloom and Waldo E. Martin Jr. , *Black Against Empire: The History and Politics of the Black Panther Party* (Berkeley: University of California Press, 2014); Richard Wolin, *The Wind from the East: French Intellectuals, the Cultural Revolution, and the Legacy of the 1960s* (Princeton: Princeton University Press, 2010), 318 - 321.

［16］James Baldwin, quoted in Imani Perry, "*From the War on Poverty to the War on Crime* by Elizabeth Hinton," *New York Times Book Review*, May 27, 2016, http: //www. nytimes. com/2016/05/29/books/review/from - the - war - on - poverty - to - the - war - on - crime - by - elizabeth - hinton. html.

［17］Sharon Lafraniere, Sarah Cohen, and Richard A. Oppel Jr. , "How Often Do Mass Shootings Occur? On Average, Every Day, Records Show," *New*

York Times, December 2, 2015, http：//www. nytimes. com/2015/12/03/us/ how – often – do – mass – shootings – occur – on – average – every – day – records – show. html; Sharon Lafraniere, Daniela Porat, and Agustin Armendariz, "A Drumbeat of Multiple Shootings, but America Isn't Listening," *New York Times*, May 22, 2016, http：//www. nytimes. com/2016/05/23/us/americans – overlooked – gun – violence. html.

［18］ Philip Rucker, "Trump Touts Recent Immigration Raids, Calls Them a 'Military Operation,'" *Washington Post*, February 23, 2017, https：//www. washingtonpost. com/news/post – politics/wp/2017/02/23/trump – touts – recent – immigration – raids – calls – them – a – military – operation/? utm_ term = . f99a5615801e.

第一部分 现代战争的兴起

［1］ See generally Fred Kaplan, *The Wizards of Armagedon：This is Their Untold Story* (New York：Simon and Schuster, 1983); S. M. Amadae, *Rationalizing Capitalist Democracy：The Cold War Origins of Rational Choice Liberalism* (Chicago：University of Chicago, 2003); Jennifer S. Light, *From Warfare to Welfare：Defense Intellectuals and Urban Problems in Cold War America* (Baltimore：Johns Hopkins University Press, 2003); Bruce L. R. Smith, *The RAND Corporation：Case Study of a Nonprofit Advisory Corporation* (Cambridge：Harvard University Press, 1966).

［2］ Roger Trinquier, *Modern Warfare：A French View of Counterinsurgency*, trans. Daniel Lee (New York：Frederick A. Praeger, 1964); Peter Paret, *French Revolutionary Warfare from Indochina to Algeria：The Analysis of a Political and Military Doctrine*, Vol 6, Princeton Studies in World Politics (New York：Frederick A. Praeger, 1964), 5.

［3］ See Gérard Chaliand, *Guerilla Strategies：An Historical Anthology from the Long March to Afghanistan* (Berkeley：University of California Press, 1982), 7 (书中认为毛泽东是本质上发明革命战争的理论家："关键在于，**游击战是一种以骚扰对手为目的的军事战术，而革命战争则是一种推翻政权的军事手段**。"); Ann Marlowe, *David Galula：His Life and*

Intellectual Context, SSI Monograph, Aug. 2010, p. 27, http：//www. strategicstudiesinstitute. army. mil/pubs/display. cfm? pubID = 1016。

［4］Richard Stevenson, "President Makes It Clear：Phrase Is 'War on Terror,'" *New York Times*, August 4, 2005, http：//www. nytimes. com/ 2005/08/04/politics/president – makes – it – clear – phrase – is – war – on – terror. html.

第 1 章 反叛乱战争的政治性

［1］Ganesh Sitaraman, *The Counterinsurgent's Constitution：Law in the Age of Small Wars*（New York：Oxford University Press, 2013）, 3, 165；Chaliand, *Guerrilla Strategies*, 1.

［2］Peter Paret, "The French Army and *La Guerre Révolutionnaire*," *Journal of the Royal United Service Institution*, February 1, 1959, 59 – 69；Peter Paret, *French Revolutionary Warfare*, v.

［3］Paret, *French Revolutionary Warfare*, 7；Marnia Lazreg, *Torture and the Twilight of Empire：From Algiers to Baghdad*（Princeton：Princeton University Press, 2008）, 19；Marlowe, *David Galula*, 1. 关于当时法国指挥官接受毛泽东思想的深入分析，参见 Grey Anderson, "Revoluntionary Warfare after 1945：Prospects for an Intellectual History," paper presented at the CHESS-ISS Conference, "War and Its Consequences," at Yale University, February 13, 2015（working paper in author's possession, June 19, 2015）。

［4］Paret, *French Revolutionary Warfare*, 7.

［5］S. M. Chiu, "Chinese Communist Revolutionary Strategy, 1945 – 1949：Extracts from Volume IV of Mao Tse – tung's *Selected Works*," Center of International Studies, Research Monograph 13, December. 15, 1961, p. 45.

［6］Ibid. , 46.

［7］Paret, *French Revolutionary Warfare*, 7.

［8］Peter Paret and John W. Shy, *Guerrillas in the 1960's*, vol. 1, Princeton Studies in World Politics, rev. ed. （New York：Frederick A. Praeger, 1962）, 39.

［9］Paret, *French Revolutionary Warfare*, 10 and 11.

［10］Ibid. , 12.

[11] Paret and Shy, *Guerrillas in the 1960's*, 6 – 15, 17, and 24n9, referring to T. E. Lawrence, "The Evolution of a Revolt," *The Army Quarterly* 41 (October 1920); Peter Paret, " Internal War and Pacification: The Vendée, 1789 – 1796," Research Monograph 12, Center of International Studies, Princeton University, 1961.

[12] Paret and Shy, *Guerrillas in the 1960's*, 40 – 41.

[13] Ibid., 41 and 51.

[14] Ibid., 45 and 49.

[15] See Jean-Jacques Servan-Schreiber, *Lieutenant en Algérie* (Paris: Julliard, 1957); Antoine Argoud, "La guerre psychologique," *Revue de defense nationale* (March/April 1948); Jean Nemo, " Réflexions sur la guerre subversive," December 30, 1958; cf. Grégor Mathias, *Galula in Algeria: Counterinsurgency Practice versus Theory*, trans. Neal Durando (Santa Barbara, CA: Praeger, 2011), 25 – 27. On Argoud, see Lazreg, *Torture and the Twilight of Empire*, 88 – 93.

[16] Bernard F. Fall, "A Portrait of the ' Centurion,' " in Trinquier, *Modern Warfare*, xiii and vii; Anderson, "Revoluntionary Warfare after 1945."

[17] Trinquier, *Modern Warfare*, 6, 4, 35; (emphasis added in final quoted excerpt).

[18] 关于大卫·加吕拉的传记细节，参见 Marlowe, *David Galula*; Mathias, *Galula in Algeria*; A. A. Cohen, *Galula: The Life and Writings of the French Officer Who Defined the Art of Counterinsurgency* (Santa Barbara, CA: Praeger, 2012)。

[19] David Galula, introduction in *Counterinsurgency Warfare: Theory and Practice* (New York: Frederick A. Praeger, 1964), x; Mathias, *Galula in Algeria*, 7; Marlowe, *David Galula*, 27.

[20] Galula, *Counterinsurgency Warfare*, 56.

[21] US Department of the Army, *Counterinsurgency*, Field Manual 3 – 24 (Washington, DC: US Department of the Army: December 2006, 以下简称 "FM"), 35。正如他的传记作者保拉·布洛德威尔（ Paula Broadwell）在《全力以赴：戴维·彼得雷乌斯将军的教育》（ *All In: The Education of General David Petraeus*) 所写，彼得雷乌斯将军 2006 年在伊拉克勤务的间

隙期，于莱文沃思堡（Fort Leavenworth）撰写了这本被称为"大卫王的圣经"的战地手册。Paula Broadwell, *All In: The Education of General David Petraeus* (New York: Penguin Press, 2012), 54 and 59. See generally, Fred Kaplan, *The Insurgents: David Petraeus and the Plot to Change the American Way of War* (New York: Simon & Schuster, 2014).

[22] FM, 36.

[23] 关于彼得雷乌斯将军给他的战地手册提供指导的 24 点备忘录，参见 Broadwell, *All In*, 59; David Galula, *Pacification in Algeria 1956 – 1958*, 246。See also Galula, *Counterinsurgency Warfare*, 58.

[24] Galula, *Pacification in Algeria*, 69; FM, 51; see also FM, 35（"对叛乱分子来说，获得 51% 的民众支持通常还不够；巩固的多数派往往不可或缺。但无论如何，被动的人民群众就可能是反叛分子夺取政治权力所需的全部条件。"）; David C. Gompert and John Gordon, *War by Other Means: Building Complete and Balanced Capabilities for Counterinsurgency* (Santa Monica: RAND, 2008), 76（"人民将决定是国家还是叛乱分子能提供一个更美好的未来，很大程度上这将决定两者中的哪一个会有机会。"）。

[25] Quoted in Broadwell, *All In*, 59.

[26] FM, 41.

[27] FM, 39 – 40, citing Galula, *Counterinsurgency Warfare*, 89（emphasis added）.

[28] FM, 53（quoting Galula, *Counterinsurgency Warfare*, 89）, 68; and FM, 150（quoting from Sir Robert Thompson, *Defeating Communist Insurgency*, 171）. 在芝加哥大学出版社 2006 年版的纸质书中，"致谢"在署名和简短的前言之后；在电子版中，两者之间有目录。

[29] John A. Nagl, foreword to *The U. S. Army Marine Corps Counterinsurgency Field Manual* (Chicago: University of Chicago Press, 2007), xix; Sarah Sewell, introduction to The *U. S. Army/Marine Corps Counterinsurgency Field Manual*, xxiv. 彼得雷乌斯的战地手册"吸收了法国反叛乱大师大卫·加吕拉的深刻洞察"（Mathias, *Galula in Algeria*, xiii）。

[30] 彼得雷乌斯对这一评价的阐述载于加吕拉《反叛乱战争》2008 年法译本的前言中。David Petraeus and John Nagl, foreword to *Contre-*

insurrection: *théorie et pratique*, trans. Philippe de Montenon (Paris: Economica, 2008). 更多的分析参见 Mathias, *Galula in Algeria*, xiii; A. A. Cohen, *Galula*, xviii – xviii。今天，许多反叛乱实践者和理论家都同意彼得雷乌斯将军对加吕拉的重要性和影响力的评估，其中包括从 2009 年到 2010 年指挥在阿富汗的所有美军和北约部队的斯坦利·A. 麦克里斯托尔 (Stanley A. McChrystal) 将军、法国陆军战略神经中枢 (Centre de doctrine d'emploi des forces, CDEF) 负责人奥利维耶 (Ollivier) 将军和美国反叛乱专家大卫·H. 乌科 (David H. Ucko)。参见 Mathias, *Galula in Algeria*, xiii and 111n2; Bertrand Valeyre and Alexandre Guérin, "De Galula à Petraeus, l'héritage français dans la pensée américaine de la contre-insurrection," *Cahier de la recherché doctrinale* (June 2009); Ucko, foreword to *Galula in Algeria* by Grégor Mathias, xi.

[31] 人们会感觉自己在读史学家理查德·沃林 (Richard Wolin) 的《来自东方的风：法国知识分子、文化革命和 20 世纪 60 年代的遗产》(*The Wind from the East: French Intellectuals, the Cultural Revolution, and the Legacy of the 1960s*) 一书时，书中追溯了毛泽东思想对法国知识分子的影响，如米歇尔·福柯、让 - 保罗·萨特、朱莉娅·克里斯特瓦 (Julia Kristeva)、菲利普·索勒斯 (Phillipe Sollers)、让 - 吕克·戈达尔 (Jean - Luc Godard) 等。也许我们应该把戴维·彼得雷乌斯将军也加入这个名单。

[32] FM, 7, 11 - 13, 13, 14, 11, 159, and 258.

[33] 毛泽东：《中共中央关于同国民党进行和平谈判的通知》(1945 年 8 月 26 日)，《毛泽东选集》第 4 卷，人民出版社，1991 年 (第 2 版)，第 1151 ~ 1154 页，reproduced in S. M. Chiu, "Chinese Communist Revolutionary Strategy, 1945 - 1949: Extracts from Volume IV of Mao Tse-tung's *Selected Works*," Center for International Studies, Research Monograph 13, December. 15, 1961, p. 10 - 11。另见毛泽东：《抗日游击战争的战略问题》，*Selected Works*, Vol. 3 (London: Lawrence & Wishart, Ltd, 1954), 193 - 203。 (原文如此，该篇实际收入《毛泽东选集》第 2 卷。——译者注)

[34] Chiu, "Chinese Communist Revolutionary Strategy, 1945 - 1949," 29 and 31.

第 2 章　两面的范式

［1］Roger Trinquier, *La guerre moderne*（Paris, La Table Ronde, 1961）；Roger Trinquier, *Modern Warfare*；Fall, " A Portrait of the ' Centurion, ' " ix；Machiavelli, *The Prince*, eds. Quentin Skinner and Russell Price（Cambridge：Cambridge University Press, 1988）, 59（modified translation）.

［2］Trinquier, *Modern Warfare*, 8 – 9.

［3］Ibid. , 113 and 115.

［4］Ibid. , 43, 2 – 22, and 23.

［5］Fall, " A Portrait of the ' Centurion, ' " xv.

［6］Général Paul Aussaresses, *Services Spéciaux. Algérie 1955 – 1957*（Paris：Perrin, 2001）；General Paul Aussaresses, *The Battle of the Casbah：Terrorism and Counter – Terrorism in Algeria 1955 – 1957*（New York：Enigma Books, 2004）；see also Chaliand, *Guerrilla Strategies*, 29（emphasis added）.

［7］Aussaresses, *The Battle of the Casbah*, 13；Aussaresses, *Services Spéciaux*, 26.

［8］Aussaresses, *The Battle of the Casbah*, 128；Aussaresses, *Services Spéciaux*, 155.

［9］Aussaresses, *The Battle of the Casbah*, 19 – 20；Aussaresses, *Services Spéciaux*, 155. 下面的一段引文出自第 128 页（原版的第 155 ~ 156 页）。

［10］Benjamin Stora, *Algeria 1830 – 2000：A Short History*, trans. Jane Marie Todd（Ithaca NY：Cornell University Press, 2001）, 50. 玛丽娜·拉兹雷格（Marnia Lazreg）在她这本精心的研究著作《酷刑与帝国的黄昏：从阿尔及尔到巴格达》（*Torture and the Twilight of Empire：From Algiers to Baghdad*, Princeton：Princeton University Press, 2008）中，提供了也许是阿尔及利亚酷刑的最为详细和令人难以忘怀的基于人种学说的完整描述。See Marnia Lazreg, *Torture and the Twilight of Empire：From Algiers to Baghdad*（Princeton：Princeton University Press, 2008）, 111 – 169. General Jacques Massu, *The Real Battle of Algiers*, quoted in Michael T. Kaufman,

"The World: Film Studies; What Does the Pentagon See in ' Battle of Algiers'?", *New York Times*, September 7, 2003.

［11］Aussaresses, *The Battle of the Casbah*, 128; Aussaresses, *Services Spéciaux*, 155.

［12］Aussaresses, *The Battle of the Casbah*, 124 and 126; Aussaresses, *Services Spéciaux*, 151 and 153.

［13］Aussaresses, *The Battle of the Casbah*, 126; Aussaresses, *Services Spéciaux*, 153.

［14］Benjamin Stora, *Algeria 1830 - 2000*, 50; see also George Armstrong Kelly, *Lost Soldiers: The French Army and Empire in Crisis, 1947 - 1962* (Cambridge, MA: MIT Press, 1965), 196 - 205. 关于酷刑和立即处决的进一步讨论，参见 Lazreg, *Torture and the Twilight of Empire*, 53 - 55; Richard Wolin, *The Wind from the East*。

［15］Aussaresses, *The Battle of the Casbah*, 129 and 130; Aussaresses, *Services Spéciaux*.

［16］"Colonel Roger Trinquier: la bataille d'Alger," INA, June 12 1970, http://www. ina. fr/video/CAF86015674, and on YouTube, https://www. youtube. com/watch? v = JLy_ MjvaYhw. 特别感谢 Raphaëlle Jean Burns 让我注意到这些。

［17］The leading source to consult here would be Alistair Horne's *A Savage War of Peace—Algeria 1954 - 62* (New York: New York Review books Classics, 2006). See also Kelly, *Lost Soldiers*, p. 196 and following.

［18］Henri Alleg, *The Question*, trans. John Calder (Lincoln NE: University of Nebraska Press, 2006), 84.

［19］Jean - Paul Sartre, preface to *The Question*, by Henri Alleg, xliv.

［20］Ibid. , xxviii.

［21］Geoff Demarest, "Let's Take the French Experience in Algeria Out of US Counterinsurgency Doctrine," *Military Review* (July/August 2010), 24n7, quoting Galula, *Pacification in Algeria*, 183.

［22］Galula, *Pacification in Algeria*, 118 - 119. 第 118 页，他提到"巴库什（Bakouch）把阿马尔（Amar）关在面包房的一个烤炉里，并告诉他，如果他不交代，就在烤炉下面点火。不到 10 分钟，阿马尔就喊着

要被放出来，他说他现在可以说了"。第 119 页，加吕拉写道，在检查了烤炉之后，他发现这套装置"很神奇"，并打算使用它；他要求任何使用烤炉的人都要先和他核实一下（他解释说，不是因为他有道德上的顾虑，他要求这样做是为了保持控制权）。

[23] Galula, quoted in Mathias, *Galula in Algeria*, 62.

[24] Galula, *Pacification in Algeria*, 77 and 103.

[25] Demarest, "Let's Take the French Experience," 21, quoting Galula, *Pacification in Algeria*, 262 and 268; Galula, *Pacification in Algeria*, 258 – 261. 这包括加吕拉文中的一个附录，记载了加吕拉对并不像自己所预测那样成功的有关反思，在其中讨论了他对民众行动的控制，以及他对证明完全忠诚的奖励和证明不忠的惩罚制度。Trinquier, *Modern Warfare*, 113.

[26] Gompert and Gordon, *War by Other Means*, 90n8.

[27] Fall, "A Portrait of the 'Centurion,'" xiii; Aussaresses, *The Battle of the Casbah*, 164; Aussaresses, *Services Spéciaux*, 196; Marlowe, *David Galula*, 41 and 42. See also Mathias, *Galula in Algeria*, 99. 奥萨赫斯、加吕拉和伯纳德·福尔在布拉格堡发表了演讲。

[28] Kaufman, "The World: Film Studies."

[29] Marlowe, *David Galula*, 7 – 9 and 14 – 15; Stephen T. Hosmer and Sibylle O. Crane, *Counterinsurgency: A Symposium April 16 – 20, 1962* (Santa Monica, RAND Corporation, November 1962), xx.

[30] Galula, *Counterinsurgency Warfare*. 1962 年至 1964 年，加吕拉在哈佛大学国际事务中心担任助理研究员时写下了这本书。该书由弗雷德里克·A. 普拉格（Frederick A. Praeger）出版，后者在 20 世纪 60 年代初出版了十几本关于反叛乱理论的其他专著。普拉格为普林斯顿国际研究中心出版了《普林斯顿世界政治研究》，彼得·帕雷特从 1960 年开始担任该研究中心的助理研究员，他同约翰·W. 夏伊（John W. Shy）合著的《20 世纪 60 年代的游击战》和《从印度支那到阿尔及利亚的法国革命战争》也在这些专著中。加吕拉与兰德公司的关系一直延续到现在。2006 年，兰德公司终于公开出版了加吕拉 1963 年的著作《阿尔及利亚的平定》，作为 1962 年研讨会的新版。参见 Hosmer and Crane, *Counterinsurgency: A Symposium*。兰德公司在其反叛乱研究中依旧重视加吕拉的著作，如 David

Gompert 和 John Gordon 在 2008 年完成的 519 页综合性兰德报告 *War by Other Means*。

［31］参见 Mathias, *Galula in Algeria*, 103, 其中讨论了加吕拉在越南的影响力, 包括在"不死鸟项目"上的影响力。马洛（Marlowe）声称: "特南鲍姆（Tennenbaum）指出, 越南'不死鸟项目'的设计者之一纳尔逊·布里克哈姆（Nelson Brickham）被加吕拉的反叛乱战争'深深吸引', 并且带着这一套走遍了整个越南。"（Marlowe, *David Galula*, 15.）不过, 马洛认为其影响总体上较小。See Marlowe, *David Galula*, 14.

［32］Paret, *French Revolutionary Warfare*, 66 – 76.

［33］Paret and Shy, *Guerrillas in the 1960's*, 47.

［34］Paret, *French Revolutionary Warfare*, 73 and 74.

［35］FM. 252.

［36］Broadwell, *All In*, 204 and 205.

［37］Demarest, "Let's Take the French Experience," 19.

［38］US Department of the Army, *Insurgencies and Countering Insurgency*, Field Manual 3 – 24, MCWP 3 – 33.5（Washington, DC: US Department of the Army: May 2014）; and Anderson, "Revolutionary Warfare after 1945," 22.

第二部分 在对外政策中的胜利

［1］Andy Müller-Maguhn et al., "Treasure Map: The NSA Breach of Telekom and Other German Firms," *Der Spiegel*, September 14, 2014, http://www.spiegel.de/international/world/snowden – documents – indicate – nsa – has – breached – deutsche – telekom – a – 991503.html.

［2］FM, 41.

［3］正如许多评论者所指出的那样, 反叛乱理论往往被分为"以敌人为中心"和"以民众为中心"两大方法。例子参见 Sitaraman, *The Counterinsurgent's Constitution*, 5。我认为这二者都是反叛乱理论的组成部分。

［4］FM, 41; and Sitaraman, *The Counterinsurgent's Constitution*, 5 and 149.

［5］ FM，49.

［6］ 正如历史学家埃德加·奥巴兰斯（Edgar O'Ballance）在谈到阿尔及利亚战争时所写的那样："人们可以简单地说，从军事角度来看，阿尔及利亚的战争是叛乱分子输了，但他们通过政治和外交手段获得了战争的胜利。"Edgar O'Ballance，*The Algerian Insurrection*，*1954 - 62*（Hamden，CT：Archon Books，1967），220.

［7］ FM，37 and 39.

［8］ Michael Hayden，*Playing to the Edge：American Intelligence in the Age of Terror*（New York：Penguin Books，2016）.

⌊9⌋ FM，51.

第 3 章　全面信息感知

［1］ See generally National Commission on Terrorist Attacks Upon the United States，*The 9/11 Commission Report*（2014），https：//www. 9 - 11commission. gov/report/911Report. pdf；Richard Posner，*Preventing Surprise Attacks：Intelligence Reform in the Wake of 9/11*（Lanham，MD：Rowman & Littlefield，2005）.

［2］ James Bamford，*The Shadow Factory：The NSA from 9/11 to the Eavesdropping on America*（New York：Anchor Books，2009），102；and Daniel Solove，*Nothing to Hide：The False Tradeoff Between Privacy and Security*（New Haven：Yale University Press，2011），183 - 185.

［3］ David Cole，"Can the NSA Be Controlled？" *The New York Review of Books*，June 19，2014，17，http：//www. nybooks. com/articles/archives/2014/jun/19/can - nsa - be - controlled.

［4］ Dan Eggen and Paul Kane，"Gonzales Hospital Episode Detailed，" *Washington Post*，May 16，2007，http：//www. washingtonpost. com/wp - dyn/content/article/2007/05/15/AR2007051500864. html；Bernard E. Harcourt，*Exposed：Desire and Disobedience in the Digital Age*（Cambridge，MA：Harvard University Press，2015）.

［5］ Gompert and Gordon，*War by Other Means*，137 and 137n25. 关于兰德公司和五角大楼为获得全面信息感知的先例，请听 Malcolm Gladwell，"Saigon 1965，" *Revisionist History*（podcast），season 1，episode 2，http：//

revisionisthistory. com/seasons。

[6] Anthony Lewis, introduction to *The Torture Papers*, xiii – xvi.

[7] Senate Report, 53, 54, and 69.

[8] Ibid. , 77.

[9] Marie-Monique Robin, *Escadrons de la mort*, *l'école française* (Paris: La Découverte, 2004), 55.

[10] Senate Report, 77, 30 – 31, and 33.

[11] Ibid. , 35.

[12] Ibid.

[13] Ibid. , 18.

[14] Ibid. , 18, 22, and 23.

[15] Ibid. , 36, 36 – 37 (emphasis added), and 38.

[16] Ibid. , 118.

[17] Ibid. , 69 – 70 (枪和钻头事件导致了中央情报局官员和基地负责人被训诫, 参见 Senate Report, 70), 117 ("将扫把柄放在被拘留者的膝盖后面, 让其保持压力姿势", 此事导致审讯人员被取消资格), 76 (对本·谢巴赫的审讯计划变成了模板), 81 – 82 (对哈立德·谢赫·穆罕默德的审讯计划)。

[18] Ibid. , 115 – 116.

[19] Greenberg and Dratel, eds. , *The Torture Papers*, 134 – 135 and 122.

[20] Ibid. , 119 – 120.

[21] Ibid. , 122 and 222.

[22] Ibid. , 213 – 214 (emphasis added).

[23] Ibid. , 227 – 228, 237, and 360 – 361.

[24] 尽管这些 "定时炸弹" 的隐喻本身就具有很大的误导性, 掩盖了酷刑的真实性。See generally Michelle Farrell, *The Prohibition of Torture in Exceptional Circumstances* (Cambridge UK: Cambridge University Press, 2013).

[25] Reproduced in Lu Ann Homza, *The Spanish Inquisition, 1478 – 1614: An Anthology of Sources* (Indianapolis: Hackett Publishing Company, 2006), 45 – 46. 此外, 关于 1513 年在托莱多针对玛丽亚·冈萨雷斯 (María González) 使用刑具和水刑的描述, 参见 Homza, *The Spanish*

Inquisition, 56 – 57。

[26] 例子参见 Gompert and Dratel, eds., *The Torture Papers*, 229。

[27] 例子参见 Gompert and Gordon, *War by Other Means*, 6 and following；Sitaraman, *The Counterinsurgent's Constitution*, 35 – 38。

[28] 无论如何，我还不如玛丽娜·拉兹雷格走得那样远。她在《酷刑与帝国的黄昏》一书中提出，酷刑是现代战争理论的**直接和必然**结果，或者说，"如果不使用（酷刑），就不可能成功地付诸实践"。参见 Marnia Lazreg, *Torture and the Twilight of Empire*, 15；see also p. 3。根据反叛乱理论的某些变体，酷刑可以避免，并以心理学方法或无人机打击等方法替代文。然而，这并不能挽救反叛乱理论，它只是代表了现代战争的不同类型。

[29] Laleh Khalili, *Time in the Shadows: Confinement in Counterinsurgencies* (Stanford: Stanford University Press, 2013)。

第4章　无限期拘留和无人机杀戮

[1] Mohamedou Ould Slahi, *Guantánamo Diary*, ed. Larry Siems (New York: Back Bay Books, 2015), 29 – 30.

[2] Ibid.

[3] Ibid.

[4] Slahi, *Guantánamo Diary*, 31 – 32.

[5] Khalili 在 *Time in the Shadows* 中深入分析了整个反叛乱历史中对被拘留者待遇的连续性。

[6] Giorgio Agamben, *Homo Sacer: Sovereign Power and Bare Life*, trans. Daniel Heller-Roazen (Stanford: Stanford University Press, 1998), 114.

[7] Jenifer Fenton, "Freed Guantanamo Detainees: Where are they now?" *Aljazeera*, January 11, 2016, http://www.aljazeera.com/indepth/features/2016/01/released – guantanamo – baydetainees – 160110094618370.html；and Noah Rayman, "Where Are All Those Freed Guantanamo Detainees Now?" *Time*, December 8, 2014, http://time.com/3624445/guantanamo – detainees – uruguay/.

[8] Andrew Taylor, "Speaker: Legal Steps to Stop Obama from Closing Guantánamo," *US News & World Report*, February. 24, 2016, https://

www. usnews. com/news/politics/articles/2016 – 02 – 24/speaker – legal – steps –
to – stop – obama – from – closing – guantanamo.

[9] Tom Kludt, "Gitmo Diary Cracks Amazon's Top – Sellers List," CNN:
Media, January 21, 2015, http: //money. cnn. com/2015/01/20/media/guantanamo
– diary – mohamedou – ould – slahi – aclu/; "*Guantánamo Diary*," Little, Brown and
Company, accessed May 10, 2017, http: //www. littlebrown. com/guantanamo. html;
"Zero Dark Thirty," Box Office Mojo, accessed May 10, 2017, http: //www.
boxofficemojo. com/movies/? id = binladen. htm. 这部电影的票房总收入超过
1. 328 亿美元，如果以 1 张电影票为 8. 15 美元来算（当时全国均价），那
么就意味着卖出了 1600 多万张票。

[10] Slavoj Žižek, "Zero Dark Thirty: Hollywood's Gift to American
Power," *Guardian*, January 25, 2013, https: //www. theguardian. com/
commentisfree/2013/jan/25/zero – dark – thirty – normalises – torture –
unjustifiable.

[11] Chamayou, *A Theory of the Drone*, 46.

[12] The Bureau of Investigative Journalism, "Drone Warfare", accessed
April 23, 2017, https: //www. thebureauinvestigates. com/projects/drone –
war.

[13] Ken Dilanian, Courtney Kube and William M. Arkin, "US Launches
Airstrikes in Yemen," NBC News, March 2, 2017, http: //www. nbcnews.
com/news/us – news/u – s – launches – air – strikes – yemen – n728186.

[14] Murtaza Hussain, "US Has Only Acknowledged a Fifth of Its Lethal
Strikes, New Study Finds," *The Intercept*, June 13, 2017, https: //
theintercept. com/2017/06/13/drone – strikes – columbia – law – human – rights-
yemen/; Alex Moorehead and Waleed Alhariri, "US Secrecy and Transparency
in the Use of Lethal Force," *Just Security*, June 13, 2017, https: //
www. justsecurity. org/42059/u – s – secrecy – transparency – lethal – force/.

[15] Chamayou, *A Theory of the Drone*, 64.

[16] David Kilcullen and Andrew McDonald Exum, "Death From Above,
Outrage Down Below," *New York Times*, May 16, 2009, http: //www.
nytimes. com/2009/05/17/opinion/17exum. html. Also cited in Chamayou, *A
Theory of the Drone*, 65.

［17］ Chamayou, *A Theory of the Drone*, 62.

［18］ Ibid. , 12.

［19］ Kilcullen and Exum, "Death From Above, Outrage Down Below. "

［20］ US Director of National Intelligence, "Summary of Information Regarding US Counterterrorism Strikes Outside Areas of Active Hostilities," https：//content. govdelivery. com/attachments/USODNI/2016/07/01/file_ attachments /579487/DNI% 2BRelease% 2Bon% 2BCT% 2BStrikes% 2BOutside% 2BAreas% 2Bof% 2BActive% 2BHostilities_ FINAL. PDF；Office of the Press Secretary, "Executive Order on the US Policy on Pre & Post - Strike Measures," The White House, Statements & Releases, July 1, 2016, https：//www. whitehouse. gov/the - press - office/2016/07/01/fact - sheet - executive - order - us - policy - pre - post - strike - measures - address; Charlie Savage and Scott Shane, "US Reveals Death Toll From Airstrikes Outside War Zones," *New York Times*, July 1, 2016, http：// www. nytimes. com/2016/07/02/world/us - reveals - death - toll - from - airstrikes - outside - of - war - zones. html.

［21］ Savage and Shane, "US Reveals Death Toll. "

［22］ Jack Serle, "Obama Drone Casualty Numbers a Fraction of Those Recorded by the Bureau Comments," Bureau of Investigative Journalism, July 1, 2016, https：//www. thebureauinvestigates. com/2016/07/01/obama - drone - casualty - numbers - fraction - recorded - bureau/；Savage and Shane, "US Reveals Death Toll" and Greg Miller, "Why the White House Claims on Drone Casualties Remain in Doubt," *Washington Post*, July 1, 2016, https：//www. washingtonpost. com/world/national - security/why - the - white - house - claims - on - drone - casualties - remain - in - doubt/.

［23］ "Out of the Shadows: Recommendations to Advance Transparency in the Use of Lethal Force," Columbia Law School Human Rights Clinic and Sana'a Center for Strategic Studies, June 2017, https：//www. outoftheshadowsreport. com/# new - page; and Hussain, "US Has Only Acknowledged a Fifth of Its Lethal Strikes. "

［24］ "Strikes in Afghanistan," the Bureau of Investigative Journalism, https：// www. thebureauinvestigates. com/projects/drone - war/charts? show_ casualties = 1&show _ injuries = 1&show _ strikes = 1&location = afghanistan &from = 2015 - 1 - 1&to = now.

［25］Kilcullen and Exum, "Death From Above, Outrage Down Below."

［26］Henry Barnes, "'The PTSD Stems from This Dirty Work': New Film Documents Regretful Drone Pilots," *Guardian*, February 15, 2016, https：//www. theguardian. com/film/2016/feb/15/sonia - kennebeck - us - air - force - drone - war - home - roost. 休·古斯特森（Hugh Gusterson）在他的书中研究了类似的问题及远距离杀戮问题，参见 *Drone*：*Remote Control Warfare*（Cambridge, MA：MIT Press, 2016）。

［27］Eric Fair, "An Interrogator's Nightmare," *Washington Post*, February 9, 2007, http：//www. washingtonpost. com/wp - dyn/content/article/ 2007/02/08/AR2007020801680. html；Eric Fair, *Consequence*：*A Memoir*（New York：Henry Holt and Company, 2016）.

［28］Eric Fair, "Owning Up to Torture," *New York Times*, March 19, 2016, http：//www. nytimes. com/2016/03/20/opinion/sunday/owning - up - to - torture. html.

［29］一些口述参见 Eric Fair, *Democracy Now*, https：//youtu. be/ 2oGh93UnxQg 和 https：//youtu. be/VRQzf2QcidA，或 *Democracy Now*, https：//youtu. be/S6sqUJaxMdM 和 https：//youtu. be/Arlvkgvfvga 上的无人机操作员的口述。

［30］Chamayou, *A Theory of the Drone*, 16, 15, and 177.

［31］Theodor Adorno, *Minima Moralia*：*Reflections on a Damaged Life* （1944；repr. London：Verso, 2005）；discussed also in Chamayou, *A Theory of the Drone*, 205.

［32］See Chris Woods and Jack Serle, "Hostage Deaths Mean 38 Westerners Killed by US Drone Strikes, Bureau Investigation Reveals," Bureau of Investigative Journalism, April 23, 2015, https：//www. thebureauinvestigates. com/2015/04/ 23/hostage - deaths - mean - 38 - westerners - killed - us - drone - strikes/.

第5章 赢得民心

［1］Roger Trinquier, *Modern Warfare*, 105；FM, 35.

［2］Rosa Brooks, *How Everything Became War and the Military Became*

Everything: *Tales from the Pentagon* (New York: Simon & Schuster, 2016), 344, 341, and 14.

[3] 参见 Mathias, *Galula in Algeria* 第 2 章，其中详细描述了加吕拉在阿尔及利亚米穆纳山的作为。

[4] FM, 54 – 55.

[5] FM, 98; see also Sitaraman, *The Counterinsurgent's Constitution*, 11 and 38. "在经济上，反叛乱者寻求一种稳定的环境以促进重建和发展项目。在社会上，反叛乱者提供基本服务，如供应水资源、处理污水和收集垃圾等，他们代表着当地的宗教和文化习俗"（Sitaraman 11）。

[6] Peter Baker, "Trump Chooses H. R. McMaster as National Security Adviser," *New York Times*, February 20, 2017, https://www. nytimes. com/ 2017/02/20/us/politics/mcmaster – national – security – adviser – trump. html; see also FM, 375; "Clear – Hold – Build in Tal Afar, 2005 – 2006: Office of the Assistant Secretary of Defense (Public Affairs)," news Briefing with Col. H. R. McMaster, January 27, 2006.

[7] FM, 183 – 184.

[8] Galula, *Counterinsurgency Warfare*, 78.

[9] Quoted in Broadwell, *All In*, 59 and 61 – 62.

[10] Broadwell, *All In*, 62.

[11] Matthieu Aikins, "The Bidding War," *New Yorker*, March 7, 2016, http://www. newyorker. com/magazine/2016/03/07/the – man – who – made – millions – off – the – afghan – war; Alissa J. Rubin, "Afghan Commander Issues Rules on Contractors," *New York Times*, September 12, 2010, http://www. nytimes. com/2010/09/13/world/13petraeus. html.

[12] Aikins, "The Bidding War."

[13] Ibid.

[14] Ibid.

[15] Ibid.; Broadwell, *All In*, 77 – 79; and Rubin, "Afghan Commander Issues Rules on Contractors."

[16] Chaliand, *Guerrilla Strategies*, 29; Marnia Lazreg, *Torture and the Twilight of Empire*, 58. 在这方面值得注意的是，大卫·加吕拉在阿尔及利亚指挥后，花了几年时间在法国国防部的"心理行动处"进行无线电反

宣传工作；参见 Mathias, *Galula in Algeria* 第 5 章。

［17］Kimberly Dozier, "Anti-ISIS-Propaganda Czar's Ninja War Plan：We Were Never Here," *The Daily Beast*, March 15, 2016, http：//www.thedailybeast. com/articles/2016/03/15/obama‐s‐new‐anti‐isis‐czar‐wants‐to‐use‐algorithms‐to‐target‐jihadis. html.

［18］更多对数字识别和确定刚怀孕妇女的评论，参见 Harcourt, *Exposed*, 124, 194, and 246；另参见 Dozier, "Anti-ISIS-Propaganda Czar's Ninja War Plan"。

［19］Dozier, "Anti-ISIS-Propaganda Czar's Ninja War Plan."

［20］Ibid.

［21］Ibid.

［22］Ibid.

［23］Galula, *Pacification in Algeria*, 102.

［24］Dozier, "Anti-ISIS-Propaganda Czar's Ninja War Plan."

［25］See Aussaresses, *Services Spéciaux*；and Aussaresses, *The Battle of the Casbah*.

［26］General Massu, *The Real Battle of Algiers*, quoted in Kaufman, "The World：Film Studies."

第 6 章　通过恐怖实施统治

［1］Trinquier, *Modern Warfare*, 113.

［2］我在这一章中提出的通过恐怖来统治的理念，要归功于福柯关于统治方式的著作以及伊恩·哈金（Ian Hacking）的著作，还有乔纳森·西蒙（Jonathan Simon）关于反犯罪战争中的统治技巧的精彩著作——*Governing Through Crime*（New York：Oxford University Press, 2006）。

［3］Alleg, *The Question*, 38, 41, and 47.

［4］Page duBois, *Torture and Truth*（New York：Routledge, 1991），152 and 7.

［5］Ibid. , 64 and 65.

［6］Ibid. , 35.

［7］不是说西哥特人不使用酷刑，他们也有关于使用酷刑的规则和规范——也许是更"负责任"的规则和规范，即对使用酷刑者施加更大

责任的规定。参见罗伯特·伯恩斯（Robert Burns）在《七法全书》中对西哥特人的规定的特别有趣的总结：ed. Robert I. Burns, trans. Samuel Parsons Scott（Philadelphia：University of Pennsylvania Press，2000，以下简称"LSP"），1462；see also Jesús R. Velasco, *Dead Voice*（Philadelphia：University of Pennsylvania Press，forthcoming）。

［8］LSP，1459，650，and 1459 – 1460. 责任警告特别有意思。正如霍姆扎（Homza）所写："宗教裁判中会明确警告被告，他们在酷刑过程中受到的任何伤害都是他们自己的过错。"（Homza, *The Spanish Inquisition*, xxv.）我们从每桩酷刑案件中都可以看到这一点。例如，在1494 年于托莱多受审的玛丽娜·冈萨雷斯案中，审讯官们"说，如果在酷刑过程中，她受到了一些伤害、损害、残害，或死亡，那是她的错，而不是他们的错"（Homza, *The Spanish Inquisition*, 45）。或者是在1513 年托莱多的玛丽亚·冈萨雷斯的案件中，审讯者强调，"如果她在酷刑过程中死亡、受伤或失去肢体，那是她自己的错"（Homza, *The Spanish Inquisition*, 55）。相比之下，在《七法全书》中，责任似乎是由审讯者来承担。

［9］Homza, *The Spanish Inquisition*, xiii – xiv and 64 – 79.

［10］Ibid. , xiv；LSP，1462n.

［11］Emmanuel Le Roy Ladurie, *Montaillou：The Promised Land of Error*（New York：Vintage Books，1978），xiv and xv.

［12］See, generally, Karen J. Greenberg, *Rogue Justice：The Making of the Security State*（New York：Crown Publishers，2016），174 – 182.

［13］Bob v. State, 32 Ala. 560, 562（1858）.

［14］Mose v. State, 36 Ala. 211, 226（1860）.

［15］State v. Clarissa, 11 Ala. 57（1847）；see 61 and 61 – 62.

［16］Ibid. , 62.

［17］正如亚拉巴马州最高法院所解释的那样，奴隶主"不愿奴隶被定罪，否则后果是损失其价值的一半，甚至可能损失其全部价值"。The State v. Marshall, 8 Ala. 302, 307（1845）.

［18］当鲍勃被关在县监狱里时，狱卒麦吉希（McGehee）告诉他："鲍勃，你是个傻瓜；你最好认罪；这里的每一个人都认为你有罪；你应该知道，你认罪，让你的主人把你的价值收入囊中，这比让你的脖子断了

而他没有钱给你要好得多。" Bob v. State, 32 Ala. 560, 562 – 563（June 1858）.

［19］Flag of the Union, December 7, 1842.

［20］See generally Bernard E. Harcourt, "Imagery and Adjudication in the Criminal Law: The Relationship Between Images of Criminal Defendants and Ideologies of Criminal Law in Southern Antebellum and Modern Appellate Decisions," *Brooklyn Law Review* 61（1995）: 1206 – 214.

［21］Feodor Dostoevsky, "The Grand Inquisitor," trans. Helena Blavatsky（1881; repr. Project Gutenberg, 2005）, https: //www. gutenberg. org/files/8578/8578 – h/8578 – h. htm.

［22］Ashley Parker and Maggie Haberman, "Donald Trump, After Difficult Stretch, Shows a Softer Side," *New York Times*, April 20, 2016, http: //www. nytimes. com/2016/04/21/us/politics/donald – trump – interview. html; Alex Myers, "Donald Trump Compares Winning Presidential Primaries to Winning Club Championships," *GolfDigest*, March 6, 2016, http: // www. golfdigest. com/story/donald – trump – compares – winning – presidential – primaries – to – winning – club – championships; Ian Schwartz, "Trump: 'We Will Have So Much Winning If I Get Elected That You May Get Bored With Winning,'" *RealClearPolitics*, September 9, 2015, http: //www. realclearpolitics. com/video/ 2015/09/09/trump_ we_ will_ have_ so_ much_ winning_ if_ i_ get_ elected_ that_ you_ may_ get_ bored_ with_ winning. html.

［23］Richard C. Paddock, "Becoming Duterte: The Making of a Philippine Strongman," *New York Times*, March 21, 2017, https: //www. nytimes. com/2017/03/21/world/asia/rodrigo – duterte – philippines – president – strongman. html.

［24］Ibid.

［25］Alleg, *The Question*, 81 – 82.

［26］Ibid. , 82.

［27］Marnia Lazreg, "Women: Between Torture and Military Feminism," *Torture and the Twilight of Empire*, 145 – 169.

［28］Alleg, *The Question*, 68 and 85.

［29］Ibid. , 93.

［30］Ibid.

［31］Jean-Paul Sartre, preface to *The Question*, by Henri Alleg, xxxi and xliii.

［32］Alleg, *The Question*, 96.

［33］Ibid. (emphasis added).

［34］Sartre, preface to *The Question*, xliii.

［35］Lazreg, *Torture and the Twilight of Empire*, 155.

［36］Ibid., 268.

［37］James Baldwin, "Here Be Dragons or Freaks and the American Ideal of Manhood" (1985), 212.

［38］Ibid., 208.

［39］Jean-Paul Sartre, preface to *The Wretched of the Earth*, by Franz Fanon, trans. Richard Philcox (New York: Grove Press, 2005), 36.

［40］Cf. Moustafa Bayoumi 的 *This Muslim American Life: Dispatches from the War on Terror* (New York: New York University Press, 2015) 中回溯了美国自 19 世纪末以来将穆斯林种族化的历史。

［41］Agamben, *Homo Sacer*, 114 and 154.

［42］Ibid., 184 - 185 and 185.

［43］Ibid., 8.

［44］这绝不是以任何方式否认抵制这种赤裸生命的丰富的人类生活。虽然阿甘本认为集中营的功能是非人化的观点是正确的，但对我们来说重要的是必须永远不停地看到和写出在这些情况下的生活经验和生活意志的复杂性。当我们说到"赤裸生命"时，我们几乎栖息在纳粹领导人或监狱长的世界观中。但"赤裸生命"的概念总是对受害者人性施加的不公正。这也许是它的功能，尽管我们的责任是抵制。作为一个伦理问题，我们的当务之急是抵制赤裸生命。换句话说，我们必须永远不要把生命仅仅看作存在，而是要始终寻求在这种赤裸中找到生命的复杂性。例子参见 Banu Bargu, *Starve and Immolate: The Politics of Human Weapons* (New York: Columbia University Press, 2014)。

［45］Adriana Cavarero, *Horrorism: Naming Contemporary Violence* (New York: Columbia University Press, 2009). 如果有了更多的时间和空间，当然，除此之外，以下方面发展的贡献也将是至关重要的：Allen Feldman,

Archives of the Insensible:*Of War*, *Photopolitics*, *and Dead Memory* (Chicago: University of Chicago Press, 2015); Achille Mbembe, "Necropolitics," *Public Culture* 15 (2003): 11 - 40; Orlando Patterson, *Slavery and Social Death*:*A Comparative Study* (Cambridge, MA: Harvard University Press, 1982); Elaine Scarry, *The Body in Pain*:*The Making and Unmaking of the World* (New York: Oxford University Press, 1987); Alexander G. Weheliye, *Habeas Viscus*:*Racializing Assemblages*, *Biopolitics*, *and Black Feminist Theories of the Human* (Durham, NC: Duke University Press, 2014), 这 些 人在讨论中做出了重要贡献。

[46] See Michel Foucault, *Théories et institutions pénales. Cours au Collège de France. 1971 - 1972* (Paris, Gallimard/Le Seuil, 2015).

[47] Heather Ann Thompson, *Blood in the Water*:*The Attica Prison Uprising of 1971 and Its Legacy* (New York: Pantheon Books, 2016).

[48] Jean-Paul Sartre, *Critique of Dialectical Reason*, trans. Alan Sheridan-Smith (London: Verso, 1991), 43; see also Sartre, preface to *The Wretched of the Earth*; Wolin, *The Wind from the East*.

[49] Dostoevsky, "The Grand Inquisitor."

第三部分　　反叛乱的本土化

[1] 关于安瓦尔·奥拉基的背景，参见 Scott Shane, "The Lessons of Anwar al-Awlaki," *New York Times*, August. 27, 2015, http://www. nytimes. com/2015/08/30/magazine/the - lessons - of - anwar - al - awlaki. html; Adam Taylor, "The US Keeps Killing Americans in Drone Strikes, Mostly by Accident," *Washington Post*, April 23, 2015, https://www. washingtonpost. com/news/worldviews/wp/2015/04/23/the - u - s - keeps - killing - americans - in - drone - strikes - mostly - by - accident/; Michael Boyle and Hina Shamsi, "Killing Americans Abroad: Is the Obama Administration Justified?", Al Jazeera American, June 24, 2014, http://america. aljazeera. com/watch/shows/inside - story/articles/2014/6/24/drones - memo - releasewastheobamaadministrationjustified. html。

[2] Memorandum from David J. Barron to the attorney general, US

Department of Justice, July 16, 2010, https: //www. aclu. org/sites/default/files/assets/2014 - 06 - 23＿barron - memorandum. pdf; Spencer Ackerman, "US Cited Controversial Law in Decision to Kill American Citizen by Drone," *Guardian*, June 23, 2014, http: //www. theguardian. com/world/2014/jun/23/us - justification - drone - killing - american - citizen - awlaki.

[3] Jonathan Masters, "Targeted Killings," Council of Foreign Relations, updated May 23, 2013, http: //www. cfr. org/counterterrorism/targeted - killings/p9627. 美国公民自由联盟对无人机杀害奥拉基提出了两起诉讼。第一起诉讼被驳回，因为联邦地区法院认为原告缺乏诉讼资格，而且该案提出了政治问题。第二起诉讼也被驳回，因为联邦地区法院认为，原告不存在隐含的诉讼权，不能提出比文斯诉求（a Bivens claim）。参见 Al Aulaqi v. Panetta, Center for Constitutional Rights, June 29, 2015, https: //ccrjustice. org/home/what - we - do/our - cases/al - aulaqi - v - panetta; "Al - Aulaqi v. Panetta—Constitutional Challenge to Killings of Three US Citizens," ACLU, June 4, 2014, https: //www. aclu. org/cases/al - aulaqi - v - panetta - constitutional - challenge - killing - three - us - citizens。美国公民自由联盟和《纽约时报》也提起诉讼，迫使政府公布载有杀害奥拉基的法律依据的文件，这导致2010年7月16日备忘录被公布。参见 Devlin Barrett and Siobhan Gorman, "US Memo Outlines Rationale for Drone Strikes on Citizens," *Wall Street Journal*, June 26, 2014, http: //www. wsj. com/articles/u - s - can - kill - citizens - abroad - under - certain - circumstances - memo - says - 1403542004。关于对其原理的反应，参见 Ackerman, "US Cited Controversial Law"; and interview of David Sedney in Boyle and Shamsi, "Killing Americans Abroad: Is the Obama Administration Justified?", Al Zazeera America, June 24, 2014, http: //america. aljazeera. com/watch/shows/inside - story/articles/2014/6/24/drones - memo - releasewastheobamaadministrationjustified. html。

[4] Masters, "Targeted Killings. "

[5] As per the Bureau of Investigative Journalism on April 23, 2015, see Woods and Serle, "Hostage Deaths Mean"; Adam Taylor, "The US Keeps Killing Americans. "

[6] Adam Baron, "US Drone Strikes Came Despite Yemen's Hopes to Limit

Them," April 24, 2014, http://www.mcclatchydc.com/news/nation - world/world/middle - east/article24766561.html; Taylor, "The US Keeps Killing Americans"; Craig Whitlock et al., "Obama Apologizes for Attack That Killed Two Hostages," *Washington Post*, April 23, 2015, https://www.washingtonpost.com/world/national - security/us - operation - kills - al - qaeda - hostages - including - american/2015/04/23/8e9fcaba - e9bd - 11e4 - aae1 - d642717d8afa_story.html; Mark Mazzetti, "Killing of Americans Deepens Debate Over Use of Drone Strikes Abroad," *New York Times*, April 23, 2015, http://www.nytimes.com/2015/04/24/world/asia/killing - of - americans - deepens - debate - over - proper - use - of - drone - strikes.html.

[7] Sewell Chan and Kimiko de Freytas - Tamura, "Pentagon Says 'Jihadi John' Was Probably Killed in Airstrike," *New York Times*, November 13, 2015, http://www.nytimes.com/2015/11/14/world/europe/jihadi - john - mohammed - emwazi - david - cameron - statement.html; Adam Goldman et al. "US Strike Believed to Have Killed 'Jihadi John,' Islamic State Executioner," *Washington Post*, November 13, 2015, https://www.washingtonpost.com/world/national - security/us - drone - strike - targeted - jihadi - john - the - briton - linked - to - hostage - beheadings/2015/11/13/8d58595c - 89df - 11e5 - be39 - 0034bb576eee_story.html; Prime Minister David Cameron, as quoted in Chan and de Freytas - Tamura, "Pentagon Says."

[8] Nash Jenkins, "German Rapper Who Joined ISIS Killed in US Air Strike in Syria", *Time*, October. 30, 2015, http://time.com/4093945/denis - cuspert - deso - dogg - isis/; Christine Hauser, "Pentagon Says Deso Dogg, Ex - Rapper and ISIS Recruiter, Survived Airstrike After All," *New York Times*, August 3, 2016, http://www.nytimes.com/2016/08/04/world/pentagon - says - isis - recruiter - survived - airstrike - in - 2015 - after - all.html; Terrorist Designation of Denis Cuspert, US Department of State, February 9, 2015, http://www.state.gov/j/ct/rls/other/des/266538.htm.

[9] See Woods and Serle, "Hostage Deaths Mean."

第 7 章　反叛乱回国

[1] Sewell Chan, "Shootings in Dallas, Minnesota and Baton Rouge:

What We Know," *New York Times*, July 8, 2016, http://www. nytimes. com/2016/07/09/us/dallas – attacks – what – we – know – baton – rouge – minnesota. html; Henry Fountain and Michael S. Schmidt, "'Bomb Robot' Takes Down Dallas Gunman, but Raises Enforcement Questions," *New York Times*, July 8, 2016, http://www. nytimes. com/2016/07/09/science/dallas – bomb – robot. html.

［2］Noah Feldman, "Crime Scenes and Weapons of War," *Bloomberg View*, July 11, 2016, http://www. bloomberg. com/view/articles/2016 – 07 – 11/crime – scenes – and – weapons – of – war.

［3］Ibid.

［4］可通过阅读此著作更好地理解：*Life During Wartime*: *Resisting Counterinsurgency*, eds. Kristian Williams, Will Munger, and Lara Messersmith-Glavin (Oakland, CA: AK Press, 2013)，其中强调了反叛乱的本土化。

［5］Niraj Chokshi, "Militarized Police in Ferguson Unsettles Some; Pentagon Gives Cities Equipment," *Washington Post*, August 14, 2014, https://www. washingtonpost. com/politics/militarized – police – in – ferguson – unsettles – some – pentagon – gives – cities – equipment/2014/08/14/4651f670 – 2401 – 11e4 – 86ca – 6f03cbd15c1a_ story. html

［6］Matt Apuzzo, "War Gear Flows to Police Departments," *New York Times*, June 8, 2014, https://www. nytimes. com/2014/06/09/us/war – gear – flows – to – police – departments. html; "MRAPs And Bayonets: What We Know About The Pentagon's 1033 Program," NPR, September 2, 2014, www. npr. org/2014/09/02/342494225/mraps – and – bayonets – what – we – know – about – the – pentagons – 1033 – program; Shane Bauer, "The Making of the Warrior Cop," *Mother Jones*, October 2014, http://www. motherjones. com/politics/2014/10/swat – warrior – cops – police – militarization – urban – shield.

［7］"Obama Administration Military Surplus Review." *Congressional Digest* 94, no. 2 (February 2015): 4. MAS Ultra—School Edition, EBSCOhost, accessed May 12, 2017.

［8］Radley Balko, *Rise of the Warrior Cop*: *The Militarization of America's Police Forces* (New York: Public Affairs, 2013), 333.

［9］Chokshi，"Militarized Police."

［10］Alex Horton，"In Iraq，I Raided Insurgents. In Virginia，the Police Raided Me，" *Washington Post*，July 24，2015，https：// www. washingtonpost. com/opinions/in－iraq－i－raided－insurgents－in－ virginia－the－police－raided－me/2015/07/24/2e114e54－2b02－11e5－ bd33－395c05608059_ story. html.

［11］参见 Urbandictionary. com 上 "swatting" 一词的定义。

［12］Jason Fagone，"The Serial Swatter：Internet Trolls Have Learned to Exploit Our Over－Militarized Police，" *New York Times*，November 24，2015，https：//www. nytimes. com/2015/11/29/magazine/the－serial－swatter. html.

［13］NPR，"North Dakota Legalizes Armed Police Drones，" August 27，2015，http：//www. npr. org/sections/thetwo－way/2015/08/27/435301160/ north－dakota－legalizes－armed－police－drones；Police Foundation，"New Publication—Community Policing & Unmanned Aircraft Systems（UAS）： Guidelines to Enhance Community Trust，" https：//www. policefoundation. org/ new－publication－community－policing－unmanned－aircraft－systems－uas－ guidelines－to－enhance－community－trust/.

［14］Redditt Hudson，"I'm a Black Ex－Cop，and This Is the Real Truth About Race and Policing，" *Vox*，7 July 2016，http：//www. vox. com/2015/ 5/28/8661977/race－police－officer.

［15］Jack Maple and Chris Mitchell，*The Crime Fighter：Putting the Bad Guys Out of Business*（New York：Doubleday，1999），31，7.

［16］出自 1967 年 8 月 25 日 J. 埃德加·胡佛的备忘录，援引自 Bloom and Martin，Black Against Empire，第 201 页。虽然新名词 COINTELPRO 中的 "COIN" 并非指字面意思上的 "反叛乱"，但其中的相似性很惊人。关于其中的一些相似之处的讨论参见 Walidah Imarisha and Kristian Williams，"COINTELPRO TO COIN：Claude Marks Interviewed，" in *Life During Wartime*，27－43。

［17］胡佛明确将黑豹党视为叛乱分子。他是以武装反殖民的革命运动角度来看待他们的。事实上，黑豹党中的一些成员就是毛派分子，他们确实支持非洲和亚洲的革命解放运动。当埃尔德里奇·克利弗于 1968 年从美国逃到阿尔及利亚，成立黑豹党国际部时，他将其与阿尔及利亚、朝

鲜、北越和中国的解放运动联系在一起。但重要的不是他们的政治性，而是胡佛将黑豹党视为叛乱分子——将其视为全球解放运动的一部分。实际上，用胡佛自己的话说，他将黑豹党视为"对国家内部安全的最大威胁"。参见 Bloom and Martin, *Black Against Empire*, 3；Wolin, *The Wind from the East*, 14。

［18］出自 1968 年 3 月 J. 埃德加·胡佛的备忘录。援引自 Bloom and Martin, *Black Against Empire*, 202 页。鉴于黑豹党的社会计划的受欢迎程度，如"儿童免费早餐计划"，对联邦调查局来说，诋毁黑豹党特别重要——这些计划的目的是为社区服务，部分是受毛派的理想和策略的启发。

［19］Frank Trippett, "It Looks Just Like a War Zone," *Time*, June 24, 2001, http://content. time. com/time/magazine/article/0, 9171, 141842, 00. html.

［20］Charles F. Sabel and William H. Simon, "The Duty of Responsible Administration and the Problem of Police Accountability" (working paper in author's Possession, September 22, 2015).

［21］Bernard E. Harcourt, *Illusion of Order: The False Promise of Broken-Windows Policing* (Boston: Harvard University Press, 2001).

［22］Ibid.; Sable and Simon, "The Duty," 27 – 28.

［23］Maple and Mitchell, *The Crime Fighter*, 31.

［24］Sabel and Simon, "The Duty," 28.

［25］所有这些引用参见 Maple and Mitchell, *The Crime Fighter*, 31, 79, 135 – 138, 144, 178, 222, and 242。

［26］Ibid., 31.

［27］Sabel and Simon, "The Duty," 33, 36, and 40. 问题导向型警务工作与威斯康星州法学教授赫尔曼·戈德斯坦（Herman Goldstein）密切相关，他在《问题导向型警务》（*Problem - Oriented Policing*, New York: McGraw Hill, 1990）一书中阐述了他的方法原则。

［28］Sable and Simon, "The Duty," 41.

［29］Heather Mac Donald, "The New Nationwide Crime Wave," *Wall Street Journal*, May 29, 2015, http://www. wsj. com/articles/the - new - nationwide - crime - wave - 1432938425.

[30] *Guardian*, https： //www. theguardian. com/us − news/ng − interactive/ 2015/jun/01/the − counted − police − killings − us − database； *Washington Post*, https： //www. washingtonpost. com/graphics/national/police − shootings −2016/.

[31] Elizabeth Hinton, *From the War on Poverty to the War on Crime： The Making of Mass Incarceration in America* (Cambridge, MA： Harvard University Press, 2016).

[32] National Weed and Seed Program, US Department of Justice, https： //www. ojjdp. gov/pubs/gun_ violence/sect08 − e. html.

第 8 章　监视美国人

[1] FM, 79.

[2] Galula, *Pacification in Algeria*, 72.

[3] Apuzzo and Goldman, "With CIA Help"；"Highlights of AP's Pulitzer Prize − winning probe into NYPD intelligence operations," Associated Press (with links to stories and documents), https： //www. ap. org/about/ awards − and − recognition/highlights − of − aps − pulitzer − prize − winning − probe − into − nypd − intelligence − operations； Ryan Devereaux, "Judge Who Approved Expanding NYPD Surveillance of Muslims Now Wants More Oversight," *The Intercept*, November 7, 2016, https： //theintercept. com/ 2016/11/07/judge − who − approved − expanding − nypd − surveillance − of − muslims − now − wants − more − oversight.

[4] "Target of Surveillance", https： //www. ap. org/about/awards − and − recognition/highlights − of − aps − pulitzer − prize − winning − probe − into − nypd − intelligence − operations.

[5] "Nov. 22, 2006 NYPD Weekly MSA Report," https： //www. ap. org/about/awards − and − recognition/highlights − of − aps − pulitzer − prize − winning − probe − into − nypd − intelligence − operations.

[6] "April 25, 2008 Deputy Commissioner's Briefing," https： //www. ap. org/about/awards − and − recognition/highlights − of − aps − pulitzer − prize − winning − probe − into − nypd − intelligence − operations.

[7] "April 25, 2008 Deputy Commissioner's Briefing," https： //www. ap. org/about/awards − and − recognition/highlights − of − aps − pulitzer −

prize – winning – probe – into – nypd – intelligence – operations.

[8] "Sept. 25, 2007 Newark, N. J. Demographics Report," 48 and 50, https: //www. ap. org/about/awards – and – recognition/highlights – of – aps – pulitzer – prize – winning – probe – into – nypd – intelligence – operations.

[9] Apuzzo and Goldman, "With CIA Help."

[10] DOI's Inspector General for NYPD, "An Investigation."

[11] See Handschu v. NYPD, case no. 1: 71 – cv – 02203 – CSH – SCS, "Ruling on Proposed Settlement Agreement," document 465 filed October, 28, 2016 (opinion tracing history of *Handschu* and *Raza* litigation), https: //www. aclu. org/legal – document/raza – v – new – york – handschu – court – ruling – proposed – revisions – handschu – guidelines; "Raza v. City of New York—Legal Challenge to NYPD Muslim Surveillance Program," ACLU, March 6, 2017, https: //www. aclu. org/cases/raza – v – city – new – york – legal – challenge – nypd – muslim – surveillance – program.

[12] See Mark Hensch, "Trump Won't Rule Out Database, Special ID for Muslims in US," *The Hill*, November 19, 2015, http: //thehill. com/ blogs/ballot – box/presidential – races/260727 – trump – wont – rule – out – database – special – id – for – muslims; Dean Obeidallah, "Donald Trump's Horrifying Words About Muslims," CNN, November 21, 2015, http: // www. cnn. com/2015/11/20/opinions/obeidallah – trump – anti – muslim/.

[13] Hensch, "Trump Won't Rule."

[14] "The US Attorney's Letter," CNN, November 27, 2001, http: //www. cnn. com/2001/US/11/27/inv. questioning. letters/; see generally "Hundreds in Michigan Asked to Submit to 'Terror Questioning,'" CNN, November 28, 2001, http: //edition. cnn. com/2001/US/11/27/inv. michigan. interviews/index. html; Mitch Frank, "Feds and Cops at odds over Terror Investigation," *Time*, November 29, 2001, http: //content. time. com/time/nation/article/0, 8599, 186383, 00. html; Jodi Wilgorennov, "A Nation Challenged: The Interviews; Michigan 'Invites' Men From Mideast To Be Interviewed," *New York Times*, November 27, 2001, http: //www. nytimes. com/2001/11/27/us/nation – challenged – interviews – michigan – invites – men – mideast – be – interviewed. html.

[15] Julia Angwin et al., "AT&T Helped US Spy on Internet on a Vast Scale," *New York Times*, August 15, 2015, http: //www. nytimes. com/2015/08/16/us/politics/att – helped – nsa – spy – on – an – array – of – internet – traffic. html.

[16] 关于奥巴马总统对《美国自由法案》的言论，参见 https: //www. whitehouse. gov/the – press – office/2015/06/02/statement – president – usa – freedom – act。

[17] Alan Yuhas, "NSA Reform: USA FREEDOM Act Passes First Surveillance Reform in Decade—As It Happened," *Guardian*, June 2, 2015, http: //www. theguardian. com/us – news/live/2015/jun/02/senate – nsa – surveillance – usa – freedom – act – congress – live.

[18] Mark Hosenball and Patricia Zengerle, "US Lawmakers Warn Proposed Changes Could Doom Spy Bill," Reuters, June 1, 2015, http: //www. reuters. com/article/2015/06/02/usa – security – surveillance – congress – idUSL1N0YN23X20150602.

[19] The President's Review Group on Intelligence and Communications Technologies et al., *The NSA Report : Liberty and Security in a Changing World* (Princeton, NJ: Princeton University Press, 2014), 118 and 119n 118, report available at https: //obamawhitehouse. archives. gov/blog/2013/12/18/liberty – and – security – changing – world.

[20] Quoted in David Cole, "Can the NSA Be Controlled?," *New York Review of Books*, June 19, 2014, 16.

第9章　以美国人为目标

[1] Thomas C. Greene, "Database Snafu Puts US Senator on Terror Watch List," *The Register*, August 19, 2004, http: //www. theregister. co. uk/2004/08/19/senator_ on_ terror_ watch; Sara Kehaulani Goo, "Faulty 'No – Fly' System Detailed," *Washington Post*, October 9, 2004, http: //www. washingtonpost. com/wp – dyn/articles/A18735 – 2004Oct8. html; "In First, Government Officially Tells ACLU, Clients Their No Fly List Status," ACLU, October 10, 2014, https: //www. aclu. org/news/first – government – officially – tells – aclu – clients – their – no – fly – list – status? redirect =

national – security/first – government – officially – tells – aclu – clients – their – no – fly – list – status.

[2] Jeremy Scahill and Ryan Devereaux, "The Secret Government Rulebook For Labeling You a Terrorist," *The Intercept*, July 23, 2014, https：//theintercept. com/2014/07/23/blacklisted/; Steve Kroft, "Unlikely Terrorists On No Fly List," CBS, October 8, 2006, http：//www. cbsnews. com/news/unlikely – terrorists – on – no – fly – list/; US Department of Justice Office of the Inspector General Audit Division, "Follow – up Audit of the Terrorist Screening Center," September 2007, https：//oig. justice. gov/ reports/FBI/a0741/final. pdf; Jamie Tarabay, "No – Fly List：FBI Says It's Smaller Than You Think," NPR, Morning Edition, January 26, 2011, http：//www. npr. org/2011/01/26/133187841/the – no – fly – list – fbi – says – its – smaller – than – you – think; Jeremy Scahill and Ryan Devereaux, "Barack Obama's Secret Terrorist – Tracking System, by the Numbers," *The Intercept*, August 5, 2014, https：//theintercept. com/2014/08/05/watch – commander/; Michelle Ye Hee Lee, "Democrats' Misleading Claims about Closing the No – Fly List 'Loophole,'" *Washington Post*, December 11, 2015, https：//www. washingtonpost. com/news/fact – checker/wp/2015/12/ 11/democrats – misleading – claims – about – closing – the – no – fly – list – loophole/; Stephen Dinan, "FBI No – Fly List Revealed：81, 000 Names, but Fewer than 1, 000 Are Americans," *The Washington Times*, June 20, 2016, http：//www. washingtontimes. com/news/2016/jun/20/fbi – no – fly – list – revealed – 81k – names – fewer – 1k – us/. 除此之外，还有 6000 多名美国公民或永久居民在另外一份恐怖主义分子监视名单之上。

[3] Jennifer Gonnerman, "Fighting for the Immigrants of Little Pakistan," *New Yorker*, June 25, 2017, http：//www. newyorker. com/ magazine/2017/06/26/fighting – for – the – immigrants – of – little – pakistan; Ziglar v. Abbasi, 582 U. S. _ (United States Supreme Court, June 19, 2017), https：//www. supremecourt. gov/opinions/16pdf/15 – 1358_ 6khn. pdf（其中详细说明了 84 名被拘留者关于单独监禁、脱衣搜查、剥夺睡眠以及身体和语言虐待的指控，包括砸墙、骨折、性侮辱及其他身体和精神虐待，详见判决意见书第 4 页）。

［4］ Gonnerman, "Fighting for the Immigrants of Little Pakistan"; Maia Jachimowicz and Ramah McKay, "'Special Registration' Program," *Migration Information Source*, April 1, 2003, http://www. migrationpolicy. org/article/special - registration - program#2a.

［5］ 在达乌德（Daoud）案中, 芝加哥律师托马斯·德金（Thomas Durkin）一直在为这个问题展开激烈的诉讼。参见 U. S. v. Daoud Seventh Circuit Opinion, 755 F. 3d 479（7th Cir. 2014）; Patrick Toomey and Brett Max Kaufman, "The Notice Paradox: Secret Surveillance, Criminal Defendants, & The Right to Notice", *Santa Clara Law Review* 54（2015）: 844 - 900; William C. Banks, "Programmatic Surveillance and FISA: Needles in Haystacks," *Texas Law Review* 88（2010）: 1633 - 667。

［6］ Christopher Ingraham, "Republican Lawmakers Introduce Bills to Curb Protesting in at Least 18 States," *Washington Post*, February 24, 2017, https://www. washingtonpost. com/news/wonk/wp/2017/02/24/republican - lawmakers - introduce - bills - to - curb - protesting - in - at - least - 17 - states/.

［7］ Evan Osnos, "The Imam's Curse: A Family Accused of Financing Terrorists," *New Yorker*, September 21, 2015, 50.

［8］ Ibid. , 52.

［9］ Ibid. , 52 and 56.

［10］ Ibid. , 52.

［11］ Ibid. , 53 and 56.

［12］ Ibid. , 54.

［13］ Ibid. , 55.

［14］ Ibid. , 58 and 56.

［15］ Manny Fernandez and Christine Hausersept, "Handcuffed for Making Clock, Ahmed Mohamed, 14, Wins Time With Obama," *New York Times*, September 16, 2015, http://www. nytimes. com/2015/09/17/us/texas - student - is - under - police - investigation - for - building - a - clock. html; Matthew Teague, "Ahmed Mohamed Is Tired, Excited to Meet Obama—and Wants His Clock Back," *Guardian*, September 17, 2015, http://www. theguardian. com/us - news/2015/sep/17/ahmed - mohamed - is -

tired – excited – to – meet – obama – and – wants – his – clock – back；Sebastian Murdock，"Police Knew Ahmed Didn't Have A Bomb, Arrested the Teen Anyway," *Huffington Post*，September 18，2015，http：//www. huffingtonpost. com/entry/ahmed – mohamed – police – not – bomb _ 55fc4510e4b08820d 9187013；Joanna Walters，"Texas Teen Arrested Over Homemade Clock Gets It Back Days Before Leaving US in New York," *Guardian*，October 24，2015，http：//www. theguardian. com/us – news/2015/oct/24/texas – teen – ahmed – mohamed – gets – homemade – clock – back.

［16］Lauren Gambino，"Ahmed Mohamed Meets Sudanese President with Whom Father Had Rivalry," *Guardian*，October 16，2015，http：// www. theguardian. com/world/2015/oct/16/ahmed – mohamed – sudan – president – omar – al – bashir – texas – clock.

［17］MSNBC Live interview，available at Murdock，"Police Knew Ahmed."

［18］Jeffrey Fagan and Bernard Harcourt，"Fact Sheet in Richmond County（Staten Island）Grand Jury in Eric Garner Homicide," http：// www. law. columbia. edu/social – justice/forum – on – police – accountability/ facts/faqs – eric – garner；Sandhya Somashekhar and Kimbriell Kelly，"Was Michael Brown Surrendering or Advancing to Attack Officer Darren Wilson？," *Wahsington Post*，November 29，2014，https：//www. washingtonpost. com/ politics/2014/11/29/b99ef7a8 – 75d3 – 11e4 – a755 – e32227229e7b _ story. html；Department of Justice，*Department of Justice Report Regarding the Criminal Investigation into the Shooting Death Of Michael Brown by Ferguson, Missouri Police Officer Darren Wilson*，March 4，2015，https：//www. justice. gov/ opa/pr/justice – department – announces – findings – two – civil – rights – investigations – ferguson – missouri；Jeremy Gorner，et al. ，"Most of Chicago Police Force Ordered into Uniform As City Prepares for Video Release," *Chicago Tribune*，November 24，2015，http：//www. chicagotribune. com/ news/local/breaking/ct – chicago – police – laquan – mcdonald – shooting – video – release – 20151123 – story. html；Dan Good，"Chicago Police Officer Jason Van Dyke Emptied His Pistol and Reloaded As Teen Laquan McDonald Lay on Ground During Barrage；Cop Charged with Murder for Firing 16 times,"

New York Daily News, November 24, 2015, http：//www. nydailynews. com/
news/national/shot－laquan－mcdonald－emotionless－court－arrival－article－
1. 2445077.

［19］Chris Hayes, *A Colony in a Nation*（New York：W. W. Norton &
Company, 2017）, 67.

［20］Niraj Chokshi, "Militarized Police in Ferguson Unsettles Some"
（see especially video "What Weapons Are Police Using in Ferguson？"：
https：//www. washingtonpost. com/politics/militarized－police－in－ferguson－
unsettles－some－pentagon－gives－cities－equipment/2014/08/14/4651f670－
2401－11e4－86ca－6f03cbd15c1a＿story. html? utm＿term =. 985b860733da）；
Paul D. Shinkman, "Ferguson and the Militarization of Police：Camo－Clad
Snipers Trained on Michael Brown Protesters Elicits Concern from Americans,
Including Iraq, Afghanistan Vets," *US News & World Report*, August 14,
2014, https：//www. usnews. com/news/articles/2014/08/14/ferguson－and－
the－shocking－nature－of－us－police－militarization；有关这些武器及其在
全国警方中的分发，参见 Apuzzo, "War Gear Flows to Police Departments"。

［21］Hayes, *A Colony in a Nation*, 69.

［22］Ibid. , 83.

［23］Ibid. , 31 and 76.

［24］第 13769 号行政命令第 3（c）条规定，"根据《移民和国籍
法》第 217（a）（12）条，所述国家的外国人移民和非移民进入美国，将
损害美国的利益"，因此，"自本命令发布之日起 90 天内，暂停这些人作
为移民和非移民进入美国"。符合《美国法典》第 8 章第 1187（a）（12）
条标准的 7 个国家包括伊拉克、伊朗、利比亚、索马里、苏丹、叙利亚和
也门。参见 State of Washington v. Donald J. Trump et al. , No. 17－35105,
Order on Motion for Stay of an Order（9th Cir. February 9, 2017）, slip opinion
at 3－5。

［25］Jennifer Gonnerman, "A Syrian Doctor with a Visa Is Suing the Trump
Administration," *New Yorker*, February 1, 2017, http：//www. newyorker. com/
news/news－desk/a－syrian－doctor－with－a－visa－is－suing－the－trump－
administration. 托马斯·德金、罗宾·沃特斯（Robin Waters）和我代表了
胡西先生，在提起联邦诉讼后，胡西先生被允许重新入镜。See Jennifer

Gonnerman, "A Syrian Doctor Returns to Illinois," *New Yorker*, February 2, 2017, http: //www. newyorker. com/news/news - desk/a - syrian - doctor - returns - to - illinois.

[26] Glenn Kessler, "The Number of People Affected by Trump's Travel Ban: About 90, 000," *Washington Post*, January 30, 2017, https: //www. washingtonpost. com/news/fact - checker/wp/2017/01/30/the - number - of - people - affected - by - trumps - travel - ban - about - 90000/? utm_ term = . a5924c5718b4.

[27] "Donald J. Trump Statement on Preventing Muslim Immigration", December 7, 2015, https: //www. donaldjtrump. com/press - releases/donald - j. - trump - statement - on - preventing - muslim - immigration; and Christine Wang, "Trump Website Takes Down Muslim Ban Statement After Reporter Grills Spicer in Briefing," CNBC, May 8, 201, http: //www. cnbc. com/2017/ 05/08/trump - website - takes - down - muslim - ban - statement - after - reporter - grills - spicer - in - briefing. html.

[28] Exhibits 2 and 3 to the complaint filed by the State of Washington in State of Washington v. Donald Trump et al. , Civ. Action # 2: 17 - cv - 00141, Complaint for Declaratory and Injunctive Relief filed on January. 30, 2017; Elina Saxena, "Highlights from the 6th GOP Presidential Debate," *Lawfare*, January 15, 2016, https: //www. lawfareblog. com/highlights - 6th - gop - presidential - debate.

[29] Haeyoun Park, "Millions Could Be Blocked From Entering the US Depending on How Trump Would Enforce a Ban on Muslim Immigration," *New York Times*, December 22, 2016, https: //www. nytimes. com/interactive/ 2016/07/22/us/politics/trump - immigration - ban - how - could - it - work. html; Greg Sargent, "Is this a 'Muslim Ban'? Look at the History — and at Trump's Own Words," *Washington Post*, January 31, 2017, https: // www. washingtonpost. com/blogs/plum - line/wp/2017/01/31/is - this - a - muslim - ban - look - at - the - history - and - at - trumps - own - words; Exhibit 4 to complaint filed by the State of Washington in State of Washington v. Donald Trump et al. , Civ. Action # 2: 17 - cv - 00141.

[30] See Exhibit 5 to complaint filed by the State of Washington in State of

Washington v. Donald Trump et al. , Civ. Action # 2：17 - cv - 00141，video at https：//www. c - span. org/video/？4139771/donald - trump - delivers - foreign - policy - address；remarks at 50：46.

［31］Tim Brown，"President Trump：We're Going to Help Persecuted Christians," *Washington Standard*，January 28，2017，http：//thewashing tonstandard. com/president - trump - going - help - persecuted - christians/.

［32］See complaint at https：//www. cairflorida. org/newsroom/press - releases/769 - cair - complaint - for - injunctive - and - declaratory - relief - and - jury - demand - challenging - trump - s - executive - orders. html.

［33］Mark Berman，"Donald Trump Says Muslims Should Report Suspicious Activity. The FBI Says They Already Do," *Washington Post*，October 9，2016，https：//www. washingtonpost. com/politics/2016/live - updates/general - election/real - time - fact - checking - and - analysis - of - the - 2nd - 2016 - presidential - debate/donald - trump - says - muslims - should - report - suspicious - activity - the - fbi - says - they - already - do/？utm_ term =. bc6266442833；Mark Hensch，"Trump Won't Rule Out Database，Special ID for Muslims in US," *The Hill*，November 19，2015，http：// thehill. com/blogs/ballot - box/presidential - races/260727 - trump - wont - rule - out - database - special - id - for - muslims；Dean Obeidallah，"Donald Trump's Horrifying Words About Muslims," *CNN*，November 21，2015，http：//www. cnn. com/2015/11/20/opinions/obeidallah - trump - anti - muslim/.

［34］Trump v. Hawai'i，582 U. S. ——，Order in Pending Case No. 16 - 1540（US July 19，2017），https：//www. supremecourt. gov/orders/ courtorders/071917zr - 07jp. pdf.

［35］沙马尤在他的《无人机理论》一书的第 67 至 72 页非常精明地讨论了这一点。参见 Sitaraman，*The Counterinsurgent's Constitution*，32 - 34。

［36］Chamayou，*A Theory of the Drone*，68.

［37］Ibid.

第 10 章　分心的美国人

［1］Andrew J. Bacevich，"He Told Us to Go Shopping. Now the Bill Is

Due，" *Washington Post*，October 5，2008，http：//www. washingtonpost. com/wp - dyn/content/article/2008/10/03/AR2008100301977. html .

［2］ "President Bush's News Conference，" *New York Times*，December 20，2006，http：//www. nytimes. com/2006/12/20/washington/20text - bush. html .

［3］ Andrew Sullivan，"I Used to Be a Human Being，" *New York* magazine，September 18，2016，http：//nymag. com/selectall/2016/09/andrew - sullivan - technology - almost - killed - me. html .

［4］ Evgeny Morozov，*The Net Delusion*：*The Dark Side of Internet Freedom*（New York：PublicAffairs，2012）.

［5］ 约瑟夫·劳利斯（Joseph Lawless）写了一篇关于约会应用软件 Grindr 与刑讯逼供的相关性的杰出文章。参见 Joseph Lawless，"The Viral Inquisition of the HIV - Positive Body：Theorizing the Technologies of Torture and Confession on Grindr，" http：//columbia. academia. edu/Joseph Lawless。

［6］ Sullivan，"I Used to Be a Human Being. "

［7］ Ibid. ；Sally Andrews et al. ，"Beyond Self-Report：Tools to Compare Estimated and Real-World Smartphone Use，" *PLOS ONE*，October 28，2015，https：//doi. org/10. 1371/journal. pone. 0139004；Carolyn Gregoire，"You Probably Use Your Smartphone Way More Than You Think. Many Young Adults Spend a Third of Their Waking Lives on Their Device，" *Huffington Post*，November 2，2015，http：//www. huffingtonpost. com/entry/smartphone - usage - estimates_ us_ 5637687de4b063179912dc96 .

［8］ Bernard E. Harcourt，"The Invisibility of the Prison in Democratic Theory：A Problem of 'Virtual Democracy，'" *The Good Society* 23，no. 1（2014），6 - 16；Harcourt，*Exposed*，253 - 261.

［9］ Stephen Battaglio，"First Clinton-Trump Matchup Breaks Presidential Debate Record with 84 Million TV Viewers，" *Los Angeles Times*，September 27，2016，http：//www. latimes. com/entertainment/envelope/cotown/la - et - ct - debate - ratings - 20160927 - snap - story. html.

［10］ Van Jones，"Trump：The Social Media President?，" CNN，October，26，2015，http：//www. cnn. com/2015/10/26/opinions/jones - trump - social - media/.

[11] Nick Gass, "Trump Wins Night on Search and Social," *Politico*, January 29, 2016, http: //www. politico. com/blogs/live – from – des – moines/2016/01/donald – trump – social – search – engine – 218391 # ixzz41Zf7yD2d .

[12] Kimberly Alters, "Donald Trump's Social Media Strategy? ' Be Associated with Interesting Quotes,'" *The Week*, February 28, 2016, http: //theweek. com/speedreads/609090/donald – trumps – social – media – strategy – associated – interesting – quotes .

[13] Van Jones, "Trump: The Social Media President?"

[14] Taylor Weatherby, "'Damn Daniel' Star Recreates His Viral Video With Ellen DeGeneres—Watch," *Hollywood Life*, February 23, 2016, http: //hollywoodlife. com/2016/02/23/damn – daniel – ellen – degeneres – interview – viral – video/.

[15] "Damn Daniel" Official Video, https: //youtu. be/tvk89PQHDIM.

[16] Taylor Weatherby, "'Damn Daniel': Rappers Create Epic Song After Video Goes Viral—Listen," *Hollywood Life*, February 21, 2016, http: //hollywoodlife. com/2016/02/21/damn – daniel – song – rap – viral – video – listen/; and "Damn Daniel! RAP SONG! Little Feat. Teej & LeBlanc (ORIGINAL)," https: //www. youtube. com/watch? v = CjlUVvGGE5A .

[17] "Suhmeduh—Damn Daniel Trap Remix (Official)," https: //www. youtube. com/watch? v = gP2ejq9Qp6o#t = 43.

[18] Alyssa Montemurro, "Justin Bieber & 6 Other Celebs Rocking the White Vans Like 'Damn, Daniel,'" *Hollywood Life*, February 26, 2016, http: //hollywoodlife. com/2016/02/26/celebrities – wearing – white – vans – damn – daniel – shoes – pics/.

[19] Katie Rogers, "We Should Probably Have a Conversation About 'Damn, Daniel,'" *New York Times*, February 25, 2016, http: // www. nytimes. com/2016/02/26/style/damn – daniel – video – vans. html .

[20] Beth Shilliday, "Damn Daniel Petrified He Might Get 'Swatted' Like Joshua Holz After Newfound Fame," *Hollywood Life*, February 26, 2016, http: //hollywoodlife. com/2016/02/26/damn – daniel – swatting – viral – video – teen – afraid/ .

［21］ "Damn Daniel! RAP SONG! Little Feat. Teej & LeBlanc（ORIGINAL）."

［22］ Trinquier, *Modern Warfare*，24 and 25.

［23］ Paret, *French Revolutionary Warfare*，5.

［24］ Paret and Shy, *Guerrillas in the 1960's*，19.

［25］ Greenberg and Dratel, eds. , *The Torture Papers*，134（Memo 11，dated February 7，2002）.

第四部分　从反叛乱到反革命

第 11 章　反革命的诞生

［1］借用黑格尔的话说是反革命，而不是革命，似乎成了"不断发展的内在动力"；而且与马克思的预言相反，正是反革命的出现可能促使我们回应，这一次我们可能会困惑地回答："干得好，老鼹鼠！"历史也许已经逆转了，或是我们离下一个阶段又近了一步——或者说，正如我在总结中所建议的，我们面临着无休止的抗争，反对反复出现的暴政形式。G. W. F. Hegel, *Lectures on the History of Philosophy* vol. 3, trans. E. S. Haldane and Frances H. Simson（New York：The Humanities Press，1974），547；Karl Marx, *The Eighteenth Brumaire of Louis Bona Parte*，in *The Marx - Engels Reader*，2nd ed. , ed. Robert C. Tucker（New York：W. W. Norton &Company，1978），606；cf. William Shakespeare, *Hamlet*，ed. Sylvan Barnet，2nd rev. ed.（New York：Signet Classics，1998），act 1，scene 5，33.

［2］Sharon Lafraniere, Sarah Cohen, and Richard A. Oppel Jr. , "How Often Do Mass Shootings Occur? On Average, Every Day, Records Show," *New York Times*，December 2，2015，https：//www. nytimes. com/2015/12/03/us/how - often - do - mass - shootings - occur - on - average - every - day - records - show. html；Sharon Lafraniere, Daniela Porat, and Agustin Armendariz, "A Drumbeat of Multiple Shootings, but America Isn't Listening," *New York Times*，May 22，2016，https：//www. nytimes. com/2016/05/23/us/americas - overlooked - gun - violence. html.

［3］ Richard Stengel, "Why Saying 'Radical Islamic Terrorism' Isn't Enough," *New York Times*, February, 13, 2017, https：//www. nytimes. com/2017/02/13/opinion/why－saying－radical－islamic－terrorism－isnt－enough. html.

［4］ Tim Arango, "Iran Dominates in Iraq After US 'Handed the Country Over,'" *New York Times*, July 15, 2017, https：//www. nytimes. com/2017/07/15/world/middleeast/iran－iraq－iranian－power. html; David Leigh, "Iraq War Logs Reveal 15, 000 Previously Unlisted Civilian Deaths—Leaked Pentagon Files Contain Records of More than 100, 000 Fatalities Including 66, 000 Civilians," *Guardian*, October 22, 2010, https：//www. theguardian. com/world/2010/oct/22/true－civilian－body－count－iraq; and Gilbert Burnham et. al, "Mortality After the 2003 Invasion of Iraq：A Cross－sectional Cluster Sample Survey," *The Lancet*, October 11, 2006, https：//web. archive. org/web/20150907130701/http：//brusselstribunal. org/pdf/lance t111006. pdf.

［5］ 他们甚至通过咄咄逼人的主动出击行动来制造出国内的恐怖分子，编造出本来不可能出现的阴谋；正如"纽伯格四人案"（Newburgh Four）中的联邦法官所写的那样，在纽约州北部的一个涉及四名穆斯林男子的案件中，联邦调查局"想出了犯罪，提供了手段，并消除了所有相关障碍"，从而诱使"就像是莎士比亚戏剧中的滑稽角色"的人上钩。David K. Shipler, "Terrorist Plots, Hatched by the F. B. I. ," *New York Times*, April 28, 2012, http：//www. nytimes. com/2012/04/29/opinion/sunday/terrorist－plots－helped－along－by－the－fbi. html; and Human Rights Watch and Columbia Law School's Human Rights Institute, "Illusion of Justice：Human Rights Abuses in US Terrorism Prosecutions," July 21, 2014, https：//www. hrw. org/report/2014/07/21/illusion－justice/human－rights－abuses－us－terrorism－prosecutions.

［6］ Stengel, "Why Saying 'Radical Islamic Terrorism' Isn't Enough. "

［7］ See FM, xv－xvi; and Broadwell, *All In*, 351 正如保拉·布洛德威尔在她关于彼得雷乌斯的官方传记中所写，"彼得雷乌斯和马蒂斯共同起草了新的2016年反叛乱战地手册"。关于士兵与学者的社交网络，参见 Laleh Khalili, "The New（and Old）Classics of Counterinsurgency," *Middle East Report* 255（2010）, http：//www. merip. org/mer/mer 255/khalili. html。

〔8〕Peter Baker， "Trump Chooses H. R. McMaster as National Security Adviser，" *New York Times*， February 20， 2017， https：//www. nytimes. com/ 2017/02/20/us/politics/mcmaster – national – security – adviser – trump. html.

〔9〕"H. R. McMaster：5 Fast Facts You Need to Know，" *Heavy*， February 20， 2017， http：//heavy. com/news/2017/02/h – r – mcmaster – donald – trump – national – security – adviser – wife – career – bio – age – who – is – books – flynn/.

〔10〕"President Trump's Taxpayer First Budget，" The White House， https：//www. whitehouse. gov/taxpayers – first；Binyamin Appelbaum and Alan Rappeport， "Trump's First Budget Works Only if Wishes Come True，" *New York Times*， May 22， 2017， https：//www. nytimes. com/2017/05/22/ us/politics/budget – spending – federal – deficit. html；Gregor Aisch and Alicia Parlapiano， "How Trump's Budget Would Affect Every Part of Government，" *New York Times*， May 23， 2017， https：//www. nytimes. com/interactive/ 2017/05/23/us/politics/trump – budget – details. html? q = refugee% 20programs；Erica L. Greenmay， "Trump's Budget， Breaking Tradition， Seeks Cuts to Service Programs，" *New York Times*， May 25， 2017， https：// www. nytimes. com/2017/05/25/us/politics/trump – budget – americorps – peace – corps – service. html；and Zachary Cohen， "Trump Proposes ＄54Billion Defense Spending Hike，" CNN， March 16， 2017， http：//www. cnn. com/2017/03/ 16/politics/donald – trump – defense – budget – blueprint/index. html.

〔11〕Arlette Saenz， "President Trump tells ABC News' David Muir He 'Absolutely' Thinks Waterboarding Works，" *ABC News*， January 25， 2017， http：//abcnews. go. com/Politics/president – trump – tells – abc – news – david – muir – absolutely/story? id = 45045055；Republican presidential debate， *ABC News*， https：//www. youtube. com/watch? v = Upnc_ y1cKEk；Charlie Atkin， "Donald Trump Quotes：The 10 Scariest Things the Presumptive Republican Nominee Has Ever Said，" *Independent*， May 6， 2016， http：//www. independent. co. uk/us/donald – trump – quotes – the – 10 – scariest – things – the – presumptive – republican – nominee – has – ever – said – a7015236. html；Charlie Savage， "Obama Policies Give Successor A Path to Vast Security Powers，" *New York Times*， November 14， 2016， A1， https：//www. nytimes. com/2016/11/

14/us/politics/harsher – security – tactics – obama – left – door – ajar – and – donald – trump – is – knocking. html.

[12] Donald J. Trump, "Flashback: I Will Do Whatever It Takes, Trump Says," *USA Today*, February 15, 2016, http://www. usatoday. com/ story/opinion/2016/02/15/donald – trump – torture – enhanced – interrogation – techniques – editorials – debates/80418458/.

[13] Berman, "Donald Trump Says Muslims," "Donald Trump's Muslim Ban Is Back Up on His Website," *AOL News*, November 11, 2016, https://www. aol. com/article/news/2016/11/11/donald – trump – s – muslim – ban – is – back – up – on – his – website/21604038/; Michelle Ye Hee Lee, "Donald Trump's False Comments Connecting Mexican Immigrants and Crime," *Washington Post*, July 8, 2015, https://www. washingtonpost. com/news/fact – checker/wp/2015/07/08/donald – trumps – false – comments – connecting – mexican – immigrants – and – crime/? utm _ term = . 815e72ec4e59; Savage, "Obama Policies Give Successor A Path to Vast Security Powers."

[14] Hensch, "Trump Won't Rule Out Database."

[15] David A. Fahrehhold, "Trump Recorded Having Extremely Lewd Conversation About Women in 2005," *Washington Post*, October 7, 2016, https://www. washingtonpost. com/politics/trump – recorded – having – extremely – lewd – conversation – about – women – in – 2005/2016/10/07/ 3b9ce776 – 8cb4 – 11e6 – bf8a – 3d26847eeed4 _ story. html; Matt Baume, "The Top Ten Worst Comments Donald Trump Has Made About LGBTQ people," *LGBTQ Nation*, February 4, 2016, https://www. lgbtqnation. com/2016/02/the – top – ten – worst – comments – donald – trump – has – made – about – lgbtq – people/.

[16] Nonprofit VOTE and US Elections Project, "America Goes to the Polls: A Report on Voter Turnout, 2016 Presidential Elections." http://www. nonprofitvote. org/america – goes – to – the – polls – 2016/; "Presidential Results," CNN, "Election 2016," http://www. cnn. com/election/results/president.

[17] Hannah Arendt, *The Origins of Totalitarianism* (New York: Harcourt, Brace & World, 1966), vii (emphasis added).

[18] Samuel Moyne, "Why the War on Terror May Never End," *New*

York Times Book Review, June 24, 2016, http://www.nytimes.com/2016/ 06/26/books/review/spiral – by – mark – danner.html.

第 12 章 合法性状态

［1］Proclamation 7463 – Declaration of National Emergency by Reason of Certain Terrorist Attacks, September 14, 2001; see also Executive Order 13223 of September 14, 2001, "Ordering the Ready Reserve of the Armed Forces to Active Duty and Delegating Certain Authorities to the Secretary of Defense and the Secretary of Transportaton"; and Greenberg and Dratel, eds., *The Torture Papers*, 25 (Military Order of November 13, 2001).

［2］Greenberg and Dratel eds., *The Torture Papers*, 134 (Memo 11, dated February 7, 2002).

［3］Oona Hathaway and Scott Shapiro, "Schmitt at Nuremberg," in *The Worst Crime of All: The Paris Peace Pact and the Beginning of the End of War*, (working paper in author's possession, September 16, 2015), 12 – 13 and 22.

［4］Hathaway and Shapiro, 22, quoting from *Third Reich Sourcebook*, 64.

［5］Carl Schmitt, *Political Theology: Four Chapters on the Concept of Sovereignty*, trans. George Schwab (Chicago: University of Chicago Press, 2006), 5.

［6］Carl Schmitt, *The Concept of the Political*, trans. George Schwab (1932; repr. Chicago: University of Chicago Press, 2007); Carl Schmitt, *Dictatorship* (1921; repr. Polity Press, 2013).

［7］Hathaway and Shapiro, 19, quoting from Bernd Rüthers, "On the Brink of Dictatorship—Hans Kelsen and Carl Schmitt at Cologne 1933," in *Hans Kelsen and Carl Schmitt: A Juxtaposition*, eds. Dan Diner and Michael Stolleis (Gerlingen : Bleicher, 1999).

［8］Giorgio Agamben, *State of Exception*, trans. Kevin Attell (Chicago: University of Chicago Press, 2005), 2, 20, 87, and 23.

［9］Ibid., 86 and 4.

［10］Michael Hardt and Antonio Negri, *Multitude* (London: Hamish Hamilton, 2005), 7. 哈特和奈格里已经在《帝国》（*Empire*）中使用了这

一概念，将"干预权"描述为根源于"一种永久的紧急状态和例外状态，而这种紧急状态和例外状态通过对正义的基本价值的呼吁被证明为合法"。Michael Hardt and Antonio Negri, *Empire* (Cambridge：Harvard University Press, 2000), 18.

[11] Judith Butler, "Guantánamo Limbo," *The Nation*, March. 14, 2002, https：//www. thenation. com/article/Guantánamo – limbo/; see also Judith Butler, *Precarious Life：The Powers of Mourning and Violence* (London：Verso, 2004).

[12] Slavoj Žižek, "Are We In a War? Do We Have an Enemy?" *London Review of Books*, May 23, 2002, 3 – 6, http：//www. lrb. co. uk/v24/n10/slavoj – zizek/are – we – in – a – war – do – we – have – an – enemy.

[13] Thomas Anthony Durkin, "Permanent States of Exception：A Two – Tiered System of Criminal Justice Courtesy of the Double Government Wars on Crime, Drugs & Terror," *Valparaiso University Law Review* 50 (2016)：419 – 492, http：//scholar. valpo. edu/vulr/vol50/iss2/3; Kim Lane Scheppele, "Law in a Time of Emergency：States of Exception and the Temptations of 9 · 11," *University of Pennsylvania Journal of Constitutional Law* 6 (2004)：1001 – 1083, http：//papers. ssrn. com/sol3/papers. cfm? abstract_ id = 611884.

[14] Eric Posner and Adrian Vermeule, "Should Coercive Interrogation Be Legal?," *Michigan Law Review* 104 (2006)：671 – 707; Eric Posner and Adrian Vermeule, "Demystifying Schmitt," in *The Oxford Handbook of Carl Schmitt*, eds. Jens Meierhenrich and Oliver Simons (New York：Oxford University Press, 2017); John Yoo, *War by Other Means：An Insider's Account on the War on Terror* (New York：Atlantic Monthly Press, 2006); see generally Yoo memos in Greenberg and Dratel, eds. , *The Tortule Papers*.

[15] Bruce Ackerman, "The Emergency Constitution," *Yale Law Journal* 113 (2004)：1030, 1037, and 1044, http：//www. yalelawjournal. org/essay/the – emergency – constitution. 关于美国立宪制度例外的深入讨论，参见 Thomas P. Crocker's book manuscript, *Overcoming Necessity：Emergency, Constraint, and the Meanings of American Constitutionalism*。

[16] Fareed Zakaria, "End the War on Tterror and Save Billions," *Washington Post*, December 6, 2012, https：//www. washingtonpost. com/

opinions/fareed – zakaria – end – the – war – on – terror – and – save – billions/
2012/12/06/a468db2a – 3fc4 – 11e2 – ae43 – cf491b837f7b_ story. html.

［17］Scott Horton, "State of Exception: Bush's War on the Rule of
Law," *Harper's Magazine*, July 2007, http: //users. clas. ufl. edu/burt/
Renaissancetragedy/Harpers. pdf; see also Scott Horton, "Benjamin—History and
the State of Exception," *Harper's Magazine*, May 14, 2010, http: //harpers. org/
blog/2010/05/benjamin – history – and – the – state – of – exception/.

［18］See also Mark Danner, "After September 11: Our State of
Exception," *London Review of Books*, October 13, 2011, http: //
www. nybooks. com/articles/archives/2011/oct/13/after – september – 11 – our –
state – exception/; David C. Unger, *The Emergency State: America's Pursuit of
Absolute Security at All Costs* (New York: Penguin Books, 2013). 昂格尔
(Unger) 认为，二战以来的总统们夸大外部威胁，为建立"紧急状态"
开脱，这不仅扩大了行政部门的权力，侵蚀了公民自由，而且在保护国家
方面也没有效果。

［19］但民主与战争之间的关系是复杂的，探讨集体决策在使暴力合
法方面的作用的微妙讨论，参见 Christopher Kutz, *On War and Democracy*
(Princeton, NJ: Princeton University Press, 2016)。

［20］Galula, *Counter-insurgency Warfare*, 56. 我绝不是第一个或唯一
一个抵制例外状态框架的人。历史学家塞缪尔·莫恩也反对例外状态的概
念，他认为，我们今天面临的是一场没有终点的更有节制、更有人性的战
争——我们面临的是莫恩所说的"一种新形式的，同时丧失了时空界限
的人道战争"。Samuel Moyne, "Why the War on Terror May Never End,"
New York Times Book Review, June 24, 2016, http: //www. nytimes. com/
2016/06/26/books/review/spiral – by – mark – danner. html. 弗莱尔·约翰斯
(Fleur Johns) 坚决反对将关塔那摩理解为主权例外的领域，认为关塔那
摩是"努力超越例外的常态例子"。Fleur Johns, "Guantánamo Bay and the
Annihilation of the Exception," *European Journal of International Law* 16 no. 4
(2005): 614 – 615, http: //www. ejil. org/pdfs/16/4/311. pdf. 纳赛尔·胡
赛因 (Naser Hussain) 在《批判性调查》(*Critical Inquiry*) 一书中认为：
"我们发现的许多机制和理由并非独特或例外，而是与一系列常规法律和
日常的国家规训做法相一致，特别是在移民和国内监禁的领域——区别只

在于程度。" Naser Hussain, "Beyond Norm and Exception: Guantánamo," *Critical Inquiry* (2007), http://www.jstor.org/stable/10.1086/521567. 另一些人也批评将例外作为解释机制来看待的做法，例子参见 Venator Santiago, "From the Insular Cases to Camp X-Ray: Agamben State of Exception and United States Territorial Law," *Studies in Law, Politics, and Society* 15, no. 5 [关于阿甘本对使用的例外状态（尤其是在美国）的批判性论述]。但据我所知，没有人提出过反叛乱战争的框架。

[21] Michel Foucault, *The Punitive Society: Lectures at the Collège de France, 1972–1973*, ed. Bernard E. Harcourt (New York: Palgrave, 2015), 144.

[22] Ibid., 156, 146, and 149.

[23] 关于死刑的类似争论，参见 Cass R. Sunstein and Adrian Vermeule, "Is Capital Punishment Morally Required? Acts, Omissions, and Life-Life Tradeoffs," *Stanford Law Review* 58, no. 3 (April 2010): 703。

[24] Quoted in Greenberg, *Rogue Justice*, 221.

[25] Robert M. Cover, *Justice Accused: Antislavery and the Judicial Process* (New Haven: Yale University Press, 1984).

[26] Robert Weisberg, "De-regulating Death," *Supreme Court Review* (1983): 305–395.

[27] Senate Report, 19.

[28] Greenberg, *Rogue Justice*, 252, 266, and 7.

[29] National Defense Authorization Act (NDAA), quoted in Ibid., 206.

[30] Greenberg, *Rogue Justice*, 206.

[31] See Wadie E. Said, *Crimes of Terror: The Legal and Political Implications of Federal Terrorism Prosecutions* (New York: Oxford University Press, 2015); Jameel Jaffer, introduction to *The Drone Memos: Targeted Killing, Secrecy, and the Law*, ed. Jameel Jaffer (New York: The New Press, 2016). 关于法治概念的批判理论和历史研究，参见 Keally McBride, *Mr. Mothercountry: The Man Who Made the Rule of Law* (New York: Oxford, 2016)。

[32] Eric Holder, quoted in Greenberg, *Rogue Justice*, 206.

[33] The American Constitution Society workshop, "Charlie Savage on the National Security State," Thursday, November 12, 2015, Jerome Greene Hall 102A, Columbia University.

[34] Greenberg, "From Fear to Torture," xvii – xx, at xvii.

[35] Memo to Commander, Joint Task Force 170 at Guantánamo Bay, October 11, 2002, signed by Diane E. Beaver, in Greenberg and Dratel, eds. *The Torture Papers*, 229.

[36] Sitaraman, *The Counterinsurgent's Constitution*, 240.

[37] Michel Foucault, *Abnormal: Lectures at the Collège de France, 1974 – 1975*, eds. Valerio Marchetti and Antonella Salomoni, 117 and 129; Michel Foucault, "About the Concept of the 'Dangerous Individual' in 19th Century Legal Psychiatry," *International Journal of Law and Psychiatry* 1 (1978): 1 – 18.

第 13 章　新系统

[1] Bruce L. R. Smith, *The RAND Corporation*; *Case Study of a Nonprofit Advisory Corporation* (Cambridge: Harvard University Press, 1966), 6 – 7.

[2] 在英国，即运筹学（OR）的主要发源地，它被称为 "operational research"。这个定义来自英国运筹学会的定义，参见 *Operational Research Quarterly* 13, no. 3 (1962): 2822, http://www.wata.cc/forums/uploaded/136_1167433681.pdf。关于运筹学的历史，参见 Maurice W. Kirby, *Operational Research in War and Peace: The British Experience from the 1930s to 1970* (London: Imperial College Press 2003); S. M. Amadae, *Rationalizing Capitalist Democracy: The Cold War Origins of Rational Choice Liberalism* (Chicago: University of Chicago Press, 2003)。

[3] *Operational Research Quarterly* 13 no. 3 (1962): 282.

[4] Edward S. Quade, *Systems Analysis Techniques for Planning – Programming – Budgeting* (Santa Monica: Rand Corporation, 1966), 3.

[5] Smith, *The RAND Corporation*, 8.

[6] Quade, *Systems Analysis Techniques*, 9.

[7] Ibid., 10 – 11.

［8］ Ibid. , 28.

［9］ 关于麦克纳马拉，参见 Deborah Shapley, *Promise and Power: The Life and Times of Robert McNamara* （ Boston: Little, Brown and Company, 1993）; John A. Byrne, *The Whiz Kids: Ten Founding Fathers of American Business—and the Legacy They Left Us* （New York: Doubleday, 1993）; H. R. McMaster, *Dereliction of Duty: Lyndon Johnson, Robert McNamara, the Joint Chiefs of Staff, and the Lies that Led to Vietnam* （New York: Harper Collins, 1997）。我在上一本书中勾勒了这段历史的部分内容，参见 *Exposed*, 153 – 156。关于系统分析诞生史，特别要参见 Amadae, *Rationalizing Capitalist Democracy*。

［10］ Quade, *Systems Analysis Techniques*, 2.

［11］ United States General Accounting Office, *Survey of Progress in Implementing the Planning – Programming – Budgeting System in Executive Agencies*; *Report to the Congress* （Washington, DC. 1969）, 4.

［12］ Quade, *Systems Analysis Techniques*, 2.

［13］ James R. Schlesinger, " Quantitative Analysis and National Security," *World Politics* 15, no. 2 （1963）: 295 – 316, at 314.

［14］ See generally, W. Kip Viscusi and Joseph E. Aldy, "The Value of a Statistical Life: A Critical Review of Market Estimates throughout the World," NBER （working paper no. 9487, February 2003）, 54 – 56, www. nber. org/ papers/w9487. pdf.

［15］ 参见卡特总统的第 12044 号行政令（责成所有行政机构有义务对主要政府规章进行经济影响研究）; 里根总统的第 12291 号行政令（将这一责任分配给了管理和预算办公室）; 以及比尔·克林顿总统 1996 年的第 12866 号行政令（关于"联邦条例的经济分析"）。

［16］ The President's Review Group on Intelligence and Communications Technologies, et al. , *The NSA Report: Liberty and Security in A Changing World* （Princeton: Princeton University Press, 2014）, 50 – 53, https: // obamawhite house. archives. gov/blog/2013/12/18/liberty – and – security – changing – world.

［17］ Paret and Shy, *Guerrillas in the 1960's*, 3.

［18］ Marlowe, *David Galula*, 12.

［19］ Paret and Shy, *Guerrillas in the* 1960's, 3 – 4 and 4 n3; Marlowe, *David Galula*, 13; see generally Kristian Williams, introduction to *Life During Wartime: Resisting Counterinsurgency*, eds. Kristian Williams, Will Munger, and Lara Messersmith-Glavin (Oakland, CA: AK Press, 2013).

［20］ 在此必须强调，加吕拉的开创性著作《阿尔及利亚的平定，1956～1958》最初是以英文出版的，这一点是很重要的，也是很了不起的。换句话说，这本书最初就是以译本出版的，几十年后才以法文原版出版发行。他的理论性较强的《反叛乱：理论与实践》（*Counterinsurgency: Theory and Practice*）一书也是如此。《反叛乱》的法译本在 2008 年由 Economica 出版社出版；而《阿尔及利亚的平定》的法译本在 2016 年才由 Les Belles Lettres 出版社出版——该社以出版古籍和经典著作著称，如洛布丛书。这在出版界是少见的，也是很了不起的，而且它反映了兰德公司的影响力，以及兰德公司在多大程度上塑造了关于反叛乱的论述。

［21］ See Marlowe, *David Galula*, 9.

［22］ Martin A. Lee and Bruce Shlain, *Acid Dreams: The CIA, LSD, and the Sixties Rebellion* (New York, Grove Press, Inc., 1985), 196 – 197.

［23］ Gompert and Gordon, *War by Other Means*, iii. 这份 2008 年的报告产出了大量其他副产品，包括以下研究：*Byting Back—Regaining Information Superiority Against* 21*st* – *Century Insurgents: RAND Counterinsurgency Study*, vol. 1, by Martin C. Libicki et al.; *Counterinsurgency in Iraq* (*2003* – *2006*): *RAND Counterinsurgency Study*, vol. 2, by Bruce Pirnie and Edward O'Connell; *Heads We Win—The Cognitive Side of Counterinsurgency* (*COIN*): *RAND Counterinsurgency Study*, paper 1, by David C. Gompert; *Subversion and Insurgency: RAND Counterinsurgency Study*, paper 2, by William Rosenau; *Understanding Proto* – *Insurgencies: RAND Counterinsurgency Study*, paper 3, by Daniel Byman; *Money in the Bank—Lessons Learned from Past Counterinsurgency* (*COIN*) *Operations: RAND Counterinsurgency Study*, paper 4, by Angel Rabassa et al.; and *Rethinking Counterinsurgency—A British Perspective: RAND Counterinsurgency Study*, paper 5, by John Mackinlay and Alison al-Baddawy。See Gompert and Gordon, *War by Other Means*, vi – vii.

［24］ Gompert and Gordon, *War by Other Means*, vii.

［25］ 这些机构之间也有一个旋转门。例如，前中央情报局局长兼国

防部部长詹姆斯·施莱辛格曾在兰德公司担任战略分析员，而兰德公司的前总裁亨利·罗恩（Henry Rowen）曾负责中央情报局国家情报司令部。其他下级特工和研究人员也会在各机构之间来回穿梭。See generally Lee and Shlain, *Acid Dreams*, 197; Valtin, "CIA, RAND Ties Muddy APA Torture 'Investigation,'" Daily Kos, June 7, 2015, http：//www. dailykos. com/story/2015/06/07/1391345/ – CIA – RAND – Ties – Muddy – APA – Torture – Investigation［"道格拉斯·瓦伦丁（Douglas Valentine）在其书《不死鸟项目》（*The Phoenix Project*）中描述了中央情报局不死鸟项目的顶层官员罗伯特·科默（Robert Komer）在 20 世纪 70 年代离开中央情报局，前往兰德公司工作。"］

［26］FM, 141 – 142.

［27］FM, 142.

［28］FM, 142.

［29］Cora Currier, "Blowing the Whistle on CIA Torture from Beyond the Grave," *The Intercept*, October 17, 2014, https：//firstlook. org/theintercept/2014/10/17/blowing – whistle – cia – torture – beyond – grave/; see also Scott Gerwehr, "Letter to the Editor: States of Readiness: Do New Threats Loom?; Stopping Terror," *New York Times*, October 1, 2001（"该作者是兰德公司的政策分析专家，擅长欺骗与心理学行动"），http：//www. nytimes. com/2001/10/01/opinion/l – states – of – readiness – do – new – threats – loom – stopping – terror – 439100. html; Scott Gerwehr and Nina Hachigian, "In Iraq's Prisons, Try a Little Tenderness," *New York Times*, August 25, 2005, http：//www. nytimes. com/2005/08/25/opinion/in – iraqs – prisons – try – a – little – tenderness. html; Valtin, "CIA, RAND Ties"; "Shocking: 2003 CIA/APA 'Workshop' Plots New Torture Plans," *Invictus*, May 26, 2007, http：//valtinsblog. blogspot. com/2007/05/shocking – 2003 – ciaapa – workshop – plots – new. html # . VYGMSUtq61w; Tamsin Shaw, "The Psychologists Take Power," *New York Review of Books*, February 25, 2016, http：//www. nybooks. com/articles/2016/02/25/the – psychologists – take – power/。

［30］Valtin, "CIA, RAND Ties."

［31］"Shocking: 2003 CIA/APA." 2003 年研讨班的报告和与会人员

名单参见：https：//www. documentcloud. org/documents/2065302 – scienceof deceptionworkshopreport. html。

[32] Currier, "Blowing the Whistle on CIA Torture."

[33] 同样显而易见的是，兰德公司在反叛乱理论的系统发展方面发挥了重要作用，它对反叛乱理论的参与一直持续到现在。今天，兰德公司仍有大量关于反叛乱的出版物，这仍然是其研究的重要方向之一。例子参见 http：//www. rand. org/pubs/monographs/MG595z5. html。

[34] 例子参见 Timothy Kudo, "How We Learned to Kill," *New York Times*, February 27, 2015："在过去的整个世纪里，军事社会系统和训练的演变是为了让人们不那么抗拒夺取性命"；"战争的疯狂之处在于，虽然这种系统是为了杀人，但实际上可能是为了更大的利益而有必要存在的"；"摸索这种系统并接受它在为更大的利益而使用，就能明白我们仍然生活在一种本性状态中"。

奥卡姆的剃刀，或，抵制反革命

[1] William of Ockham, *Epistola ad fratres minors*, in *Opera Politica*, vol. 3, 1 – 17, eds. Ralph Francis Bennett and Hilary Seton Offler (Manchester：Manchester University Press, 1956), at p. 6; Ockham, *Court traité du pouvoir tyrannique*, trans. Jean – Fabien Spitz (Paris：Presses Universitaires de France, 1999), 4.

[2] William of Ockham, *Breviloquium de principatu tyrannico*, in *Opera Politica*, vol. 4, 97 – 260, ed. Hilary Seton Offler, bk. 1, chap. 4, p. 102 ("Admonendi sunt subditi, ne plus quam expedit sint subiecti"). 奥卡姆在此引用了教皇格里高利一世的话。此处为我的翻译。历史上和理论上更忠实的翻译应该是"臣民应该被告诫，不要服从多于他们被要求的"（subjects should be admonished not to be subjected more than is asked of them），拉丁语中 admonendi 更接近于"被预先警告、得到建议、得到指示"的概念，而 subiecti 则接近于"主体化"的概念。后者与福柯主义者的"被征服"（assujettissement）概念非常接近。然而，在当代美国英语中，主体化的概念过于生疏，而告诫（admonish）一词现在近乎惩罚。此外，在现在的政治语境中，subiecti 的意思接近于更有力的"征服、镇压"的概念；所以为了帮助读者理解这句话，我决定尝试用更现代的语言去平衡。剑桥版翻

译为"应该敦促臣民，臣服不多于所需"（William of Ockham, *A Short Discourse on Tyrannical Government*, trans. John Kilcullen, ed. Arthur Stephen McGrade, Cambridge：Cambridge University Press, 1992, 9）。法文版将教皇格里高利一世的话译为："les sujets doivent être avertis de ne pas être assujettis plus qu'il n'est nécessaire"（William of Ockham, *Court traité du pouvoir tyrannique*, trans. Jean-Fabien Spitz, Paris：Presses Universitaires de France, 1999, 102）。

[3] Ockham, bk. 2, chap. 3, p. 115, in *Breviloquium*；Ockham, *Court traité du pouvoir tyrannique*, 120 – 121；and Ockham, *A Short Discourse on Tyrannical Government*, 23 – 24.

[4] Ockham, bk. 2, chap. 3, p. 114 – 115, in *Breviloquium*；Ockham, *Court traité du pouvoir tyrannique*, 119；and Ockham, *A Short Discourse on Tyrannical Government*, 22.

[5] Michel Foucault, *Qu'est – ce que la critique?*, eds. Henri – Paul Fruchaud and Daniele Lorenzini（Paris：Vrin, 2015）, 37；Michel Foucault, *Théories et institutions pénales*, ed. Bernard E. Harcourt（Paris：Gallimard/Le Seuil, 2015）.

[6] Ockham, bk. 1, chap. 4, p. 102, in *Breviloquium*（"*subiectionem autem nimiam cavere non possunt, nisi sciant quam et quantam super eos praesidens habeat potestatem*"）. 一个更符合字面意思和历史性的译法可能是"臣民不可能注意过度的服从，除非他们知道支配他们的人（praesidens, 如在他们之上的人）对他们行使权力的种类和程度"。这里使用的 praesidens, 与总统（president）一词词源有关，含义为怀孕。其他的翻译参见 Ockham, *Court traité du pouvoir tyrannique*, 102（"*Or ils ne peuvent se défier de la sujétion excessive, à moins de savoir quelle est la nature et l'étendue du pouvoir que celui qui est à leur tête possède sur eux*"）；and Ockham, *A Short Discourse on Tyrannical Government*, 9（"But they cannot be on guard against excessive subjection unless they know what and how much power their superior has over them"）。

[7] See the Bureau of Investigative Journalism, "Drone Warfare"；see also Pitch Interactive, "Out of Site, Out of Mind," http：//drones. pitchinteractive. com/.

[8] "Ce qu'il y a de plus scandaleux dans le scandale c'est qu'on s'y habitue." See Judith Surkis, "Ethics and Violence: Simone de Beauvoir, Djamila Boupacha, and the Algerian War," special issue, *French Politics, Culture & Society*, 28, no. 2 (Summer 2010): 38 – 55, at 38.

[9] Pierre Vidal – Naquet, *La Torture dans la République* (Paris: La Découverte/Maspero, 1975); Vidal – Naquet, *L' Affaire Audin* (Paris: Les Éditions de Minuit, 1958). 特别是维达尔－纳凯在报告和小册子中提到了马塞尔·奥丹 (Marcel Audin) 的事业，用他的话来说，这是 (对奥丹) 的 "暗杀"。(*L' Affaire* Audin, 100.) 许多年后，奥萨赫斯承认自己下令杀害奥丹。See http://www.francetvinfo.fr/france/video – les – aveux – posthumes – du – general – aussaresses – on – a – tue – audin_ 500432. html.

[10] 参见他的著名文章 "The Question," *L' Express*, January 15, 1955; cf. Stora, *Algeria 1830 – 2000*, 51。

[11] Stora, *Algeria 1830 – 2000*, 50; and see generally, Jean Charles Jauffret, *Ces officiers qui ont dit non à la torture*, *Algéries 1954 – 1962* (Paris: Éditions Autrement, 2005).

索 引

（以下页码为原书页码，即本书的页边码）

图书在版编目（CIP）数据

镇压革命：美国政府针对其公民的战争／（美）伯
纳德·E. 哈考特（Bernard E. Harcourt）著；李思达译
. -- 北京：社会科学文献出版社，2021.5
书名原文：The Counterrevolution：How Our
Government Went to War Against Its Own Citizens
ISBN 978 - 7 - 5201 - 7185 - 4

Ⅰ.①镇… Ⅱ.①伯… ②李… Ⅲ.①政治 - 研究 -
美国 Ⅳ.①D771.21

中国版本图书馆 CIP 数据核字（2021）第 042538 号

镇压革命
——美国政府针对其公民的战争

著　　者／［美］伯纳德·E. 哈考特（Bernard E. Harcourt）
译　　者／李思达

出 版 人／王利民
组稿编辑／董风云
责任编辑／张　骋　成　琳

出　　版／社会科学文献出版社·甲骨文工作室（分社）（010）59366432
　　　　　地址：北京市北三环中路甲 29 号院华龙大厦　邮编：100029
　　　　　网址：www.ssap.com.cn
发　　行／市场营销中心（010）59367081　59367083
印　　装／北京盛通印刷股份有限公司

规　　格／开本：889mm × 1194mm　1/32
　　　　　印张：11.5　字数：266 千字
版　　次／2021 年 5 月第 1 版　2021 年 5 月第 1 次印刷
书　　号／ISBN 978 - 7 - 5201 - 7185 - 4
著作权合同
登 记 号／图字 01 - 2018 - 2793 号
定　　价／69.00 元

本书如有印装质量问题，请与读者服务中心（010 - 59367028）联系